Duchhardt Krieg und Frieden im Zeitalter Ludwigs XIV.

Historisches Seminar
Band 4

Herausgegeben von
Armin Reese und Uwe Uffelmann

Heinz Duchhardt

Krieg und Frieden im Zeitalter Ludwigs XIV.

Schwann Düsseldorf

CIP-Kurztitelaufnahme der Deutschen Bibliothek

Duchhardt, Heinz:
Krieg und Frieden im Zeitalter Ludwigs XIV./
Heinz Duchhardt. – 1. Aufl. – Düsseldorf: Schwann, 1987.
(Historisches Seminar; Bd. 4)
ISBN 3-590-18163-X

NE: GT

1. Auflage 1987
Satz: Fotosatz Rademacher, Mülheim (Ruhr)
Herstellung: Boss-Druck, Kleve
ISBN 3-590-18163-X

Inhalt

Vorwort der Herausgeber

Die Reihe ‚Historisches Seminar' antwortet auf das Bedürfnis, fundierten Zugang zu wichtigen historischen Themen zu finden. Dies gilt gleichermaßen für Hochschullehrer, Studierende, praktizierende Lehrer und ein an differenzierteren historischen Fragestellungen interessiertes Publikum.

Bisher stehen entweder Darstellungen oder Quellenpublikationen zur Verfügung. In dieser Reihe führen ausgewiesene Autoren in Problematik und Forschungsstand ein und legen eine Auswahl von besonders wichtigen, teils schwer zugänglichen Quellen vor.
Jeder Band kann die gemeinsame Ausgangsbasis einer Seminarveranstaltung schaffen, von wo aus die einzelnen Fragen mit Hilfe der klassischen Quellen und Darstellungen bis in die Archive hinein weiterverfolgt werden können. Alle Bände sind gleich gebaut: Zunächst wird der Gegenstand in der Forschung vorgestellt. Je nach Thema liegt der Schwerpunkt auf Ergebnissen oder ungelösten Fragen der Forschung, auf Darstellung des Sachverhalts oder Literaturbericht.
Das erleichtert die Einarbeitung in den anschließenden Quellenteil. Die ausgewählten Materialien sind nicht nur repräsentativ für das Thema, sondern gleichgewichtig für die Art, wie sich Ereignisse, Strukturen, Prozesse und Deutungen in Quellen niedergeschlagen haben. So gewinnt der Fachmann einen raschen Einblick in die methodischen Aspekte für eigene Forschung und akademischen Unterricht. Die Studierenden haben eine erste und ständig verfügbare Arbeitsgrundlage. Die anschließenden Thesen der Forschung, als kommentierendes Referat oder Zusammenstellung von Textauszügen, und das Literaturverzeichnis sollen ihnen zusätzliche Anstöße für die Arbeit innerhalb und außerhalb des Seminars geben.
Lehrer finden für ihre Fort- und Weiterbildung sowie ihre fachliche Unterrichtsvorbereitung neben der sachlichen Einführung eine Materialgrundlage, aus der sie je nach Zielsetzung und Altersstufe auswählen können. Die Einsatzmöglichkeiten reichen von der Sekundarstufe I über Grund- und Leistungskurse bis zur Erwachsenenbildung. Das kommentierte Literaturverzeichnis hilft, besonderen Fragestellungen nachzugehen.
Allgemein Interessierten bietet sich die Gelegenheit, über die Einführung hinaus etwas von der Widerspenstigkeit und dem Reiz historischer Quellen zu erfahren.

Seit ein Weltkrieg nicht mehr zu gewinnen, sondern nur noch zu verhindern ist, hat sich der Forschungsschwerpunkt von den Gründen für Sieg und Niederlage auf die Bemühungen verschoben, den Krieg zu bändigen, den Frieden zu finden und zu sichern. Kriegsforschung ist auch terminologisch zur Friedensforschung geworden. Möglichkeiten, Schwierigkeiten und Grenzen der Friedensfindung und -sicherung sind Gegenstand der Überlegung, nicht nur unter Historikern, auch in einer breiten Öffentlichkeit, die von militärischen Auseinandersetzungen der Gegenwart und den unvorstellbaren Möglichkeiten heutiger Kriegführung existentiell beunruhigt ist. Ein Buch zu „Krieg und Frieden“ bedarf weder in wissenschaftlicher noch in politischer Hinsicht einer besonderen Begründung.
Aktualität und emotionaler Gehalt der Thematik verleiten zu gewagten Vergleichen, und das keineswegs nur am Stammtisch oder im Wahlkampf. Tatsächlich springen gelegentlich überraschende Parallelen ins Auge: Verhinderung der Schlacht, Sieg durch Ausmanövrieren des Gegners statt durch Gefährdung und teilweisen Verlust des eigenen Potentials war im Zeitalter Ludwigs XIV. und lange danach wichtigstes strategisches Ziel – Verhinderung gegnerischer Aktion durch glaubhafte Bedrohung, durch überlegene Rüstung und Sicherung entscheidender geographischer Positionen (ob Insel oder Satellit) bestimmen heute weitgehend das militärische Denken. Enorme Kosten der Ersatzbeschaffung (bezogen auf den Gesamthaushalt) spielen in beiden Fällen eine wichtige Rolle.
Wesentlich erheblicher aber sind die Unterschiede. Schon die Begrifflichkeit des Titels mahnt zur Vorsicht; „Krieg“ und „Frieden“ sind im Laufe der Geschichte mit unterschiedlichem Bedeutungsgehalt gefüllt worden, ihre Interpretation war stets auch der Versuch, konkrete Erfahrungen theoretisch zu bewältigen, d. h. auch auf künftige Entwicklungen hin zu beleuchten. In beiderlei Hinsicht ist unsere Zeit mit der Ludwigs XIV. nur schwer zu vergleichen. Gewiß war der Kriegsbegriff des Absolutismus nicht mehr der des Mittelalters. Der Krieg hatte sich von der Fehde getrennt, war eine öffentliche Angelegenheit, d. h. ein Monopol des Fürsten und seiner Verwaltung. Das Zerbrechen der christlichen Einheit hatte eine Schärfe in die Auseinandersetzung gebracht, die auf Vernichtung des Gegners zielte, eine Vorstellung, die vorher nur als Randerscheinung („Ketzerkrieg“) aufgetreten war. Doch war der Konfessionskrieg in erster Linie ein Bürgerkrieg, überwiegend auf Innenpolitik bezogen. Vernichtung eines größeren außenpolitischen Gegners war, anders als heute, praktisch gar nicht möglich. Zwar hat es auch früher, z. B. bei der Erfindung der Armbrust, Befürchtungen wegen Ausrottung der Christenheit gegeben, doch waren sie objektiv unbegründet, während die Vernichtung der gesamten Menschheit heute technisch gar keine Schwierigkeit mehr bietet.
Die konkrete Erfahrung des Krieges war im Zeitalter Ludwigs XIV. schon nicht mehr die des Konfessions- und Bürgerkrieges. Der innere Friede begann, selbstverständlich zu werden. Damit entstand auch eine Opposition

gegen den Absolutismus, die ihn nicht mehr als unentbehrlichen Wahrer der inneren Sicherheit, sondern eher als Despotie empfand – eine Entwicklung, die in der Aufklärung des 18. Jahrhunderts zum Höhepunkt kam und den „ewigen" äußeren Frieden durch ein gerechteres innenpolitisches System herstellen wollte. Das Zeitalter Ludwigs XIV. liegt zwischen diesen aufklärerischen Utopien und den Konfessionskriegen. Krieg war eine teure und deshalb lästige, aber außerhalb des unmittelbaren Kriegsgebietes nicht unbedingt eine die Allgemeinheit stark bewegende Angelegenheit; die „Öffentlichkeit" war weitgehend auf den Hof, Würdenträger und mögliche Bündnispartner, Neutrale und Gegner beschränkt. Besonders die Kriegsmanifeste im Quellenteil machen das deutlich. Der „Volkskrieg" heutiger Prägung ist wesensmäßig davon verschieden, von der Tendenz her immer ein „Glaubenskrieg", für den Islam, die Unabhängigkeit Irlands, den Kommunismus oder Freiheit und Vaterland; er versucht, möglichst alle auch innerlich einzubeziehen. Ein solcher Krieg schlägt tiefere Narben als der Verlust einer Bataille, der Ruhe zur ersten Bürgerpflicht macht. Seine Zerstörungskraft ist ungleich größer, und er hinterläßt ein emotionales Potential gefährlichen Ausmaßes, wie es z. B. zum Scheitern der Weimarer Republik wesentlich beigetragen hat. Die technische Weiterentwicklung des Kriegsgerätes ist geeignet, diese Unterschiede zur Zeit um 1700 noch zu verschärfen.
Entsprechend dem neuen Forschungsakzent kann es in dem vorliegenden Band nicht um Erklärungen gehen, wie und warum Ludwig XIV. mit seinen Kriegen zur Verbesserung der französischen Stellung in der Welt, zur Ausweitung seines Einflusses und zur Absicherung seiner Hegemonie gescheitert ist. Vielmehr ist das *Wesen* von Krieg und Frieden in der Zeit zu verdeutlichen. Mit *Heinz Duchhardt* konnte ein vielfach ausgewiesener Fachmann für diese Aufgabe gewonnen werden.

Er wurde 1943 in Berleburg/Westfalen geboren, nach dem Studium in Mainz, Bonn und Wien 1968 promoviert und 1974 habilitiert. Seit 1975 wirkte er zunächst als Privatdozent, seit 1978 als Professor für Neuere Geschichte und geschichtliche Landeskunde an der Universität Mainz. 1984 nahm er einen Ruf auf den Lehrstuhl für Geschichte der Frühen Neuzeit der Universität Bayreuth an. Von seinen dortigen Aktivitäten zeugen u. a. zwei von ihm herausgegebene Tagungsbände: Der Exodus der Hugenotten. Die Aufhebung des Edikts von Nantes 1685 als europäisches Ereignis, Köln/Wien 1985 und: Friedrich der Große, Franken und das Reich, Köln/Wien 1986.
Von seinen Publikationen seien hier nur einige genannt, die einen besonderen Bezug zur vorliegenden Thematik haben. In „Gleichgewicht der Kräfte, Convenance, Europäisches Konzert, Darmstadt 1976" hat er Friedenskongresse von Nimwegen bis zum Wiener Kongreß in der Reihe „Erträge der Forschung" behandelt, in „Studien zur Friedensvermittlung in der frühen

Neuzeit, Wiesbaden 1979" die Praxis und die Theorie des völkerrechtlichen Instituts der Friedensvermittlung beleuchtet. Als Herausgeber von „Herrscherweihe und Königskrönung im frühneuzeitlichen Europa, Wiesbaden 1983" und „Politische Testamente und andere Quellen zum Fürstenethos der Frühen Neuzeit, Darmstadt 1987" hat er sich intensiv mit geistigen Hintergründen frühneuzeitlicher Geschichte auseinandergesetzt. Mit kleineren, aber gewichtigen Arbeiten speziell zur Thematik des hier vorgelegten Bandes ist er auch in letzter Zeit mehrfach hervorgetreten, u. a. mit seinem Vortrag beim Berliner Historikertag 1984 und „Krieg und Frieden im Zeitalter des Prinzen Eugen", seinem Beitrag zur von Johannes Kunisch herausgegebenen Ploetz-Biographie „Prinz Eugen von Savoyen und seine Zeit", Freiburg/Würzburg 1986. In absehbarer Zeit ist auch der Absolutismus-Band im Oldenbourg Grundriß der Geschichte zu erwarten.

Auswahl und Akzente hat der Autor in seiner Einleitung erläutert und gerechtfertigt. Selbstverständlich berücksichtigt er vor allem neuere Forschungsschwerpunkte, so daß die internationalen Beziehungen zwar eine wichtige Rolle spielen, aber doch die inneren Probleme stärker als früher gewichtet werden. Drei der fünf Quellengruppen haben eine vorrangig innenpolitische Ausrichtung. So wird z. B. hervorgehoben, daß die in den Kriegsmanifesten enthaltene Legitimation nicht in erster Linie nach außen wirken sollte. Die Wahrscheinlichkeit, einen Feind damit zum Nachgeben zu veranlassen, war ohnehin auszuschließen, und auch bei schwankenden Neutralen waren Entscheidungen eher durch konkrete Angebote oder Drohungen als durch rechtlich-moralische Darlegungen zu beeinflussen. Hauptzweck war Disziplinierung nach innen, Rechtfertigung von kriegsbedingten Restriktionen, eine gewisse „Solidarisierung". Daher rührt auch die Unähnlichkeit der Manifeste mit Friedensverhandlungen und Verträgen.

Disziplinierung, ein Schlüsselbegriff der Frühen Neuzeit, ist auch im militärischen Bereich ein zentrales Thema, wie die hier vorgelegten Quellen deutlich machen – aber eben nicht nur Thema, sondern auch permanentes Problem, dessen Lösung man sich immer nur annähern konnte. Gerade die Reihung dreier Quellen läßt die allgemeinen Schwierigkeiten hinter den konkreten Bestimmungen hervortreten, verweist auf den größeren Zusammenhang.

Disziplinierung spielt auch eine wichtige Rolle für die permanente Bemühung um Frieden, die – gewissermaßen in logischer Fortsetzung der Kriegsmanifeste – zum Bild des damaligen Krieges gehört, wenn sie auch in einem so schmalen Band nicht quellenmäßig dokumentiert werden kann. Der ethische Aspekt der Friedenssuche ist zwar so stark internalisiert, daß er sogar in vertraulichen internen Schriftstücken häufig auftaucht, spielt aber im Entscheidungsprozeß eine geringere Rolle als die finanzielle Seite. Merkantilismus prägte weitgehend das wirtschaftliche Denken, Politiker waren gewohnt, ökonomische Fakten in ihre Überlegungen einzubeziehen, das Weltsystem wurde auch als Welthandelssystem gesehen, in den Kriegen ging es auch um Wirtschaftsinteressen, sei es als letzte Ziele, sei es als Mittel zur Machterhaltung und -steigerung. Entsprechend wurden für Friedensverhandlungen auch auf diesem Gebiet qualifizierte Leute eingesetzt. Im *Spanischen Erbfolgekrieg* spielte z. B. Mesnager als Unterhändler Frankreichs in London eine Rolle. Er war bewußt als Mitglied des *Conseil de Commerce* mit besonderen Kenntnissen in Amerikafragen ausgewählt worden und hatte selbst das Mémoire abgefaßt, aufgrund dessen sich die französische Regierung zu seiner Mission entschloß.

Darüber hinaus übten Wirtschafts- und besonders Finanzfragen auch einen sehr konkreten Druck auf alle Regierungen aus, sich um Frieden zu bemühen – und hier taucht wieder die Disziplinierung auf. Kriege waren nicht einfach teurer als friedliche Lösungen, sie waren so teuer, daß keine Macht sie lange durchstehen konnte, ohne an die Grenzen ihrer finanziellen Möglichkeiten zu geraten. Ganz offensichtlich ist das bei England und den Generalstaaten, wo schon Kriegssteuern bewilligt werden mußten. Es gilt aber auch für Frankreich, wo die Regierung theoretisch über die Mittel der Untertanen verfügen konnte. Gemeinsam war allen Staaten, daß ohne große Kredite kein Krieg über mehrere Jahre hinweg finanzierbar war, Kriegsfähigkeit und Kreditwürdigkeit einer Regierung unmittelbar zusammenhingen. Der Kredit wiederum hing an den Erfolgsaussichten und war alles andere als unerschöpflich – und wenn er erschöpft war, konnten weder die Truppen noch die Untertanen länger diszipliniert werden. Der vorliegende Band kann die schwierigen Zusammenhänge von Finanzierung und Existenzsicherung des Individuums einerseits, von Finanzierung und gesellschaftlichem Ansehen andererseits nicht einmal anreißen – daß Disziplinierung Geld voraussetzt und zugleich beschaffen soll, gehört zu den bestimmenden Elementen des Themas. Daß sie in Kriegszeiten nur eine gewisse Zeit durchzuhalten war, gibt den klassischen Gegenständen der Geschichtswissenschaft wie Schwierigkeit der Friedensfindung, Verhältnis von Absicht und Erfolg, von Instruktion und Vertrag neue Akzente. Die „außenpolitischen" Quellen der Gruppe 4 stehen in einem innenpolitischen Kontext.

Trotz der überwältigenden Rolle von Geld und Disziplin ist der ethische Aspekt nicht einfach als formelhaft abzutun. Das wäre angesichts der jahrhundertelangen theologischen Bemühungen um den Komplex „Krieg und Frieden" und der verbreiteten Frömmigkeit auch in den politischen Führungsschichten ein Anachronismus. Das gilt für Vermeidung oder schnelle Beendigung von Kriegen ebenso wie für Friedensbestimmungen (und besonders ihre Durchführung) und sogar für den Ablauf selbst. Gefangenenaustausch war in erster Linie militärisch und wirtschaftlich ratsam, wurde aber auch mit humanitären Überlegungen verknüpft.

Die Friedenspublizistik, die den Krieg beseitigen, nicht nur bändigen will, ist wohl das dornigste Problem der gesamten Thematik. Es steht fest, daß sie nach dem *Westfälischen Frieden* einen erheblichen, aus mancherlei unterschiedlichen Quellen gespeisten Aufschwung nahm. Sie wurde auch von Ministern und Diplomaten zur Kenntnis genommen. Über ihre Wirkung aber ist wenig bekannt. Die Verbindung sehr rationaler Kalkulationen mit utopischen, weit von der Wirklichkeit entfernten Spekulationen macht es sehr schwer, ihre Wirkung abzuschätzen. Abfällige Urteile von Politikern sind zwar verständlich, aber im Hinblick auf die Wirksamkeit kaum aussagefähig. Selbst Übereinstimmungen zwischen Publizistik einerseits und Gutachten, Instruktionen und Entscheidungen andererseits belegen nicht ohne weiteres Abhängigkeit. Es bedarf noch vieler intensiver Einzelstudien, um den Stellenwert dieser Schriften in der Politik genauer zu bestimmen. Der hier vorgelegte wenig bekannte Text kann dazu anstoßen.
Ob die Leser sich tiefer in den Charakter des Zeitalters einarbeiten oder speziell das Problem von Krieg und Frieden studieren wollen, im vorliegenden Band finden sie eine Ausgangsbasis und vielfältige Anregungen.

Heidelberg, im Frühjahr 1987

Armin Reese *Uwe Uffelmann*

Vorwort des Verfassers

Sinn und Legitimation eines Quellenbandes zum Thema ‚Krieg und Frieden im Zeitalter Ludwigs XIV.' bedürfen an sich keiner Begründung: Eine fast nahtlose Kette von zwischenstaatlichen Kriegen – mit den entsprechenden innenpolitischen Auswirkungen – hat das Bild dieser Epoche nachhaltig geprägt und geformt, die Notwendigkeit, sich immer wieder zur Friedensherstellung zusammenzufinden, hat dem entstehenden Friedensvölkerrecht einen deutlichen „Entwicklungsschub" gegeben, im ausgehenden 17. und beginnenden 18. Jahrhundert erlebt die literarische Gattung der Friedenspublizistik ihren ersten eigentlichen Höhepunkt usw. Krieg und Frieden, bewaffnete Konflikte und die Bemühungen der Höfe, Diplomaten, Völkerrechtler und Publizisten um möglichst dauerhafte Friedensregelungen sind konstitutive Faktoren jenes Zeitalters, dessen Konturen maßgeblich von der Gestalt, den Aktivitäten und dem Vorbild des Roi-Soleil geschnitten wurden.

Wesentlicher erscheint es, vorab ein Wort zur Konzeption dieser Veröffentlichung zu sagen. Bei der Quellenauswahl mußten nämlich bestimmte Akzente gesetzt werden, die dementsprechend auch in der Einleitung im Vordergrund stehen werden. Die Texte gruppieren sich, was das Schlagwort ‚Krieg' betrifft, um die Themenkreise „Kriegserklärung", „Problem und Dimension der Kriegsgefangenschaft" und „Disziplinar- und Militärrechtswesen", und hinsichtlich des Schlagworts „Frieden" um die Praxis der Friedensherstellung zwischen Instruktion und Definitivfrieden und um die Friedenspublizistik. Gegen diese Schwerpunktsetzung können sicher Einwände vorgebracht werden, weil sie z. B. Phänomene wie die Kriegsorganisation im engeren Sinn, die strukturellen Probleme der Kriegführung, die Kriegstheorie der Epoche, das entstehende Friedensvölkerrecht und anderes ausklammert. Bei allem Bedauern über die vom Umfang des Bandes diktierte Beschränkung sprach aber doch etliches für die gewählten Akzente, u. a. das Faktum, daß es sich größtenteils um von der Forschung erst neuerdings erkannte oder gar noch vernachlässigte Forschungsfelder handelt, deren stärkere Berücksichtigung auch im akademischen Unterricht als sinnvoll erscheint. Die „Relevanz" der ausgewählten Problemkreise wird die Einleitung näherhin erhellen.

Eine zweite Vorbemerkung betrifft die geographische Akzentuierung: Das Schwergewicht in Darstellung, Bibliographie und Quellenteil liegt auf den militärischen Konflikten im Westen und in der Mitte des Kontinents und ihrer Beilegung, während die sog. *Nordischen Kriege* allenfalls gestreift werden konnten. Die Bibliographie enthält aber zumindest die wesentlichen Titel, die auch hier einen raschen Einstieg ermöglichen.

Es bleibt mir an dieser Stelle die angenehme Pflicht, zu danken: Meinen Bayreuther Mitarbeitern für vielfältige Recherchen und Schreibarbeiten – hier mag Frau Gertrude Höcker stellvertretend genannt werden –, dem Haus-, Hof- und Staatsarchiv Wien und insbesondere Frau Dr. Christiane Thomas für die freundliche Überlassung eines Mikrofilms der kaiserlichen Instruktion für den Nimwegener Friedenskongreß, den Beamten der Universitätsbibliothek Bayreuth für manche Beratung und Hilfestellung. Wenn das Bändchen, das in seinem Quellenteil auch sozial- und ideengeschichtlich interessantes Material bereitstellt, insgesamt der Erforschung der „international relations“, die es im akademischen Lehrbetrieb in Deutschland nach wie vor schwer haben, einen Anstoß gäbe, hätte es einen seiner Zwecke erfüllt.

Bayreuth, im Sommer 1986 *Heinz Duchhardt*

I. Der Gegenstand in der Forschung

1. Der Krieg

Die Barockzeit, die Epoche Ludwigs XIV., hat noch kaum Anstalten gemacht, den Krieg grundsätzlich in Frage zu stellen; der Krieg war geradezu ein selbstverständlicher Teil des öffentlichen Lebens, der akzeptiert wurde – um es zuzuspitzen – wie etwa die Kindersterblichkeit oder das Kindbettfieber. Auch in der anschwellenden Friedenspublizistik der Epoche findet sich allenfalls ansatzweise einmal so etwas wie eine fundamentale Kritik am Krieg an sich. Das Bemühen der Theoretiker zielte im Gefolge von *Grotius'* „De jure belli ac pacis" (1625) höchstens dahin, bestimmte Regeln und Rechtsnormen für den Krieg verbindlich zu machen, aber noch nicht, ihn als Teil der Weltordnung und des Sozialsystems ins moralische Abseits zu stellen. Der Krieg wurde – seiner Häufigkeit, ja Permanenz völlig entsprechend – angesehen als eine Art „europäischer Normalzustand" (Repgen). *Thomas Hobbes'* These, daß der Krieg in seiner zwischenstaatlichen Ausformung geradezu als das naturgegebene Grundmuster der internationalen Beziehungen zu gelten habe, bestätigt die Prädisposition der Epoche, mit dem Krieg zu leben, den Krieg zu akzeptieren, ihn nicht weiter zu hinterfragen. Wenn *Samuel Pufendorf* in seinem „Jus naturae et gentium" 1672 einer auf die Wahrung des allgemeinen Friedens gerichteten menschlichen und staatlichen Gemeinschaft als der Inkarnation der göttlichen Weltordnung das Wort redete, dann war das zwar ein bedeutender philosophie- und völkerrechtsgeschichtlicher Neuansatz, aber in die praktische Politik schlugen Theoreme dieser Art noch überhaupt nicht durch.

Krieg als „europäischer Normalzustand"

In dem guten halben Jahrhundert zwischen den beiden europäischen Zäsuren 1660 und 1715, also in der Epoche Ludwigs XIV., haben die Menschen in Mittel- und Westeuropa, gut gerechnet, allenfalls ein Dutzend Jahre ohne Krieg, ohne Existenzbedrohung durch Kontributionen, Plünderungen und Waffen, erlebt. Das scheint zunächst überhaupt nicht zusammenzupassen mit der von der historischen Demographie gemachten Beobachtung, daß die Bevölkerungszahlen überall in Europa und zumal im Heiligen Römischen Reich deutscher Nation nach dem erheblichen Aderlaß des 30jährigen Krieges in diesen Jahrzehnten wieder ansteigen, trotz fast ununterbrochener Kriege ein deutliches Bevölkerungswachstum stattfindet. Vorwissenschaftlich kann daraus zunächst einmal die Vermutung abgeleitet werden, daß der Krieg seinen Charakter verändert hat, nicht mehr in demselben

Maß wie etwa in den 30er und 40er Jahren des Jahrhunderts auf die Zivilbevölkerung zurückgeschlagen ist, daß möglicherweise auch die Kriegsziele begrenzter als bisher geworden sind.

Die wissenschaftliche Forschung bestätigt diese Annahme in jeder Hinsicht. Es gehört für den Historiker seit Jahrzehnten zu den vertrauten Fakten, daß sich der Krieg im Zeitalter der absoluten Monarchie etwa von dem der Revolutionsepoche darin unterscheidet, daß er in der Regel von vornherein nur auf ein begrenztes Ziel ausgerichtet war, keineswegs die völlige Niederwerfung und Vernichtung des Gegners intendierte, sondern lediglich seine Schwächung, um ihn zu politischen Zugeständnissen zwingen zu können.

Begrenzte Zielsetzung und Kriegführung

Gerhard Ritter hat für diese begrenzte, eher an ein Brettspiel erinnernde Kriegführung das schöne, wenn auch nicht ganz unproblematische Bild von der *gezähmten Bellona* gebraucht und damit zum Ausdruck bringen wollen, daß nicht die Schlacht das Ziel eines Feldzuges war, die vielmehr von der Kriegstheorie der Zeit gelegentlich geradezu als ein Beweis für Ungeschicklichkeit und mangelndes Können eines Feldherrn eingestuft wurde, sondern das Vorausdenken der gegnerischen Möglichkeiten, das geglückte Truppenmanöver, der überraschende Zug, der die Magazine und Rückzugslinien des Gegners bedrohte und so die strategische Lage ohne Blutvergießen veränderte: Der Krieg in der Barockzeit war im Kern ein kalkulierter Kabinettskrieg, eher ein Unternehmen zur Verhinderung als zur Herbeiführung einer Schlacht, eine Art Planspiel, um mit möglichst geringen Verlusten den Gegner zur Aufgabe bestimmter Regionen und damit letztlich zum Frieden zu zwingen.

Vor diesem Hintergrund der *gezähmten Bellona* ist es dann auch zu sehen, wie nachdrücklich die Kriegstheorie und die öffentliche Meinung sich gegen den – nach damaligem Verständnis – „totalen Krieg" gewandt haben, etwa neue Waffen wie die explosiven Granaten oder das Beschießen von Städten verurteilten, weil dadurch die Zivilbevölkerung in viel zu starkem Maß berührt und betroffen werde, oder etwa auch sich über die Kriegführung der „verbrannten Erde" empört hat.

Der Krieg wird somit – im Vergleich mit der vorangegangenen Epoche – deutlich humaner und begrenzter, er schreckt vor dem Aufs-Spiel-Setzen der kostbaren Truppen eher zurück, er grenzt die Zivilbevölkerung stärker als bisher aus – Gegenbeispiele wie die Zerstörung und Verwüstung der Pfalz durch die Franzosen 1689 oder Bayerns 1704 durch die Kaiserlichen bestätigen im Grunde diese Faustregel, ohne daß damit bestritten werden soll, daß auch die Zivilbevölkerung durch die Kontributionszahlungen an den Gegner und die Winterquartierstellung für die eigenen oder die fremden Truppen immer wieder erheblich belastet worden ist. *Friedrichs des Großen* (allerdings jenseits unserer Epoche liegende) Bemerkung in seinem Politischen Testament von 1768, daß „der friedliche Bürger in seiner Behausung ruhig und ungestört bleibt und gar nicht merkt, daß sein Land im Kriege ist, würde er es nicht aus den Kriegsberichten erfahren", ist insofern lediglich tendenziell richtig, deckt sich mit der historischen Wirklichkeit allerdings nicht zur Gänze.

Aber es ändern sich darüber hinaus auch die Kriegsziele der Mächte, aus denen mit dem Westfälischen Frieden vor allem das Moment der Vernichtung dieser oder jener Konfession wieder ausgeschieden ist. Die großen internationalen Konflikte in dem hier zur Diskussion stehenden Zeitraum sind schon von ihren Zielen her weitaus rationaler, weitaus weniger emotionalisiert als etwa der Dreißigjährige Krieg, in dem einer Formulierung von *André Corvisier* zufolge die „remontée de la violence et de la barbarie" kulminiert.[1] Es schälen sich im wesentlichen drei Grundtypen des Krieges heraus:

Grundtypen des Kriegs

1. der dynastische Krieg, also die zwischenstaatliche Auseinandersetzung um Erb- und Thronfolgerechte, wobei meine These die ist, daß das Entstehen von Kriegen dieser Art einerseits begünstigt wurde durch die Unsicherheit, inwieweit innerdynastische Erbfolge- und Primogeniturregelungen als integrierter und damit zu respektierender Teil des entstehenden, aber noch ungefestigten Völkerrechts anzusehen und anzuerkennen seien, und weil es andererseits noch keine Mechanismen gab, um einer internationalen Vereinbarung über eine Sukzession Geltung und Anerkennung zu verschaffen. Die Spanische Erbfolgefrage ist ein die europäische Politik über viele Jahrzehnte hinweg dominierendes Problem gewesen, es hat eine ganze Fülle von Versuchen gegeben, durch testamentarische Verfügungen und durch bi- und auch multilaterale Vereinbarungen für das absehbare Aussterben der spanischen Habsburger Vorsorge zu treffen, aber alle diese Maßnahmen vermochten den Ausbruch des Krieges letztlich doch nicht zu verhindern. Die Richtigkeit der beiden Thesen könnte sicher aber auch an den Beispielen der pfälzischen Erbfolge und sogar an der englischen, also dem Übergang der Krone von den Stuarts an die Hannoveraner, demonstriert werden.

Davon ist abzuheben 2. der aus der Bedrohung durch die Osmanen resultierende christliche, um nicht zu sagen ideologische Krieg, der durchaus gelegentlich noch einmal zu einer Art christlichen Solidarität führt (z. B. 1683), obwohl an sich die Idee der christianitas, einer im christlichen Ordogedanken wurzelnden gemeinsamen Politik des Abendlandes, schon längst der Vergangenheit angehörte, und schließlich

3. der vom Kommerziellen geprägte Krieg, der Wirtschafts- bzw. Handelskrieg, die Auseinandersetzung um Partizipation am Welthandel.

In der deutschen Geschichtsschreibung wird diese dritte Dimension des Krieges immer noch eklatant vernachlässigt, so daß wenigstens mit einigen Bemerkungen verdeutlicht werden soll, daß sich die großen bi- und multilateralen Kriege der 60er und 70er Jahre des 17. Jahrhunderts vorrangig gegen die Dominanz der prosperierendsten Handelsmacht im Transozeanbereich und auf den nordeuropäischen Meeren richteten, gegen die Vereinigten Niederlande, die damals als „Erbe" der Portugiesen auch zu einer führenden Kolonialmacht, z. B. in Westafrika und in Südostasien, avancierten. Davon ist eine zweite Phase abzugrenzen, in der der Aufschwung des französischen Überseehandels zum Stein des Anstoßes für die anderen europäischen Staaten wird. Es war in der Tat ein beeindruckender Vorgang, wie nach dem *Nimwegener Frieden* Marseille und St. Malo fast sprunghaft

Wirtschafts- und Handelskrieg

zu kommerzieller Weltgeltung aufstiegen, wie die französischen Handelsschiffe neue Märkte erschlossen, in Peru, in Chile, in der Südsee und in China, wie neue Kompanien gegründet wurden, wie im unmittelbaren Vorfeld des Spanischen Erbfolgekrieges sogar der ertragreiche Asiento, das außergewöhnlich lukrative Monopol des Handels mit Negersklaven, in französische Hand geriet, so daß man ohne Übertreibung davon sprechen kann, daß Frankreich in den Jahren vor 1688 und dann wieder zwischen dem *Frieden von Rijswijk* und dem Ausbruch des *Spanischen Erbfolgekrieges* wirkliche kommerzielle „Booms" erlebte, zu einer Handels-„Supermacht" avancierte – und übrigens dementsprechend dann auch in der Flottengröße, sowohl was die Zahl und Tonnage der Handelsschiffe als auch die der damals die „Galeeren" ablösenden Segelkriegsschiffe betrifft, an die Spitze der europäischen Staaten rückte und die „Seemächte" deutlich überflügelte. Das hat – wir wissen das inzwischen durch die westeuropäische Forschung – Reaktionen bei den betroffenen Handelskompanien hervorgerufen, die 1688 wie 1701 einen erheblichen Druck auf die Regierungen in London und im Haag ausgeübt haben, der Expansion des französischen Handels mit kriegerischen Mitteln einen Riegel vorzuschieben. Dem *Allianzvertrag von 1702* ist nicht zufällig auch eine Bestimmung angefügt worden, die den Franzosen jeden Anteil am spanischen Kolonialhandel untersagte. Man könnte, um es zu einer These zuzuspitzen, in Weiterführung einer Formulierung *George Clarks* fast davon sprechen, daß der *Orléanssche Krieg* und der *Spanische Erbfolgekrieg* – ganz im Widerspruch zu ihren geläufigen Namen – zu einem guten Teil Kriege gegen den französischen Handel waren und deswegen dann auch systematisch nach Außereuropa, nach Indien, Westafrika, in die Karibik, ausgedehnt wurden – diese Kriege an der Wende vom 17. zum 18. Jahrhundert sind die beiden ersten wirklichen Weltkriege, den Erdball umspannenden Kriege in der Geschichte gewesen.

Kriege gegen den französischen Handel

Auch in Frankreich hat man übrigens durchaus erkannt, daß es seit 1701 längst nicht nur um den spanischen Thron ging; es gibt z. B. eine Äußerung Ludwigs XIV. aus dem Jahre 1709, die das deutlich zeigt: „Le principal objet de la guerre présente est celui du commerce des Indes et des richesses qu'elles produisent." Und wenn man sich das Paket der Verträge ansieht, die 1713 in Utrecht abgeschlossen wurden, wird es klar, daß das Kriegsziel der Amsterdamer Kaufmannschaft und der Londoner City, Frankreich auf einen inferioren kommerziellen Status zurückzudrängen, voll erreicht worden ist; man hat nicht zu Unrecht von einem „Handelsdiktat" der Seemächte gegenüber Frankreich gesprochen, das insbesondere den Asiento wieder verlor und am Ende des Spanischen Erbfolgekrieges vor dem absoluten wirtschaftlichen Chaos stand.

Merkantile Dominanz, Fragen des Welthandels, mehr oder weniger erhebliche Veränderungen der politischen Landkarte Europas – das hatte zur Folge, daß die militärischen Konflikte im Zeitalter Ludwigs XIV. seit den 60er Jahren des 17. Jahrhunderts regelmäßig eine multilaterale, eine euro-

europäische Dimension

päische Dimension gewannen, Koalitionen hervorriefen, ohne daß damit eo ipso zugleich auch die Kriegsziele immer deckungsgleich oder konzertierte militärische Aktionen zur Regel geworden wären. Der „ideologische Nenner“ war dabei zunächst noch die traumatische Angst zahlreicher europäischer Höfe vor einer bourbonischen „Universalmonarchie“, deren Repräsentant seinerseits, wie die Vorgeschichte des *Orléansschen Krieges* deutlich zeigt, seine militärischen Möglichkeiten und seine potentiellen Gegner gelegentlich eklatant falsch einschätzte. An die Stelle dieses Kampfes gegen die bourbonische „Universalmonarchie“ – ausdrücklich allerdings erst seit dem *Frieden von Utrecht* – trat dann das Prinzip der Wahrung des europäischen Gleichgewichts, das als theoretischer „Überbau“ im 18. Jahrhundert eine für die Gestaltung der internationalen Beziehungen fast kanonische Qualität gewinnen sollte. Dieses Prinzip schien es zu erfordern, dem drohenden Übergewicht einer europäischen Großmacht oder einer Koalition von vornherein politisch und auch militärisch entgegenzutreten: Man wollte gewährleistet sehen, daß territoriale Verschiebungen von einigem Gewicht einen angenommenen Balancezustand nicht veränderten (und nach Möglichkeit dann auch von allen Interessierten auf dem Friedenskongreß gebilligt wurden), daß das drohende oder tatsächliche Handelsdominat einer Großmacht rechtzeitig korrigiert werden konnte. Vor diesem Hintergrund konnten die Kriegsziele einzelner Teilnehmerstaaten sich während eines laufenden Krieges durchaus verändern: England war am Beginn des Spanischen Erbfolgekrieges angetreten mit dem erklärten Ziel, die spanische Thronfolge der Bourbonen zu verhindern, hat sich aber, mitbedingt durch einen innenpolitischen Umschwung, in dem Moment, als der Kollaps der bourbonischen Monarchie und in Gestalt einer Personalunion Karls VI. eine das spanische Weltreich und Österreich umfassende habsburgische „Universalmonarchie“ drohte, anders orientiert und aus Gründen der Wahrung des europäischen Gleichgewichts die – freilich mit etlichen Beschränkungen verbundene – Nachfolge eines Bourbonen in Madrid ermöglicht und herbeigeführt.

europäisches Gleichgewicht

Die „Europäisierung“ ursprünglich bilateraler Konflikte bedeutete freilich nicht, daß wirklich immer der ganze alte Kontinent in Mitleidenschaft gezogen worden wäre: die Kriege erfassen Großregionen wie Teile der italienischen Halbinsel, Flandern und den Rheingraben in seiner ganzen Erstrekkung als militärische Schlüsselregionen, andere Gebiete aber bleiben in aller Regel ausgegrenzt. Ein besonders gutes Beispiel in dieser Hinsicht ist der *Spanische Erbfolgekrieg,* bei dem es einem bereits recht beachtlichen „Krisenmanagement“ der europäischen Höfe und Diplomaten sogar gelang, seine Verquickung mit dem zeitlich parallellaufenden großen *Nordischen Krieg* zu verhindern; beide Konflikte führten jeweils ihr ganz spezifisches „Eigenleben“ und wurden dementsprechend dann auch zu verschiedenen Zeiten beendet.

Wenn nach dieser allgemeinen Charakterisierung des Krieges in dem hier zur Diskussion stehenden Zeitraum unter Aussparung z. B. der Kriegstheorie, der Veränderungen in der Waffentechnik oder der Kriegsorganisation, deren jeweiligen Niederschlag im zeitgenössischen Schrifttum *Jähns'* „Geschichte der Kriegswissenschaften" (Bd. 2) minuziös und erschöpfend aufzeigt, die für den Quellenteil ausgewählten Themenkomplexe etwas eingehender behandelt werden, dann hat das seinen Grund u. a. darin, daß die Forschung sowohl hinsichtlich der Kriegsmanifeste, also eines Elements des *‚ius ad bellum',* als auch des Problems der Kriegsgefangenen und des Disziplinarwesens – Elemente des *‚ius in bello'* – noch ganz am Anfang steht bzw. sich ihnen erst in allerjüngster Vergangenheit zugewandt hat. Es ist überaus bezeichnend, daß der grundlegende moderne Beitrag zur Kriegsgeschichte des Zeitalters Ludwigs XIV., *David G. Chandlers* „Armies and Navies" im 6. Band der „New Cambridge Modern History" (1970), auf die hier interessierenden Fragen mit keinem Wort eingeht.

Kriegsmanifeste

Es war in der Theorie und in der Praxis unstrittig, daß der Krieg im *Ancien Régime* mit einem förmlichen Manifest erklärt werden mußte. *Hugo Grotius* hat in seinem Handbuch des Völkerrechts der Kriegserklärung ein ausführliches eigenes Kapitel gewidmet (III, 3) und hier – wie üblich mit zahlreichen Zitaten aus antiken Autoren – die Gründe zusammengetragen, die es auch für seine Zeit noch erforderlich machten, zwischenstaatliche Konflikte mit einem solchen deklamatorischen Akt zu beginnen:

Die öffentliche Anzeige und Ansage eines Krieges mit einer Spezifizierung der Kriegsgründe ist die Demonstration, daß es sich um einen „gerechten" Krieg handelt. „Aus ihr", so Grotius, „muß hervorgehen, daß man auf keine andere Weise zu seinen Sachen oder zu dem gelangen kann, was der Gegner schuldet". Hinzu komme, daß nur die Kriegserklärung verdeutlichen könne, daß ein Krieg von einem ganzen Staat getragen und „nicht auf Gefahr einzelner" geführt werde.

Wenn folglich nach Grotius die volle Rechtswirkung des Krieges erst aufgrund der vorangegangenen Kriegserklärung eintritt, so ist ein Blick auf unsere Epoche besonders reizvoll, für die, trotz aller nach wie vor ins Feld geführten Rechtsgründe, die Frage zumindest diskussionswürdig zu werden begann, ob der Krieg wirklich nicht mehr als ein Rechtsstreit sei.

Geht man von einer neueren Definition von „Krieg" aus – „Krieg ist der Zustand bewaffneter Gewaltanwendung zwischen politischen Handlungseinheiten, sofern dafür wenigstens minimal anderes Recht als sonst entweder gilt oder nachträglich als geltend erklärt wird"[2] –, so ist es für die Frühneuzeit gar keine Frage, daß die (einseitige) Kriegserklärung die entscheidende rechtliche Schwelle zwischen Frieden und Krieg bildet, daß erst durch sie der Zustand eines anderen Rechtes hergestellt wird. Für das *Ancien Régime,* dessen Staaten ja noch keine geschriebene Verfassung mit einem mehr oder weniger präzisen Instrumentarium für außenpolitische Konfliktfälle besaßen, stellte die Kriegserklärung zudem einen essentiellen Bestandteil des staatsrechtlichen und des völkerrechtlichen „Rituals" dar,

Herstellung anderen Rechts

wobei die Frage allerdings zu beantworten bleibt, ob dieser eben verwendete Begriff des „Rituals“ dem Wesen, der Natur und der Zielsetzung der Kriegserklärung im Zeitalter des Absolutismus voll gerecht wird:

> „Ritual“ meint eine unverzichtbare standardisierte Verhaltensweise, und unverzichtbar war für den Souverän des späten 17. Jahrhunderts, ja der gesamten Frühneuzeit in der Tat die öffentliche Legitimation eines Konfliktes. Der Krieg gilt nach wie vor als eine Art Rechtsverfahren, das dann eintritt, wenn ein kompetenter Richter fehlt, und zum Wesen eines solchen „Prozesses“ gehört es, die Rechtmäßigkeit des bevorstehenden oder bereits begonnenen Krieges, die iustitia belli, nachzuweisen.[3]

Das war außenpolitisch und völkerrechtlich von Belang, denn Verbündete ließen sich nur gewinnen, wenn zumindest einiges für die eigene iusta causa sprach, und das war auch im Blick auf die eigenen Untertanen wichtig, die für einen – meist ja durchaus unpopulären – Krieg „gewonnen“ werden mußten und denen gleichzeitig klar zu machen war, daß – modern gesprochen – eine Art Notstandsverordnung des Souveräns in Kraft zu treten hatte, die innenpolitisch bestimmte Restriktionen festlegte.

Notstandsverordnung des Souveräns

Die Kriegserklärung im Zeitalter des Absolutismus folgt mehr oder weniger streng einem bestimmten Schema, das die „klassischen“ Elemente einer Urkunde im wesentlichen auf die „narratio“ und die „dispositio“ reduziert; gelegentlich finden sich freilich auch noch Andeutungen einer Arenga. Der Typus mag am Beispiel der – in relativer Dichte zugänglichen – Kriegserklärungen Ludwigs XIV. etwas eingehender illustriert werden.[4]

Kriegserklärungen des Roi-Soleil

Auffällig ist zunächst, daß sämtliche Kriegserklärungen des *Roi-Soleil* in ihrem zweiten Teil, also in der „dispositio“, völlig identisch und deckungsgleich sind. Nach der formellen Willensbekundung, den Krieg zu erklären und zu beginnen, wird allen Untertanen, Vasallen und Dienern erlaubt, über den jeweiligen Feind herzufallen (courre sus), und zugleich wird ihnen unter Androhung der Todesstrafe jeder Kontakt und Handel mit der Gegenseite untersagt. Um das zu gewährleisten, werden alle Pässe, Passierscheine, Handelspatente usw. für null und nichtig erklärt. Die militärischen und zivilen Amtsträger werden sodann aufgefordert, diese königliche Erklärung gemäß dem Umfang ihrer Kompetenzen auszuführen; zu diesem Zweck soll die Deklaration in den Städten, Häfen und anderen Orten, wo es notwendig erscheint („… et autres lieux de son Royaume que besoin sera“) – also wohl vor allem in den Grenzregionen –, durch Anschlag und Ausruf bekanntgemacht werden, damit sich niemand mit Unwissenheit entschuldigen könne.

Abschottung des eigenen Staates, Unterbindung aller Kontakte, Klarstellung, daß jede Maßnahme gegen den Drittstaat im Interesse des eigenen Staates liegt und von ihm gedeckt wird – das sind gewissermaßen die innenpolitischen und rechtlichen Aspekte des Kriegseintritts. Auf eine innen- und außenpolitische Wirkung zielt dagegen der jeweils erste Teil der Kriegserklärung ab, der oben als „narratio“ bezeichnet wurde. Das Bemühen des Redaktors muß hier darauf gerichtet sein, dem Ausland und in zweiter Linie

innenpolitische und rechtliche Aspekte des Kriegseintritts

auch der eigenen Bevölkerung die Rechtmäßigkeit des Kriegseintritts zu beweisen, was in der Regel durch eine Darlegung der diplomatisch-politischen Ereignisse der letzten Monate oder Jahre geschah, selbstverständlich aus französischer Sicht. Ob der beabsichtigte Effekt, dem Leser zu assoziieren, daß die Entscheidung des Königs nur auf den Krieg hinauslaufen konnte, daß ihm aus diesem oder jenem Grund gar kein Entscheidungs- und Handlungsspielraum mehr gegeben war, immer erreicht wurde, mag bezweifelt werden, denn gelegentlich sind es doch recht gewundene Begründungen, die für die Rechtmäßigkeit des Kriegseintritts ins Feld geführt werden.

Begründungskatalog

Am einfachsten war es natürlich immer, wie es z. B. beim Beginn des *Holländischen Krieges* gegenüber der Krone Spanien geschah, der Gegenseite den Beginn der Feindseligkeiten anzulasten oder in die Schuhe zu schieben, worauf Frankreich eben jetzt reagieren müsse – in diesem Tenor wurde übrigens dann auch die Kriegserklärung vom Juli 1702 gegen die *Große Allianz* abgefaßt, wobei auf die sehr komplizierte Rechtslage und die politische Gesamtkonstellation gar nicht weiter eingegangen wurde. Leicht war die Begründung für einen Kriegseintritt Frankreichs auch, wenn eine vertragliche Verpflichtung gegenüber einem Drittstaat vorlag, was etwa 1666 der Fall war, als sich Ludwig XIV. auf ein Defensivbündnis aus dem Jahre 1662 berufen konnte, das ihn zwinge, jetzt gegen Großbritannien die Waffen zu ergreifen – wobei die Zwischentöne deutlich machen, daß Frankreich hier lediglich unter völkerrechtlichem Zwang handelt, die Beziehungen zu London aber keineswegs auf Dauer belastet sehen will. Zu diesem Typus von Kriegserklärungen zählt auch die des August 1676 gegen Dänemark, die sich auf den dänisch-schwedischen Frieden von Kopenhagen aus dem Jahre 1660 beruft, den Dänemark einseitig gebrochen habe, so daß Frankreich als Garantiemacht dieses Friedens nunmehr an der Seite Schwedens eingreifen müsse.

Sehr viel mehr Mühe bereiteten aber allem Anschein nach z. B. die Kriegserklärungen, mit denen Versailles den *Orléansschen Krieg* eröffnete. Gegenüber den Generalstaaten berief sich die Krone Frankreich auf nicht näher bezeichnete Informationen über Truppenaushebungen, über ihre angebliche Absicht, den Frieden wieder umzustoßen und darauf, daß der Haag offenbar der Erhebung Fürstenbergs in Köln opponiere; dessen Sache sei aber Frankreichs Sache, so daß Frankreich nun zu den Waffen greifen müsse. Noch weniger überzeugend klang in den Ohren der Zeitgenossen vermutlich die Kriegserklärung an Spanien, in der im Grunde nur auf die Unterstützung *Wilhelms von Oranien* durch die Krone Spanien abgehoben wurde, womit Madrid in das Lager der Feinde Frankreichs übergeschwenkt sei.

Aber das wirkliche Überzeugen insbesondere des neutralen Auslands von der Legitimität des eigenen Vorgehens, auf eine bestimmte Situation reagieren bzw. einem Angriffskrieg zuvorkommen zu müssen, ist vielleicht nicht einmal der Hauptzweck der Kriegserklärung gewesen. Primär zielte sie vor allem wohl auf die Innenpolitik, sollte innerstaatlichen Konsens, Solidarität, auch ein gewisses Maß an Identifikation bewirken und hervorrufen, und deswegen haben verschiedene Staaten in einer bestimmten politischen Situation auch durchaus unterschiedliche Akzente in ihren Kriegserklärungen gesetzt. Die im Quellenteil wiedergegebenen Manifeste, mit denen Großbritannien, die Niederlande und der Kaiser den beiden Bourbonen 1702 den Krieg erklärten, erhellen das im einzelnen. Auf eine eingehende Textanalyse kann und soll deswegen hier verzichtet werden; nur summarisch sei hier festgestellt, wie überaus aufschlußreich ein Vergleich dieser Dokumente ist: Hier das nüchterne, relativ abstrakte Manifest der britischen Regierung, das lediglich zwei Punkte herausgreift, die die Bevölkerung elektrisieren konnten (Handel, Stuart-Prätendent), dort, sehr viel mehr mit der Würde des kaiserlichen Amtes argumentierend und die spezifischen Reichsbelange thematisierend, die kaiserliche Erklärung, deutlich auch auf Resonanz bei den Reichsständen spekulierend, schließlich das Manifest der Generalstaaten, das längst nicht nur staats- und völkerrechtliche Gesichtspunkte herausgreift, das vielmehr, überaus politisch, die Sorge um die politische und wirtschaftliche Existenz des eigenen Staates artikuliert und deswegen Gegenmaßnahmen für legitim und notwendig erklärt.

innerstaatliche Solidarität

Wenn somit die These, daß Kriegserklärungen vorzugsweise „nach innen" formuliert werden, bei der eigenen Untertanenschaft Solidarisierung wekken und Steuern freisetzen sollten, eine mehr oder weniger explizite Bestätigung erhält, so deckt sich damit auch die Beobachtung, daß ihre Publikation sich vorzugsweise innerstaatlich vollzieht. Die große Zeit der spektakulären Überreichung von Kriegsmanifesten an die Gegenseite durch Herolde – noch 1635 wurde das z. B. in Brüssel zu praktizieren versucht – ist mit dem Jahr 1648 offenbar vorbei. Kriegserklärungen werden im Zeitalter des Absolutismus in den Kommunen und in den Grenzregionen durch Anschlag bekanntgemacht bzw. verlesen, aber von Aktionen, sie dem Kriegsgegner förmlich und mit Pathos zur Kenntnis zu bringen, erfahren wir nichts mehr. Ob die oft ja noch im Gegnerstaat verbleibenden Diplomaten die eigene Kriegserklärung dem Außenministerium zur Kenntnis brachten, müßte noch weiter untersucht werden. Immerhin wird man im Auge zu behalten haben, daß die internationale Presse die Texte der Kriegsmanifeste in der Regel sehr rasch verbreitet haben wird; eine andere Frage ist, ob die von *Repgen* für das 16. und frühe 17. Jahrhundert festgestellte Publikation der Kriegserklärungen durch den sein Vorgehen legitimierenden Hof in mehreren Sprachen, um seiner Argumentation eine möglichst weite Verbreitung und Resonanz zu verschaffen, auch für das Zeitalter Ludwigs XIV. noch gilt.[5]

Publikation

Im übrigen hat die europäische Öffentlichkeit kaum jemals Anstoß daran genommen, daß die Kriegsmanifeste sich um alles andere als um eine objektive Darstellung bemühten, sich vielmehr in einer reinen Schwarz-Weiß-Malerei erschöpften:

„Alles fehler- und schuldhafte Verhalten liegt ganz selbstverständlich und ausschließlich und ohne jede Einschränkung auf seiten des Gegners; dessen Schuld, dessen sogar einen Krieg rechtfertigende Missetaten sind so manifest, daß eigentlich jedes weitere Wort sich erübrigen müßte ... Zwischentöne gibt es in Kriegsmanifesten kaum. Schuld ist ebenso eindeutig wie Unschuld" (Repgen).

Lassen sich die Kriegsmanifeste sowohl dem *ius ad bellum* als auch – ihrer innenpolitischen Bestimmungen wegen – dem *ius in bello* zuordnen, so betreffen die anderen beiden ausgewählten Themenkomplexe ausschließlich den letztgenannten Teil der *bellum-iustum-Theorie.* Die Geschichtswissenschaft ist bei ihrer Fixierung auf die Analyse der strategischen Konzeptionen, der Schlachten, der Kriegsfinanzierung, der verfassungsrechtlichen Einbindung des Kriegswesens in den Staat usw. oft – vielleicht zu oft – über die Frage hinweggegangen, wie der Krieg das direkt beteiligte oder unbeteiligte Individuum oder Gruppen von Menschen berührt, ihr Leben verändert, spezifische Verhaltensnormen begründet. Noch kaum behandelt von der Forschung,[6] nichtsdestoweniger von besonderem sozial- und völkerrechtsgeschichtlichem Interesse ist in diesem Zusammenhang die Frage, wie sich das Verhalten von Systemen gegenüber den Individuen ändert, die – nicht absichtlich, also nicht als Deserteure – in Kriegsgefangenschaft geraten. Derjenige, der in einem Zeitalter der nicht mehr erklärten und der nicht mehr förmlich beendeten Kriege lebt, kann einfach nicht unberührt bleiben von der bedrückenden aktuellen Erfahrung, was Kriegsgefangene über Jahre hinweg in einem außerhalb aller Rechtsregeln vor sich gehenden Krieg im Mittleren Osten zu erdulden haben, oder von der Erinnerung, wie noch zehn Jahre nach dem Ende des 2. Weltkrieges über das Schicksal der deutschen Kriegsgefangenen verhandelt und gerungen werden mußte, kurzum, von den offenkundigen Schwierigkeiten bei der völkerrechtlichen Bewältigung des Kriegsgefangenenproblems in der Jetztzeit.

Kriegsgefangenschaft

Der Kriegsgefangene, also das in Feindeshand gefallene Individuum, ist während des ganzen abendländischen Mittelalters primär ein Finanz-, sprich: Lösegeldobjekt gewesen. Wenn sich seine Auslösung nicht erreichen ließ, konnte das eine lebenslange Zwangsarbeit oder auch die Tötung zur Folge haben. Noch *Hugo Grotius* in seinem am Beginn des modernen Völkerrechts stehenden „De jure belli ac pacis" (1625) hat es ausdrücklich als mit dem Naturrecht in Einklang stehend angesehen, in Feindeshand gefallene Nichtchristen zu töten; nur Christen sollten nach Zahlung eines Lösegeldes wieder auf freien Fuß gesetzt werden dürfen.

Bedeutsamer für die Zukunft als diese Normen wurde es freilich, daß in der politischen Praxis schon während der Endphase des *Dreißigjährigen Krieges* die ersten bilateralen Verträge über einen Gefangenenaustausch zustandekamen (z. B. zwischen Spanien und Frankreich 1639, 1643 und 1648) –

Gefangenenaustausch notabene während der Kriegshandlungen, noch vor dem Definitivfrieden! – und daß dieses System in der Epoche Ludwigs XIV. konsequent und kontinuierlich weiterentwickelt wurde. Dahinter stand natürlich das Bedürfnis, die eigenen Soldaten rasch wiederzubekommen, dahinter stand selbstredend aber auch die Absicht, sie vor der Versuchung zu bewahren, nach längerer Kriegsgefangenschaft dem psychologischen Druck und den materiellen Versprechungen nachzugeben und in das gegnerische Heer überzuwechseln.

Verträge über Gefangenenaustausch

Diese sog. „Gefangenenkartelle" sind seit dem *Holländischen Krieg* in großer Dichte vorhanden, und ihre Charakteristika sollen zunächst herausgearbeitet werden.

Das Austauschkartell ist jeweils eine bilaterale Angelegenheit; auch wenn Frankreich einer Großen Koalition gegenübersteht, werden die Kriegsgefangenenfragen nur zweiseitig geregelt. Es sind durchaus hochrangige Militärs gewesen, die diese Verträge aushandelten, 1673 z. B. der *Duc de Luxembourg* und 1675 der *Comte d'Estrades* auf französischer Seite. Die Verträge waren, was ihren völkerrechtlichen Charakter und ihre Verbindlichkeit natürlich erhöhte, ratifikationsbedürftig; sie wurden manchmal für eine bestimmte Zeit (z. B. 1675 für drei Jahre), dann aber zunehmend für die gesamte Kriegsdauer abgeschlossen (1690: „pendant le cours de cette Guerre").

Grundgedanke der Kartelle

Der Grundgedanke der Kartelle war der sehr rasche und zügige Gefangenenaustausch auf der Basis der Reziprozität. Sehr rasch: das heißt, daß innerhalb von 10 bis 15 Tagen nach Gefangennahme der Austausch vor sich gehen sollte; auf der Basis der Reziprozität: das heißt, daß gleichrangige Soldaten und Offiziere gegeneinander ausgetauscht wurden, daß aber durchaus auch mehrere Unterrangige gegen einen Höherrangigen „aufgerechnet" werden konnten – im übrigen standen die europäischen Staaten bei dieser Gelegenheit auch erstmals vor dem Problem (und der Notwendigkeit), ihre unterschiedlichen Rangbezeichnungen in eine Korrelation zu bringen.[7] Um das zu bewerkstelligen, haben die Vertragsunterhändler gewissermaßen den „Wert" von bestimmten Chargen festgelegt: Die Oberkommandierenden und Marschälle wurden 1690 z. B. mit 50 000 Livres veranschlagt, ein Generalleutnant der Artillerie mit 1000, ein Infanterieleutnant mit 25 usw. – die einschlägigen, überaus spezifizierten Listen umfassen regelmäßig mehrere großformatige Seiten. Hatten die Kontrahenten jeweils in etwa die gleiche Anzahl von Kriegsgefangenen gemacht, sprach vieles dafür, daß das System gut funktionierte; problematisch wurde es dagegen, wenn die eine Seite nicht über genügend Gefangene verfügte und nun entsprechend zur Kasse gebeten wurde.

Funktionieren der Kartelle

Überhaupt muß hier wohl ernsthaft die Frage nach dem Funktionieren dieser Kartelle gestellt werden, um so mehr, als die Literatur sich in dieser Hinsicht manchmal recht skeptisch äußert. Die Kartellverträge sahen vor, daß entweder jede Seite ihre Kriegsgefangenen an einem bestimmten Platz sammelte und dort dann mit Kommissaren des Gegners die Modalitäten und finanziellen Bedingungen des Austauschs festlegte, oder daß mehr oder weniger regelmäßig Trompeter und Tamboure die Frontlinie überschritten, Listen der von der eigenen Armee gemachten Kriegsgefangenen mitbrachten und ihre in die Hand des Gegners gefallenen Kameraden reklamierten. Zumindest im *Orléansschen Krieg,* der durch Kriegstagebücher relativ gut erhellt ist, scheint das letztgenannte System lange Zeit hindurch recht gut funktioniert zu haben. Wenige Tage nach der Kapitulation des *Grafen Heddersdorff* in Heidelberg, der mit dem Rest seiner Truppen freien Abzug erhalten hatte, übergab ein französischer Trompeter im deutschen Feldlager 60 der insgesamt 400 gefangenen deutschen Soldaten mit der Bemerkung, die übrigen hätten bei den Franzosen Dienst genommen und seien sofort nach Katalonien geschafft worden.[8] Ob diese Behauptung tatsächlich der Wahrheit entsprach, muß selbstverständlich dahingestellt bleiben, auf jeden Fall ist es wohl eine verbreitete Praxis gewesen, in Kriegsgefangenschaft geratene Söldner unter einen gewissen psychologischen Druck zu setzen, mit materiellen Anreizen zur Desertion zu verführen und dann mit den sonstigen Überläufern an eine entfernte Front zu verbringen.[9] Zwei Wochen später holte ein französischer Trompeter 53 gefangene Franzosen im deutschen Lager ab,[10] Mitte August schickten die Franzosen 20 deutsche Gefangene zurück über die Linie usw.[11] Offenbar sind diese Überstellungen von Kriegsgefangenen reine Routineangelegenheiten gewesen, ohne daß dabei immer zugleich auch „abgerechnet" wurde. Für diese „Vergleichungen" des Kartells sind in jeder Kampagne wohl ein oder zwei besondere Termine verabredet worden, bei denen die Gefangenen gegeneinander aufgerechnet und die finanziellen Forderungen einer Seite präsentiert wurden; im Feldzug 1693 ist das Kartell z. B. im elsässischen Ottmarsheim verglichen worden.[12] Daß man sich hierbei nicht geeinigt hätte, ist den Kriegstagebüchern nicht zu entnehmen.

Es gab freilich Situationen, in denen der allem Anschein nach weitgehend reibungslos funktionierende regelmäßige Gefangenenaustausch von einer Seite in Frage gestellt wurde, und zwar im Sinn einer Sanktion. Die Franzosen hatten durch ihr rigoroses Brandschatzen im Spätsommer 1693 viel böses Blut gemacht, und als in dieser allgemeinen Erregung auf deutscher Seite ein französischer Trompeter wegen eines weiteren Gefangenenaustauschs vorstellig wurde, ist ihm im Namen des Generalleutnants bedeutet worden,

> „daß, wo er also mit brennen wie er gethan fortfahren wollte, Sie das Cartel zerreißen und auf Türkisch mit ihnen Krieg führen wollten; möchten Sie also unsere Gefangene nur behalten und mit ihnen thun was sie wolten; den ihrigen bey Unß solte auch nicht weniger widerfahren".[13]

Kartell und allgemeines Kriegsvölkerrecht

Diese Drohung ist zwar nicht wahrgemacht worden, denn schon wenige Tage später wurden den Franzosen 182 Gefangene zurückgeschickt,[14] sie zeigt aber, daß man das Gefangenenkartell als völkerrechtlichen Vertrag nur

so lange akzeptierte, wie auch das allgemeine Kriegsvölkerrecht mit seinen Normen und Spielregeln eingehalten wurde.
Interessant ist noch eine andere Begebenheit, diesmal aus der Kampagne des Jahres 1694. Anfang Oktober wollten die Franzosen 30 gefangene deutsche Soldaten übergeben, darunter 2 Leutnants und 2 Fähnriche. Der kommandierende Generalleutnant weigerte sich, die Offiziere zu übernehmen, „weylen sie nicht alß brave leut umb dem feind abbruch zu thun, sondern alß merodes sich liederlicher weys haben fangen laßen". Unehrenhaftes, mit dem militärischen Ehrenkodex in Widerspruch stehendes Verhalten einzelner konnte also durchaus die Maßnahme nach sich ziehen, die betreffenden Soldaten vom Genuß des Austauschkartells auszuschließen.[15]
Wichtig ist: die Gefangenenkartelle funktionierten, die Kriegsgefangenschaft reduzierte sich in der Regel auf eine Episode von wenigen Tagen. Und daß das nicht nur für die gemeinen Soldaten und die niedergradigen Offiziere galt, sondern auch für die höchstrangigen „Prominenten", kann am „Fall" des Feldzeugmeisters von Thüngen demonstriert werden. Thüngen war Ende Mai 1694 in der Nähe von Heppenheim an der Bergstraße in einer Postkutsche einigen „Schnaphahnen" in die Hände gefallen, die ihn über den Neckar hinweg in das Lager Mélacs verbrachten; wie sich wenig später herausstellte, hatte ein Bauer den Schnapphähnen einen Tip gegeben, mit dem dann „nach Befinden" kurzer Prozeß gemacht wurde. Thüngen wurde von den Franzosen in das feste Philippsburg gebracht, aber es wurde ihm schon nach ganz wenigen Tagen nicht nur schriftlicher Kontakt mit dem deutschen Oberkommando gestattet, sondern auch seine alsbaldige Freilassung dem Kartell gemäß in Aussicht gestellt. Der kaiserliche General hat in Philippsburg mit den Franzosen allem Anschein nach sogar über gemeinsame Maßnahmen gegen das Räuberunwesen verhandelt und ist nach gut 14 Tagen dann wieder auf freien Fuß gesetzt worden.[16]

„Modernität" der Kartelle

Wenn wir in dem ständigen Gefangenenaustausch aufgrund der Kartelle eine von militärischen Überlegungen diktierte und zugleich eine humanitäre Maßnahme sehen, so werden uns auch noch andere Bestimmungen dieser bilateralen Verträge als bemerkenswert modern und fortschrittlich erscheinen. Generell sollten alle mit dem Medizinalwesen im weiteren Sinn befaßten Personen, die in Kriegsgefangenschaft geraten waren, sofort und ohne jede Lösegeldzahlung zurückgeschickt werden; das gleiche galt für alle gefangenen Frauen und für Kinder unter 12 Jahren. Eine gewisse Achtung vor der Menschenwürde wird schließlich darin erkennbar, daß es untersagt wurde, dem Kriegsgefangenen die Kleider abzunehmen – man geht wohl nicht fehl in der Annahme, daß damit eine besonders verbreitete Unsitte angesprochen wurde.
Im Zeitalter des kalkulierten Kabinettskriegs kam dem „Faktor" Mensch, also dem Soldaten, eine besondere Bedeutung zu, weil er immer schwerer zu „ersetzen" war und weil er für die Kriegführung der Zeit, die auf schnelle

Truppenmanöver angewiesen war und noch weitgehend ohne den Einsatz von Großgerät auskam, einfach unverzichtbar war. Insofern bot es sich geradezu an, ein System des raschen Gefangenenaustauschs einzurichten, das zunächst nichts mit mehr Humanität zu tun hatte, sondern einfach von den militärischen Erfordernissen diktiert war. Tragödien um Kriegsgefangene wie in der Jetztzeit hat es im Ancien Régime deswegen wohl auch kaum gegeben. Im übrigen hat sich im ausgehenden 17. Jahrhundert auch die juristische Literatur lebhaft mit dem Kriegsgefangenenproblem und dem Recht der Kriegsgefangenen beschäftigt; die Titel dieser Arbeiten sind seit langem bekannt, aber in der historischen Forschung noch niemals zur Kenntnis genommen oder ausgewertet worden.[17]

zeitgenössische Literatur zur Kriegsgefangenenproblematik

Disziplinar- und Militärrechtswesen

Das Disziplinar- und Militärrechtswesen, das in einem dritten Abschnitt mit einigen Texten vorgestellt wird, zählt, obwohl an sich schon in zeitgenössischen Sammlungen relativ viel Quellenmaterial zugänglich gemacht worden ist, zu den besonderen Stiefkindern der Forschung. Aus den Artikelbriefen, in denen die gegenseitigen Rechte und Pflichten von Kriegsherr und Regimentsinhaber fixiert worden waren, entwickelten sich vor dem Hintergrund des stehenden Heeres im Laufe des 17. Jahrhunderts die vom Fürsten einseitig diktierten Disziplinarordnungen und Militärstrafordnungen, die im übrigen der zunehmenden Disziplinierung des öffentlichen Lebens entsprechend durch eine kaum noch überschaubare Flut von Einzeledikten und -mandaten etwa über Werbung, Desertion, Einquartierung, Duelle, Heiraten usw. ihre Ergänzung fanden. Dieses noch so wenig beackerte Feld der militärischen Rechtsgeschichte ist um so reizvoller, als eine Sozialgeschichte des Militärs ohne Berücksichtigung und Gewichtung dieser Aspekte schlechterdings undenkbar ist. Wenn ein Ziel der Forschung die „Rekonstruktion der sozialen Wirklichkeit des Soldaten“ (Hansen) ist, dann gehören dazu notwendig auch mehr Einsichten in die Realitäten des Tagesablaufs und ein deutlicheres Hinterfragen der verfassungs- und strafrechtlichen Einbindung von Vorgesetzten und Untergebenen. Vergehen und Verbrechen, Strafen und Sanktionen sind unmittelbarer und ständiger Teil des Soldatenalltags gewesen, viel mehr als die Schlacht, die keineswegs in jeder soldatischen „Karriere“ einen Höhe- bzw. Tiefpunkt bildete.

„Rekonstruktion der sozialen Wirklichkeit des Soldaten“

Die Quellen sprechen im Grunde für sich, so daß eine systematische Einführung einstweilen hier nicht nötig ist. Ich habe mich dafür entschieden, einige deutsche Ordnungen und Erlasse zum Abdruck zu bringen, nämlich – unter Aussparung der einzelstaatlichen und Kreisordnungen – die auf einem Erlaß seines Vorgängers im Kaiseramt fußende Disziplinarordnung *Leopolds I.* von 1665, den daraus auf dem und durch den Regensburger Reichstag entwickelten *Reichsartikelbrief* von 1672 sowie eine Disziplinarordnung des Markgrafen *Ludwig Wilhelm von Baden* als Oberbefehlshaber über das Reichsheer aus dem Orléansschen Krieg.

2. Der Frieden

Kriege des 17. Jahrhunderts werden, auch wenn sie aus einem bilateralen Konflikt erwachsen, regelmäßig multilaterale Auseinandersetzungen, in die ein Großteil der Staaten des Kontinents eingreift, im Deklamatorischen um die perhorreszierte „Universalmonarchie" bourbonischer bzw. auch noch habsburgischer Couleur zu verhindern, im Faktischen, um am Konferenztisch selbst begrenzte Erwerbungen, Arrondierungen, Aufwertungen, Statusverbesserungen durchzusetzen. Welche Konsequenzen das für die einen internationalen Konflikt abschließenden Friedensverhandlungen haben konnte, haben mußte, hatte der Westfälische Doppelkongreß gezeigt: es bedurfte mehrerer Jahre, um sich über den Kreis der Verhandlungspartner einig zu werden, um die vielfältigen Erwartungen und Forderungen der Beteiligten auszutarieren, um Verträge auszuformulieren – und dann, nach 1648, auch noch in die Praxis umzusetzen.

Dauer der Friedensherstellung

Die Friedensherstellung ist dementsprechend auch in der Epoche Ludwigs XIV. immer zu einem höchst mühsamen Geschäft geworden. Erste Kontakte und Vorgespräche werden – oft genug über mehr oder weniger dubiose Hinter- und Mittelsmänner, gelegentlich auch über seriöse, aber mit verdeckten Karten spielende Diplomaten (Stratmann-Verhandlungen in Paris 1675) – in der Regel schon bald nach Ausbruch der Feindseligkeiten begonnen, erschöpfen sich aber meist noch im „Feilschen" um einen für alle Beteiligten akzeptablen Konferenzort. Und auch wenn sich die Diplomaten der kriegführenden Mächte schließlich in einer – als neutral erklärten – Konferenzstadt zu versammeln begannen, lag das Ergebnis, der Friedensvertrag, noch längst nicht in Sichtweite:

politische und völkerrechtliche Probleme

Die Repräsentanten welcher europäischen und deutschen Staaten, welcher intermediären Organisationen (Reichskreise, Kreisassoziation) sollen mit welchem Titel zu den Beratungen hinzugezogen werden;
werden die Vollmachten der Diplomaten allseits akzeptiert;
auf welchen Verhandlungsmodus – bilaterale Konferenzen, Plenarversammlungen, ggf. mit welchem Protokoll – einigt man sich;
welche Rolle und Funktion wird dabei dem oder den Friedensvermittlern zugebilligt?

Die Epoche, in der sich ein allgemeinverbindliches *jus publicum Europaeum* allmählich entwickelte, ist vor allem nämlich noch auf der Suche nach den neuen völkerrechtlichen Spielregeln gewesen. Wenn dieses neue Völkerrecht von der grundsätzlichen Gleichheit aller Staaten ausgeht, jede Hierarchisierung in der Staatenwelt ablehnt, dann wirft das ganz praktische Fragen auf:

Wer erhält bei den Friedensverhandlungen z. B. den bevorrechtigten Platz;
wer betritt den Konferenzraum als erster;
wer unterschreibt schließlich auch einen Friedensvertrag rechts und wer links?

Zeremoniell

In einem Zeitalter, das auf Etikette, auf Zeremoniell so großen Wert legte, weil es darin einen Spiegel und Indikator staatlicher Macht sah, das im Diplomaten geradezu, wie es von französischer Seite formuliert worden ist, „l'image sacrée“ seines Souveräns erblickte, sind das sehr gravierende Fragen gewesen, die die Friedensverhandlungen oft um Monate und Jahre aufgehalten haben. Ein französischer Historiker hat vor kurzem die wahrscheinlich sogar richtige Behauptung aufgestellt, 3/4 der Akten, die zu einem Friedensvertrag im Zeitalter Ludwigs XIV. hinführten, beschäftigten sich mit Fragen des Zeremoniells und der Etikette, nur 1/4 mit den wirklich politischen Sachfragen.

Und selbst wenn man endlich in die substantiellen Beratungen eingetreten war, war ein rascher Abschluß keineswegs vorprogrammiert: Obwohl die Kriegführung der Zeit eigentlich keine entscheidenden Siege erwarten ließ, zogen die Großmächte die Verhandlungen immer wieder hinaus in der Hoffnung, daß ein großer militärischer Erfolg die Sachlage ganz wesentlich und von einem Tag zum anderen zu ihren Gunsten ändern könne; die Korrespondenz der subalternen, weisungsabhängigen Diplomaten mit ihrem jeweiligen Souverän verschlang viel Zeit; die bei verschiedenkonfessionellen Verhandlungspartnern unterschiedlichen Feiertage und Ferien sorgten für weitere Verzögerungen. Die Vermittler verfügten zudem nicht immer über das Geschick und Gewicht, um die Verhandlungen entscheidend zu beschleunigen, was mit ein Grund dafür war, daß man sich schon in unserer Epoche von der Institution des neutralen Vermittlers mehr und mehr abzuwenden begann – auf einen bloßen Zeremonienmeister konnte man zunehmend verzichten, autoritative, mit Nachdruck auftretende Friedensvermittler wollte man nicht mehr, und sie standen meist auch gar nicht zur Verfügung, zumal das Papsttum seit seinem demonstrativen Rückzug aus der europäischen Völkerrechtspraxis 1648 in diese Rolle nie mehr recht hineinwachsen konnte noch wollte. Initiativ wurde schließlich im allgemeinen der Staat, der militärisch am meisten mit dem Rücken zur Wand stand, in aller Regel, indem er die gegnerische Koalition mit „Lockangeboten“ aufzubrechen und auseinanderzudividieren suchte – was Frankreich mit bemerkenswertem Geschick in der Tat mehr als einmal gelang.

Vermittler

Redaktion des Definitivfriedens

War man sich im Grundsatz einig geworden, ging die Redaktion des Definitivvertrags meist sehr zügig vor sich, um so mehr als es hier ja einen bestimmten Kanon von „Formeln“ (z. B. die Ewigkeit des Friedens) gab, der unverzichtbar war. Die Regel in unserer Epoche war übrigens, daß jeweils bilaterale Verträge – noch nicht eine umfassende, alles einschließende Kongreßakte wie 1815 – zustandekamen; üblich wurde es – vor dem Hintergrund der oben angesprochenen kommerziellen Dimension des Krieges – zudem, die im engeren Sinn politischen Verträge durch separate Handelsverträge zu ergänzen, bei deren Ausgestaltung seit Rijswijk die großen Handelskompanien immer deutlicher und nachdrücklicher Mitsprache und Einfluß zu gewinnen suchten. War – unter Zeitdruck – in diesem oder jenem Punkt eine Einigung zwischen den Gegnern nicht zu erreichen, griff man gelegentlich auf das alte Rechtsinstitut der *Arbitration* zurück, d. h. überließ einer dritten Macht eine verbindliche Entscheidung in einer bestimmten Frage.

französische Friedenspolitik

Betrachtet man unter dem Strich die Ergebnisse der Friedenskongresse, dann ist es immer wieder erstaunlich, wie gut Versailles abschneidet, sich am Konferenztisch gegen militärisch weit überlegene Koalitionen behauptet und durchsetzt. Ob das mit einer höheren Qualifikation der französischen Diplomaten zusammenhängt, bleibe dahingestellt, obwohl Versailles ganz fraglos über einen größeren Stab von „Friedensexperten" als jeder andere Staat verfügte, die – wie etwa *Colbert de Croissy,* der die *Frieden von Oliva, von Aachen* und *Nimwegen* mit verhandelte – regelmäßig auf mehreren Kongressen ihre Erfahrungen sammeln und vertiefen konnten. Wichtig erscheint vor allem aber ein anderer struktureller Gesichtspunkt, nämlich der, daß die französische Diplomatie regelmäßig den Vorteil des „kürzeren Weges" genoß: Da die Friedenskongresse ausnahmslos in den Niederlanden (Nimwegen, Rijswijk, Utrecht) stattfanden, profitierte sie davon, daß – insbesondere im Vergleich mit den kaiserlichen und spanischen Diplomaten – ihre Berichte und Weisungen sehr viel weniger Zeit brauchten, in Versailles entsprechend auch mehr Zeit für politische Entscheidungen zur Verfügung stand. Man darf diesen Vorteil nicht unterschätzen: Wenn die Franzosen in Nimwegen z. B. eine sog. Alternative präsentierten und den Kaiserlichen bis zu einem bestimmten Termin eine Option zwischen zwei Friedensvorschlägen, zwischen der Rückgabe Philippsburgs oder Freiburgs, einräumten, dann war es eben schon wichtig, daß die kaiserliche Instruktion zu spät eintraf und die Wiener Friedensgesandtschaft sich schließlich ohne Instruktion entscheiden mußte, und zwar, wie sich dann herausstellte, anders entschied als das kaiserliche Ministerium.

Technik der Friedensherstellung

Die Forschung hat, was die Technik der Friedensherstellung in dem hier zur Diskussion stehenden Zeitraum betrifft, in der jüngeren Vergangenheit erkennbare Fortschritte gemacht. Die Rolle der sog. „Dritten Parteien" im Vorfeld von Friedenskongressen und ihre Einflußnahme auf die Kriegsgegner ist verschiedentlich neu beleuchtet, die Funktion der Vermittler ist hinsichtlich der Theorie und exemplarisch in der Praxis untersucht, einer der großen Kongresse im Zeitalter Ludwigs XIV., Nimwegen, ist vor einigen Jahren auf einem Kolloquium (und einem daraus hervorgegangenen Tagungsband) in all seinen Aktivitäten und Perspektiven gewürdigt worden.

Forschungsschwerpunkte

Die verschiedenen Etappen auf dem Weg zum Utrechter Frieden sind durch ältere und neuere Studien vorzüglich erforscht; etwas weniger gut bestellt ist es mit den Friedensschlüssen von Breda, Aachen und Rijswijk. Auch die Aktivitäten der großen Handelsgesellschaften vor und auf den Friedenskongressen haben zumindest ansatzweise Interesse gefunden. Wie sehr die Idee einer langfristigen habsburgisch-bourbonischen Versöhnung in Wien und Versailles über viele Jahrzehnte hinweg immer wieder Fürsprecher fand, ist der Forschung seit gut drei Jahrzehnten geläufig. Neueren Datums ist der Ansatz, die (noch eher embryonalen) Möglichkeiten der Friedenswahrung zu hinterfragen, das sich entwickelnde Instrumentarium zu systematisieren, zumindest die vorhersehbaren, gewissermaßen vorprogrammierten und „systemimmanenten" Konflikte um die Thron- und Erbfolge rechtzeitig zu entschärfen und zu verhindern.

Friedenskongreß und Völkerrecht

Daß die frühneuzeitlichen Friedenskongresse im Grunde das einzige Forum und die einzige Instanz waren, um das entstehende „moderne" Völkerrecht weiterzuentwickeln und fortzuschreiben, ist von völkerrechtsgeschichtlicher Seite unterstrichen worden; hier, d. h. was die Genesis, Präzisierung und ggf. Modifikation des neuen völkerrechtlichen Instrumentariums betrifft, scheint in der Forschung aber eher noch ein gewisser Nachholbedarf zu bestehen. Eine andere reizvolle Frage ist die nach dem Fortleben und den Veränderungen mittelalterlicher Streitschlichtungsinstitute in der Frühneuzeit, insbesondere der Arbitration. Auch die Bemühungen des Papsttums, aus seiner Selbstisolierung von 1648 herauszukommen und wieder in die europäische Völkerrechtspraxis hineinzuwachsen, verdienen eine eigene Untersuchung.

Instruktion und Definitivfriede

Im Quellenteil wurden, was die Technik und Praxis der Friedensherstellung betrifft, gewissermaßen unter dem Oberthema „Erwartungshorizont und Wirklichkeit" die Instruktionen für die nach Nimwegen abreisenden französischen und kaiserlichen Diplomaten mit dem Ergebnis der Verhandlungen, dem französisch-kaiserlichen Definitivfrieden vom Februar 1679, konfrontiert. Alle Staaten gingen ja mit ziemlich präzisen Hoffnungen und Vorstellungen in die Friedensverhandlungen, oft auch mit einer abgestuften „Marschtabelle", was unbedingt oder nach Möglichkeit durchzusetzen, was keinesfalls oder letztlich eben doch zu konzedieren war. Die politische Sensibilität und das Einschätzungsvermögen eines Hofes und seine Reaktion nach Abschluß des Kongresses sind nur oder zumindest doch entscheidend vom Erwartungshorizont seiner Instruktion her zu beurteilen. Die kaiserliche Instruktion ist darüber hinaus auch deswegen interessant und wichtig, weil sie zumindest punktuell etwas widerspiegelt von der Sorge in Wien um die Wahrung der kaiserlichen Präzedenz in der neuformierten europäischen Staatengesellschaft und von den Bemühungen der Hofburg, die Vertretung des Reiches sich auf solchen internationalen Kongressen nicht aus der Hand nehmen zu lassen, anders formuliert: der Völkerrechtsqualität der Reichsstände entgegenzuarbeiten.

Die Diplomaten, die zu den Friedenskongressen reisten, sind von ihren Regierungen recht regelmäßig mit gedruckten Beschreibungen früherer Kongresse, insbesondere des Westfälischen Doppelkongresses, und mit den völkerrechtlichen Standardwerken ihrer Epoche ausgestattet worden. Aber die Lektüre der Diplomaten erschöpfte sich nicht nur darin und in der der periodischen Nachrichtenorgane, sie hatten immer auch die vielfältigen Druckschriften zur Kenntnis zu nehmen, mit denen Interessierte — Regierungen oder Privatpersonen — auf die Beratungen Einfluß zu nehmen suchten. Unter diesen Flugschriften kommt der sog. Friedenspublizistik besonderer Rang zu.

Friedenspublizistik

Die literarische Beschäftigung mit dem Institut und Wesen des Friedens hatte zwar schon eine lange Vergangenheit — die Traditionskette reicht, um nur einige Namen herauszugreifen, von *Pierre Dubois* über *Erasmus* und *Sebastian Franck* bis hin etwa zu *Sully* und *Crucé*—, aber Kurt von Raumers Beobachtung ist absolut zutreffend, daß erst in den Jahrzehnten nach dem Westfälischen Frieden die bisweilen schwer erkennbare Spur des europäischen Friedensdenkens „plötzlich zur breiten Straße" wurde, an der alle bauten.[18] Die Vielzahl dieser Friedensprojekte speiste sich aus ganz unterschiedlichem — aus humanistischem, christlichem, ökonomischem und gar revolutionärem — Gedankengut, typisch und gemeinsam ist fast allen Schriften dieses Genres aber, daß sie aus ganz aktuellem Anlaß, eben einem Friedenskongreß, entstanden und publiziert wurden. Die Vermutung ist deswegen sicher nicht abwegig, daß ihre Verfasser nicht erst längerfristig von ihnen eine positiv-befruchtende Wirkung erhofften.

Aktualität

Am bekanntesten ist sicher, daß in der Endphase des Spanischen Erbfolgekrieges, also im Blick auf bzw. sogar während der Utrechter Friedensverhandlungen, gleich zwei der bemerkenswertesten Friedensschriften der Neuzeit überhaupt erschienen und an die Diplomaten und verantwortlichen Minister herangetragen wurden: Zum einen *John Bellers'* zukunftsträchtige und in ihrer Wirkung bis hin zu *Saint-Simon, Proudhon* und *Karl Marx* reichende „Some reasons for an European state", ein Appell zur Schaffung eines europäischen Streitschlichtungsorgans, weil das conditio sine qua non für die Durchführung sozialer Reformpläne sei. Und zum anderen *Saint-Pierres* „Projet pour rendre la paix perpétuelle en Europe", eines der großen Modelle zur politischen und völkerrechtlichen Krisenbewältigung und Friedenserhaltung, das nahezu alle großen Geister des 18. Jahrhunderts in irgendeiner Form einmal beschäftigt hat. Aber noch mehr als das: Saint-Pierres (übrigens mehrfach über- und umgearbeitetes) „Projet" ist auch typisch für eine Vielzahl von damaligen Friedensvisionen und -utopien, die, oft von Männern verfaßt, die Erfahrung mit der Technik von Friedensverhandlungen und den ungeschriebenen Regeln des europäischen Kräftespiels gewonnen hatten, in aller Regel gründlichen Einblick in das Wesen und die Praxis von Politik mit einem bemerkenswerten Illusionismus verbanden; Saint-Pierre kalkuliert auf der einen Seite sehr genau, wie Frankreich seine Position im europäischen Kräftespiel wahren und seine Dominanz zur Dauereinrichtung machen kann, und entwirft andererseits dann ein eher futuristisch anmutendes Modell eines europäischen Reichstags zur verbindlichen Streitschlichtung, das von den Realitäten doch noch weit entfernt war.

St. Pierre

Selbst wenn man unterstellt, daß das europäische Kongreßsystem im 3. Jahrzehnt des 18. Jahrhunderts in irgendeiner Weise von diesem oder unmittelbare Wirkung auf die praktische Politik

jenem Erzeugnis der Friedenspublizistik beeinflußt worden sein mag, kommt man nicht umhin, ihre unmittelbare Wirkung auf die praktische Politik eher gering zu veranschlagen. Freilich, unterschätzen sollte man – gerade wegen ihrer Fülle und Intensität – die Friedenspublizistik auch nicht; für die Beurteilung Kurt von Raumers, daß die literarische Friedensbewegung neben den Friedenskongressen eine „nicht wegzudenkende Aufbaukraft der geschichtlichen Wirklichkeit gewesen ist",[19] spricht in der Tat vieles.

Barclays ‚Epistle'

Für den Quellenteil des vorliegenden Bändchens wurde *Robert Barclays* „Epistle of Love and Friendly Advice to the Ambassadors of ... Europe met at Nimeguen" ausgewählt, eine relativ wenig bekannte Schrift, die 1678 während des Nimwegener Friedenskongresses publiziert und den Kongreßdiplomaten dann auch zur Kenntnis gebracht wurde. Die „Epistle" zählt in gewisser Hinsicht zu den geistigen Vorläufern von *William Penns* „Essay towards the present und future Peace of Europe" von 1693, insofern als auch sie die quäkerischen Friedensideen propagiert, die „im Innern zunehmend sich im Verzicht auf Gewaltanwendung, in der Ablehnung militärischer Chargen und in der Überwindung des Revolutionsgeistes äußerten". Barclay (1648–1690), ein aus Schottland stammender Quäker, Verfasser einer Reihe von theologischen Werken, darunter der „Apology" (1676), stand in einem zumindest lockeren Kontakt zum Londoner Hof der Stuarts; er hat z. B. die „Apology" nicht nur Karl II. gewidmet, sondern ihm auch persönlich ein Exemplar überreicht, und er hat sowohl von Karl II. wie von Jakob II. eine ganze Reihe von Gunsterweisen erhalten.

Anmerkungen

1 Corvisier, Armées, 14.
2 Fisch, Krieg und Frieden, 9.
3 Die frühneuzeitlichen „Kriegsmanifeste" hat jüngst Konrad Repgen einer strukturierenden Analyse unterzogen (Historische Zeitschrift 241, 1985, 27–49) und bei dieser Gelegenheit ein Buch angekündigt, in dem diese Thematik eingehender behandelt werden soll.
4 Gedruckt bei DuMont, Corps Universel ... Bd. VIII.
5 Repgen, Kriegslegitimationen, 44f.
6 Einige Anmerkungen bei Corvisier, Armées; weiterhin Cabantous.
7 Vgl. Corvisier, Armées, 164.
8 Schulte, Markgraf Ludwig Wilhelm, II, 66.
9 Vgl. ebd. 69.
10 Ebd. 71.
11 Ebd. 86.
12 Ebd. 86.
13 Ebd. 88.
14 Ebd. 89.
15 Ebd. 177.
16 Zum Ganzen ebd. 223ff.
17 Jähns, Geschichte der Kriegswissenschaften II, 1191f.
18 Raumer, Ewiger Friede, VII.
19 Ebd. 103.

II. Quellen

1. Kriegsmanifeste

a) Kriegserklärung Königin Annas an Frankreich und den Duc d'Anjou, 1702 Mai 4

DuMont, Corps Universel ... VIII, 115

D'Autant qu'il a plû à Dieu de Nous appeller au Gouvernement de ces Roiaumes, dans le tems que feu nôtre cher Frère *GUILLAUME* III. de glorieuse Mémoire, étoit entré, en consequence des Avis réiterez du Parlement de ce Royaume, en des Traitez solemnels d'Alliance, avec l'Empereur d'Allemagne, les Etats Généraux des Provinces-Unies, & d'autres Princes & Potentats, pour conserver la Liberté & la Balance de l'Europe, & pour abatre le Pouvoir exhorbitant de la France; Lesquels Traitez sont fondez sur les injustes Usurpations du Roi des François, qui s'est saisi & retient encore en sa possession une grande partie des Etats de la Couronne d'Espagne, exerçant une Authorité absolue sur toute cette Monarchie, qui s'est emparé du Milanez & des Pais-Bas Espagnols avec ses Armées, & s'est rendu Maitre de Cadix, de l'entrée dans la Mediterranée, & des Ports de l'Espagne, dans les Indes Occidentales, par le moien de ses Flotes, dans le dessein d'envahir par tout les Libertez de l'Europe, d'empêcher la Liberté de la Navigation & du Commerce. Et étant accordé par les troisiéme & quatriéme Articles des Alliances ci-dessus mentionnées, que si dans l'espace de deux mois, qui sont expirez depuis quelque tems, les injures dont on se plaignoit, n'étoient reparées, les Parties interessées s'assisteroient mutuellement les unes les autres de toutes leurs Forces; Et comme le Roi des François au lieu de donner la satisfaction qu'on devoit justement attendre de lui, n'a pas seulement commis de nouvelles violences, mais y a encore ajouté un grand affront & une indignité envers Nous & nos Roiaumes, en présumant de déclarer le prétendu Prince de Galles Roi d'Angleterre, d'Ecosse, & d'Irlande, & a aussi porté l'Espagne à concourir avec lui dans ledit Affront & Indignité, ainsi que dans ses autres oppressions; Nous Nous trouvons obligez, pour maintenir la Foi publique, pour vanger l'honneur de nôtre Couronne, & prevenir les malheurs dont toute l'Europe est menacée, de déclarer, & Nous déclarons par les Présentes, la Guerre contre la France & l'Espagne. Et comme Nous nous reposons entiérement & mettons toute nôtre confiance en l'assistance du Dieu Tout-Puissant, dans une Entreprise si juste & si nécessaire, Nous poursuivrons vigoureusement, conjointement avec nos Alliez, ladite Guerre, tant par Mer que par Terre: Nous tenant assurez que Nos Sujets concourront avec Nous, & nous assisteront de bon coeur, dans une cause qu'ils ont si ouvertement & si cordialement épousée; Nous requerons & Nous enjoignons par les présentes, à nôtre Grand Amiral d'Angleterre, au Général de nos Armées, aux Gouverneurs de nos Provinces & Comtez, aux Gouverneurs de nos Forts & de nos Places, & à tous nos autres Officiers & Soldats servant sous eux, tant par Mer que par Terre, de commettre & exercer tous Actes d'hostilité en poursuivant cette Guerre contre la France & l'Espagne, leurs Vassaux & Sujets, s'opposer à leurs Attentats & Entreprises, enjoignant à tous nos Sujets d'en prendre connoissance; Et nous leur defendons expressement d'entretenir à l'avenir aucune Correspondance ou avoir aucune Communication avec la France ou l'Espagne ou leurs Sujets. Mais, comme il y a dans nos Roiaumes plusieurs des Sujets de France & d'Espagne, Nous déclarons que nôtre intention est, que tous les Sujets de France ou d'Espagne, qui se comporteront comme ils doivent envers Nous, seront assûrez en leurs Personnes & en leurs Biens.

b) Kriegsmanifest der Generalstaaten, 1702 Mai 8/15

DuMont, Corps Universel ... VIII, 112–114

Les Etats Généraux des Provinces-Unies des Pais-Bas, à tous ceux qui ces présentes verront ou entendront lire, SALUT. Sçavoir faisons, que depuis un très longtems, le Roi de France aiant jetté les yeux sur ces Provinces, pour s'en emparer, s'il lui étoit possible, ou autrement pour les ruiner, ravager, & reduire en desert, il a entrepris & attaqué l'Etat à cette fin en deux differentes fois, sçavoir dans les années mil six cent septante-deux & mil six cent quatre-vingt & huit, & ce par une Guerre & très-forte & très-injuste, quoique de nôtre côté nous eussions emploié tous les Devoirs imaginables pour l'éviter & pour continuer le Repos & la Paix. Qu'il n'y a rien de plus connu, que si le Roi de France avoit pû se rendre Maître de ces Provinces, c'étoit le moien de se fraier le chemin à la Monarchie Universelle, ou qu'en cas qu'il eût affoibli l'Etat & gagné tellement sur lui le dessus qu'il eut été obligé de demeurer en repos & se séparer de ses Alliez, il n'auroit pas laissé, en maitrisant d'autres Princes & Potentats, de parvenir à ce but, & auroit dans ces entrefaites ou dans la suite mis ces Provinces en danger d'être subjuguées, & les auroit ainsi dépouillées de leur Liberté & de leur Religion, gages présieux pour lesquels les Sujets & Habitans de l'Etat ont été obligez de soutenir ci-devant tant de terribles persecutions, & qui n'ont pû être mis en pleine sûreté qu'après que les mêmes Sujets ont exposé & hazardé volontairement & avec la derniere constance tout ce qu'ils avoient de plus cher, & soutenu une Guerre de quatre-vingts ans consecutifs contre les puissans Rois d'Espagne.

Il est vrai que le Dieu Tout-Puissant a dans la suite voulu punir ces Provinces par ces susdites deux dernieres Guerres, à cause des grands pechez de ses Habitans; mais, par son Conseil qui gouverne toutes choses, il n'a pas voulu permettre que le Roi de France ait exécuté ses ambitieux Desseins; au contraire, il a tellement beni les Armes de l'Etat & de ses Alliez, que la Paix générale s'en étant ensuivie és années mil six cent soixante & dix-sept, & mil six cent quatre-vingt & dix-sept, le Roi de France a été contraint par la derniere de restituer à l'Empereur & au Roi d'Espagne, des Provinces, Pais, & Villes très-importantes & très-considerables, dont, contre la teneur du Traité de Nimegue, il s'étoit emparé, en partie sous le nom de Reünion & autres prétextes, en partie à force ouverte, & en partie enfin par ses tromperies & artifices.

Le Traité de Ryswick, tant de Paix que de Commerce, aïant été si solemenellement conclû en la susdite année mil six cent quatre-vingt & dix-sept, nous avions sujet de nous attendre qu'il seroit satisfait de bonne foi au contenu d'icelui; mais nous avons experimenté au contraire que lorsque la France l'a fait, ce n'a point été dans l'intention de l'observer, mais seulement pour nous faire à nous & à nos Alliez mettre bas les armes, nous desunir les uns des autres, ruiner après cela notre Commerce & affoiblir & épuiser entiérement les Sujets Négotians de l'Etat, pour pouvoir ensuite plus facilement continuer ses précedens Desseins; car, à peine les susdits Traitez de Paix & de Commerce furent ratifiez, qu'on vit clairement qu'on avoit pour but de traverser de nouveau le Commerce de ces Païs, qui en est le nerf, puis qu'on s'opiniatra publiquement à refuser le Tarif promis par le susdit Traité, & qu'on fit à cette occasion plusieurs vexations aux Sujets de l'Etat qui se mêlent du Commerce, par où, après une longue & penible Négociation, & pour éviter seulement un plus grand mal, nous fûmes nécessitez, contre le Traité susmentionné, d'accepter un Tarif beaucoup plus desavantageux.

En outre, nous avons été obligez de voir, que sans avoir égard à l'Article quinziéme du susdit Traité de Commerce, en vertu duquel nos Sujets qui s'établissent en France pour y traffiquer ne doivent point être compris dans les charges publiques qui seront imposées sur les étrangers, ils n'ont pas laissé d'être chargez d'impositions exhorbitantes.

Le Roi de France, nonobstant toutes ces choses, n'a rien obmis, pour nous persuader par toutes les Protestations imaginables de sincerité, qu'il n'avoit point d'autre intention que de conserver la Paix, & de vouloir éloigner tous les obstacles qui pourroient s'y opposer; & comme le Roi d'Espagne étoit d'une constitution très-foible, & que venant à deceder, sa Succession pouvoit causer de très-grands Differens & de fâcheuses Guerres, cela a donné lieu à des ouvertures pour un Traité, par le moien duquel d'un côté on devoit prévenir le trop grand pouvoir où le Roi de France seroit monté par son Avenement à toute la Monarchie d'Espagne, & les suites qui en auroient resulté pour toute l'Europe; &, d'un autre, contenter par-là ceux qui aspiroient à cette même Succession, afin qu'ainsi la Paix générale fût conservée.

Sur ce fondement, le Roi de France aïant fait un Traité solemnel avec celui d'Angleterre & cet Etat les troisiéme & vingt-cinquiéme de Mars mil sept cent, nous avions esperé que la Paix générale seroit par-là maintenuë; mais à peine le susdit Traité fut-il conclu & ratifié, que nous experimentâmes clairement que l'intention de ce Roi n'avoit nullement été de le tenir & de l'exécuter; & qu'au contraire il emploioit toutes sortes de devoirs & d'artifices à la Cour d'Espagne, pour y rendre non seulement l'Empereur odieux, mais pour obliger de plus le Roi d'Espagne à faire un Testament en faveur de la France.

En effet, le Roi d'Espagne étant venu à mourir dans ces entrefaites, on a aussi-tôt produit un Testament, par lequel le Duc *d'Anjou* Petit-Fils du Roi de France est institué Héritier de tous ses Royaumes & Etats.

Ledit Testament n'a plûtôt été rendu public, que le Roi de France a donné des preuves de son absoluë & interieure intention de satisfaire par toutes sortes de voies & de moiens son Ambition démesurée. A cette fin, sans avoir égard à un Traité si solemnel & si nouvellement fait, & à ses grandes & iteratives protestations de s'y vouloir sincerement tenir, il n'a pas laissé d'accepter dans le même tems ledit Testament, & de rejetter & rompre le Traité susmentionné, sans même avoir donné la moindre communication ni connoissance préallable de son intention à ceux avec qui il l'avoit fait; se contentant de le notifier sans aucun déguisement à l'Etat & d'en donner pour principale raison, qu'il falloit avoir égard à l'esprit ou sens, & non pas aux termes ou mots du Traité, expliquant cet esprit & ce sens selon son bon plaisir, non sans menace & avertissement de divers dangers & desastres, si nous ne voulons point nous conformer à cet esprit: ce qui est une Infraction si grande, & si inouïe, que jamais il n'a été parlé de telle dans le monde, & une Maxime suivant laquelle on ne seroit jamais obligé d'observer aucun Traité.

Le même Roi en consequence de ce Testament n'a pas seulement fait proclamer le Duc *d'Anjou* pour Roi d'Espagne; il a de plus, en son nom, pris possession de tous les Roiaumes & Domaines dudit feu Roi, sans réfléchir le moins du monde sur les Prétentions de l'Empereur, lesquelles néanmoins, par le Traité dont il vient d'être parlé, avoient été si bien reconnuës dans toute leur force, qu'elles en ont été non seulement la raison fondamentale, mais qu'elles y furent même avouées si legitimes, que la plus grande partie de la Monarchie d'Espagne devoit en consequence appartenir à l'Archiduc d'Autriche.

Ledit Roi n'en demeurant pas-là, il a bien-tôt après fait occuper tous les Païs-Bas Espagnols par ses propres Troupes, quoique pour la conservation d'iceux les nôtres y fussent en Garnison du consentement du susdit feu Roi, & ne les en a laissé sortir, qu'après beaucoup de difficulté, & avoir soustert bien du dommage & de la perte.

Par-là, l'Etat s'est vû privé tout d'un coup de la Barriere pour laquelle il avoit déja soutenu deux sanglantes Guerres, & que le Roi de France même, dans les conditions du Traité de Paix de l'année mil six cent soixante & dix sept, lui avoit specialement assigné, aiant même nommément été stipulé par le Traité de Partage dont il a été parlé, que les susdits Païs-Bas Espagnols demeureroient à l'Archiduc d'Autriche.

Outre cela, le Roi de France a commencé aussitôt à gouverner despotiquement, tant à l'égard de la Police que de la Guerre, les Roiaumes & Domaines d'Espagne, sous le nom de son Petit-Fils, & les a tellement réünis aux siens, que le tout n'est plus que comme une même Monarchie & un seul Gouvernement; ce qui ne peut paroître plus fortement, que dans la direction qu'il a desdits Païs-Bas Espagnols, qui sont le Rempart de l'Etat: par où se confirme très-évidemment, (ainsi que les Avis même d'Espagne le portent) qu'ils ont été offerts delaissez, & cedez entiérement au Roi de France, pour y gouverner en Souverain, tant à l'égard des choses qui concernent la Police, & la Milice, que les Finances.

Ce même Roi étant parvenu à cette énorme Puissance (pour laquelle toute la Chrêtienté avoit si long-tems aprehendé) & aiant par ce moien jetté le parfait fondement pour parvenir à la susdite Monarchie Universelle, il ne tarda guere à travailler sur ce plan, en envoiant une formidable Armée en Italie, pour s'y rendre entiérement le Maître, & en inondant de plus les Païs-Bas Espagnols de ses Troupes, afin de nous intimider, s' il lui étoit possible, & nous obliger d'entrer en une Négotiation particuliere, sans la participation de nos Alliez: & voiant que tous les soins qu'il emploioit à cet effet se trouvoient inutiles, il a cherché toutes les voies imaginables afin de nous y contraindre par la force. Il s'est saisi à cette fin de la Citadelle de Liege, malgré le Doien & le Chapitre, & à l'insû de l'Empereur ou de l'Empire; faisant, pour ne point trouver d'obstacle à l'exécution de ses desseins, & inspirer de la terreur au Chapitre, enlever le Doien & le conduire par force sous la Jurisdiction d'Espagne.

Ne se contentant pas de s'être emparé de Liege, il s'est, pour nous environner & resserrer encore davantage, & contre le gré du Chapitre de Cologne, rendu Maître de la pluspart des Places de ce Diocese, & specialement des Forteresses de Bonn, de Kaiserswert, & de Rhinberg; (la Ville de Cologne, où ses desseins ne purent réüssir, lui aïant échapé par la bonne conduite qu'elle a tenuë.) Et s'étant mis par-là en état de faire invasion à toute heure dans cette République, selon le plan de l'année mil six cent soixante & douze, il n'en est pas demeuré là; mais, pour agir encore plus surement & bloquer & assiéger en quelque maniére entierement ce Païs, il à ses propres dépens levé un nombre considerable de Troupes dans le Wolfembuttel, afin de pouvoir aussi en même tems nous attaquer de ce côté, & a fait dans ces entrefaites transporter au travers de Païs étrangers toute sorte de munitions de Guerre & d'Artillerie, pour d'autant plus facilement envahir ces Provinces.

Ce Roi susdit n'étant pas satisfait de nous avoir ainsi resserré par terre, il a poussé les choses encore plus loin, il s'est emparé des Ports de Mer d'Espagne, de Naples, de Sicile, & des autres Iles de la Méditerranée, comme aussi des Havres des Païs-Bas Espagnols au nom du Roi d'Espagne: il s'est aussi saisi des Indes, s'est rendu Maître par cette voie de tout le Commerce de l'Europe, & s'est mis en pouvoir d'en exclure & nous & les autres; &, afin de ne plus laisser aucun lieu au nôtre, il a encore tâché de persuader au Roi de Portugal de nous deffendre ses Havres: sans compter qu'il a envoié une Escadre aux Indes, pour se saisir de la Flote d'argent; dans laquelle les Sujets de l'Etat, aussi-bien que d'autres Princes & Potentats de l'Europe, sont considerablement interessez.

Voiant donc les choses dans une situation si dangereuse & si capable de donner de l'inquietude, nous nous sommes, comme les plus exposez à embrasement, trouvez nécessitez; après l'invocation du nom de Dieu pour nôtre secours & assistance, de nous mettre en posture de nous deffendre, & de nous armer autant qu'il nous a été possible tant par Mer que par Terre contre une si grande Puissance & un peril si menaçant;

ensemble de demander, outre cela, les secours qui par les Traitez nous étoient promis, en cas d'attaque, par nos Voisins, & Alliez, & lesquels nous ont été accordez avec toute la promptitude que nous avions desiré: par où nous trouvant en état de rejetter les Négociations particulieres proposées par la France, nous nous sommes alliez avec Sa Majesté Impériale, les Rois d'Angleterre & de Prusse, & autres Princes & Potentats, pour la Défense de nos Roiaumes & Païs reciproques, la Conservation de la Liberté de toute l'Europe, & le Rétablissement de la Tranquilité & de la Paix générale.

Ainsi, chacun commençant à ouvrir les yeux, & à penser à sa Défense naturelle, l'Empereur a envoié une Armée considérable en Italie pour s'oposer au Roi de France.

Outre cela, Sa Majesté Imperiale, aiant songé à faire retirer les François du Diocese de Cologne, Elle a emploié pour cela tous les devoirs imaginables, & nous a requis d'y intéresser les Directeurs des Cercles, afin d'y prêter leur assistance; ce que, suivant nôtre devoir, & nos engagements, & en égard à nôtre propre Defense, nous n'avons pû refuser; mais nous avons au contraire fait par maniére de diversion agir nos Troupes, comme Auxiliaires, tant là qu'ailleurs.

C'est ainsi que par le Procedé des François, la Guerre se voit commencée & poussée vivement en plusieurs Contrées du Monde, à nôtre grand déplaisir.

Et bien loin d'y avoir jamais donné de nôtre part la moindre occasion, nous avons toûjours au contraire fait tout ce qui étoit en nous pour conserver la Paix générale. En effet, nous avons ressenti une joïe & un plaisir extrême, voiant que le Roi de France avoit envoié ici ses Ministres, & avons fait tout ce que nous avons pû pour que l'on fit quelques Propositions pour une Paix générale; ce qui ne se faisant point, nous avons nous mêmes demandé ce que nous jugions convenable pour parvenir à cette fin, & nous faire avoir nôtre sûreté particuliére, sans qu'on nous ait jamais fait la moindre réponse ni la moindre offre.

On a bien, à la vérité, fait de l'autre part plusieurs Protestations apparentes de Paix; mais cependant on n'a pas laissé de continuer les Armements, de s'emparer des Païs de nos Voisins, & de s'allier avec divers Princes & Potentats; faisant en même tems paroître clairement, qu'à moins que nous ne traitassions séparément de nos Confédérez, il n'y avoit rien à faire, comme en effet on l'a assez vû par le rappel successif des susdits Ministres.

Jusques là que ce Roi nous a enfin fait déclarer par un Mémoire de son Résident, que ses Armées étoient en état d'agir contre nous, si nous ne nous résolvions d'accepter les Propositions faites par le susdit Mémoire.

Il n'est, de plus, rien de si notoire, que le but du Roi d'Espagne d'à présent, contre la Liberté de nôtre Etat & de nôtre Commerce, est le même que celui du Roi de France: en effet, cela paroit clairement par la maniére dont les Affaires sont entiérement dirigées & conduites; & personne n'en peut douter: le Roi d'Espagne ne peut ou ne veut rien faire que selon le bon plaisir du Roi de France, les Roïaumes de l'un & de l'autre sont animez d'un même esprit; & par consequent on ne peut entendre la chose autrement, sinon que tout ce que le Roi de France fait contre nous & nos Alliez sous le nom du Roi d'Espagne, se fait aussi par ce dernier, ou du moins par tous les deux. C'est de cette maniére que le Roi de France, outre les choses dites ci-dessus, se sert des Troupes Espagnoles au nom du Roi d'Espagne pour éxécuter ses desseins contre nous; c'est sous ce nom qu'il a même construit un Fort à la portée de Canon d'une des Forteresses de l'Etat, directement contre le Traité de Paix fait avec le Roi d'Espagne en l'année 1648 & contre le Droit des Gens & de la Guerre.

Le Roi d'Espagne souffre non-seulement toutes ces demarches de son Grand-Pére, mais il les autorise entiérement, tant en ce qui regarde l'occupation effective de la Monarchie d'Espagne en génerale, que celle des Païs-Bas Espagnols en particulier, qui sont le Rempart nécessaire de cet Etat.

Ainsi, les Loix divines & humaines nous dictent, qu'étant de la maniére, qu'il est dit ci-dessus, environnez, & comme bloquez & assiégez de toutes parts, & même réellement & de fait insultez & attaquez par les Rois de France & d'Espagne, & que nous sommes menacez de tant de dangers; Nous nous trouvons aussi obligez de nous servir des moiens que Dieu & la Nature nous a mis en main, pour la Défense de nos Sujets & pour la Conservation de leur Liberté, & de leur Religion, & en consequence de prendre les Armes contre les Rois de France & d'Espagne qui ont ensemble entrepris nôtre ruine & nôtre perte, & de leur déclarer la Guerre, comme nous faisons par ces présents; Nous confiant que le Dieu Tout-Puissant benira abondamment nôtre juste Cause, & les moiens que nous devons emploier.

Requerant tous Rois, Princes, Républiques, & Etats, qui ont à coeur & aiment leur propre Salut, leur Liberté, & celle de toute l'Europe, de recevoir nôtre Déclaration, comme y aïant été contrains & forcés pour la défense & protection de Nous, & de Nos Sujets, & de toute l'Europe, & de s'oposer avec nous aux pernicieux desseins des Rois de France & d'Espagne, & à leur trop grand pouvoir, dont ils veulent se servir pour se rendre Maîtres de toute la Chrêtienté; & ce faisant nous assister & nous secourir.

Enjoignant enfin & ordonnant à tous nos Sujets & Habitans, Commandans, Officiers, & Soldats, & à qui il peut appartenir, de quelque condition & qualité qu'ils puissent être, de reconnoître les Rois de France & d'Espagne pour Ennemis de cet Etat, de poursuivre & attaquer hostilement leurs Païs, Peuples, Habitans, & Sujets en tous Lieux par Terre & par Mer; de se défendre contre leur attaque & violence, & de faire tout ce qu'il convient & qu'on est obligé de faire pour la défense de nôtre chere Patrie, & pour le dommage de nos Ennemis.

Et afin que personne n'en prétende cause d'ignorance, mandons & requerons les Seigneurs Etats, Conseillers Députez, & les Etats Députez des Provinces respectives, comme aussi tous autres Officiers de Justice des susdites Provinces, qu'ils fassent annoncer, publier, & afficher ces présentes le quinziéme du présent mois de Mai dans tous les Lieux où l'on est accoutumé de faire telles Publications & Affiches; enjoignons & commandons que pareilles Publications & Affiches seront faites dans le District de la Généralité au Lieu où elles se font ordinairement.

c) Kriegserklärung Kaiser Leopolds I. an Frankreich und den Duc d'Anjou, 1702 Mai 15

DuMont, Corps Universel ... VIII, 115–116

Nous Leopold, par la Grace de Dieu élû Empereur des Romains en Allemagne, toûjours Auguste, Roi de Hongrie, de Boheme, de Dalmatie, de Croacie, & de Sclavonie, Archiduc d'Autriche, Duc de Bourgogne, de Styrie, de Carinthie, de Carniole, & de Wurtemberg, Comte de Tyrol, & c. Sçavoir faisons, que quoique, depuis la conclusion d'une Paix générale faite depuis peu d'années à Ryswick en Hollande, la Couronne de France ait, tant par le long refus qu'elle a fait de restituer la Forteresse de Brisak, que par le tort & dommage qu'elle a causé à la Maison de Montbeliard, & par plusieurs autres transgressions, donné abondamment à connoitre, que son intention n'étoit pas d'entretenir ce Traité solemnel mieux que les précédens; Néanmoins, espérans que nous pourrions passer en paix le reste du tems de nôtre penible Régne, & maintenir le St. Empire Romain, aussi-bien que nos Roiaumes & Païs Héréditaires dans la jouissance de la Paix présente, après avoir souffert tant d'oppressions, & empêcher enfin à l'avenir l'effusion de tant de sang Chrêtien innocent, Nous avons mieux aimé souffrir patiemment tous ces attentats, & chercher les moiens de terminer les differens à l'amiable, que d'en venir pour cet effet à un nouveau démêlé, & que d'entreprendre une ruineuse Guerre. Mais, comme incontinent après le decès de *Charles II.* Roi d'Espagne, & Archiduc d'Autriche, sous prétexte d'un Testament que l'on suppose que ce Prince auroit fait, mais qui en effet, est nul & de nulle Valeur, & que nonobstant tous les Contracts de Mariage, Renonciations, Cessions, Traitez de Paix, & Sermens précédens, le Roi de France s'est emparé de tous les Roiaumes & Terres de sadite Sérénité, (entre lesquelles il y en a aussi qui ont appartenu à nôtre Maison Archiducale, avant qu'elles fussent venues au pouvoir de la Couronne d'Espagne, outre celles qui relevent de l'Empire;) qu'il y a intrus son Petit-Fils le Duc *Anjou*, & a pris par force outre cela non seulement le Duché de Mantouë & les autres Fiefs de l'Empire, quoiqu'ils n'aient jamais appartenu à la Monarchie d'Espagne, mais aussi a fait entrer une quantité de Troupes dans le Diocese de Cologne, & dans celui de Liége; qu'il s'est emparé & a mis Garnison dans toutes les Villes & Places fortes; qu'il les a outre cela fortifiées, y a dressé par tout des Magazins; & qu'il a contre nos legitimes Ordonnances, & executions, conformes aux Loix de l'Empire, commises aux Princes des Cercles, soutenu à main armée & fortifié l'Electeur de Cologne dans sa desobeïssance, & qu'au contraire il a fait emprisonner les fideles Sujets d l'Empire, & specialement le Baron de Mean Doïen de Liége, & enlevé quelques autres de dessus les Terres de l'Empire, & attaqué hostilement & maltraité lesdits Princes des Cercles, qui selon leur devoir, tachoient d'éxécuter nos légitimes Mandemens Impériaux. Outre que son Petit-Fils le Duc d'*Anjou* s'est approprié les Titres qui n'appartiennent qu'à nôtre Maison Archiducale, & s'est fait nommer Archiduc d'Autriche, Comte de Habsbourg, & de Tyrol. Il nous semble être une chose inexcusable de passer plus long-tems sous silence de telles hostilitez, infractions, & violences, commises tant contre nôtre Maison Archiducale, que contre nôtre haute Dignité Impériale, mais au contraire nous nous trouvons obligez, en consequence, & en vertu du Droit Naturel, du Droit des Gens, & du St. Empire Romain, & particuliérement en consequence de la Capitulation que nous avons jurée, lorsque nous avons été élû Empereur, & de Nôtre Dignité Impériale & Archiducale, comme aussi de celle de Nôtre Patrimoine, de les prévenir de toutes nos forces & pouvoir (puisque tous les efforts des autres Potentats, ont aussi peu valu auprès de ladite Couronne de France, que les offres que nous avions faites d'un Accord à l'amiable) & cela d'autant plus, que c'est une chose constante que ledit Testament, qui sert aujourd'hui de prétexte auxdites hostilitez de la France, a été dressé par quelques Conseillers Espagnols corrompus, suivant l'intention du Roi de France; & qu'il a été proposé audit feu Roi Catholique, lors qu'accablé de foiblesse de corps, & de jugement, il n'étoit plus en état de lire, ou d'entendre, & beaucoup moins de peser & examiner comme il falloit l'ample contenu dudit Testament. Comme aussi, c'est une chose tout à fait repugnante à l'intention dudit feu Roi, laquelle il nous a si souvent fait connoitre, & que ledit Testament est rempli de choses fausses, inconvenables, & contradictoires, & enfin qu'il donne aussi peu de satisfaction à nôtre juste demande, que le Roi de France en a pû accepter, pour ne pas dire, qu'il n'a pas encore été effectivement executé par lui même, mais qu'il l'a déja violé en plusieurs points; & bien particulierement parce qu'il est bien constant, que lesdites entreprises arbitraires tant par lui-même qu'au nom de son Petit-Fils, comme prétendu Seigneur du Cercle de Bourgogne, & par consequent l'Ennemi déclaré de Nous & de l'Empire, tendent au renversement & à l'oppression de la Dignité Impériale, de l'Autorité, & des Droits, qui nous ont été offerts par une legitime Election.

A ces causes, appuiez sur la justice de nôtre cause, & sur l'esperance du secours d'enhaut, Nous déclarons & publions par ces présentes, & en consequence, que nous tenons pour nos Ennemis, le Roi de France aussi-bien que le Duc d'*Anjou*, avec leurs Sujets & leurs Adherens, & que pour detourner la violence & le tort public qui nous est par eux fait, & à l'Empire, & aux fideles Etats dudit Empire, & pour défendre nos Droits Impériaux & autres, nous sommes obligez de prendre les Armes, & de faire à cette fin marcher nos Troupes contre eux. Ordonnons par ces présentes aux fideles Sujets de Nous & de l'Empire, par le devoir auquel ils sont engagez envers Nous & envers l'Empire, & sous peine de privation de Corps & de Biens, & voulons trèsserieusement par ces présentes, qu'aucun d'eux ne s'engage dans le service de ladite Couronne de France, du Duc d'*Anjou* ou de ses Adherens, & qu'aucun n'entreprenne en la moindre chose, de leur rendre aucun service, aide, ou faveur, & entretienne avec eux directement ou indirectement aucun Négoce, Communauté, ou Correspondance, mais que dès ce moment ils s'en retirent & s'en abstiennent entiérement, & qu'ils nous aident de toutes leurs Forces à poursuivre & courre sus à nosdits Ennemis & les leurs. Nous avons aussi cette pleine confiance envers les Electeurs, Princes, & Etats de l'Empire, que tous tant en général, qu'en pariculier, dès maintenant & à l'avenir, lorsque selon l'exigence des choses nous consulterons avec eux, sur ce qu'il sera besoin de faire, dans une Affaire qui ne nous regarde pas seulement, mais qui concerne aussi le bien & la sûreté des autres Principaux Membres de l'Empire en particulier, & par consequent celui de tout l'Empire Romain, ils nous secoureront, & nous aideront dans nôtre legitime & juste entreprise, de leur fidele & sage conseil, & de leur sincere, unanime, & ferme Union de toutes les Forces, que Dieu & l'Empire leur a données, pour se tirer de l'oppression eux & les autres Etats opprimez; qu'ils contribueront pour detourner tous les malheurs, & qu'ils ne se laisseront pas detourner en aucune maniere. Surquoi chacun se reglera pour éviter son dommage.

d) Kriegserklärung Ludwigs XIV. an den Kaiser, Großbritannien, die Generalstaaten und ihre Alliierten, 1702 Juli 3

DuMont, Corps Universel ... VIII, 118

Bien que le Traité conclu à Ryswick, dans le tems que le Roi par la supériorité de ses Forces étoit en état de donner la Loi aux Princes voisins jaloux de sa Puissance, soit une preuve certaine du desir sincere que Sa Majesté a toujours eu de donner la Paix à ses Sujets, & rétablir la tranquillité dans l'Europe, Sa Majesté a néanmoins vû que l'Empereur, sans aucun Droit legitime à la Succession des Roiaumes & Etats de la Monarchie d'Espagne, s'est mis en état par l'augmentation de ses Troupes, par des Traitez & Alliances avec plusieurs Princes, & particulierement avec l'Angleterre & les Etats Genéraux des Provinces-Unies, de troubler le repos de l'Europe par une nouvelle Guerre aussi injuste qu'elle est mal fondée. Ils ont commencé de toutes parts des Actes d'hostilitez, contre & au préjudice des Traitez si solemnellement jurez; l'Europe entiere est témoin de la moderation de Sa Majesté, elle a vû attaquer des Places, prendre des Postes avantageux, arrester des Convois, faire des prisonniers avant qu'il y eût aucune Déclaration de Guerre, dans le tems que Sa Majesté faisoit agir ses Ambassadeurs ou Envoiez pour conserver la Paix. Toutes ces Démarches si contraires à la bonne foi & à leurs propres interêts, les Manifestes & Déclarations de Guerre de l'Empereur, de l'Angleterre, & des Etats Généraux, aiant été publiez, Sa Majesté s'est trouveé dans la nécessité, pour conserver ses propres Etats & ceux du Roi son Petit-Fils, d'armer de sa part, & de faire des levées assez considerables pour pouvoir s'opposer aux entreprises de leurs Ennemis communs, & à cet effet Sa Majesté a résolu d'emploier toutes ses Forces tant de Terre que de Mer, soûtenuës de la Protection Divine qu'elle implore pour la justice de sa Cause, de declarer la Guerre à l'Empereur, à l'Angleterre, aux Etats Généraux des Provinces-Unies, & aux Princes leurs Alliez. Ordonne & enjoint Sa Majesté à tous ses Sujets, Vassaux, & Serviteurs, de courre sus aux Sujets de l'Empereur, aux Anglois, Hollandois, & aux Sujets de leurs Alliez; & a défendu & défend très-expressément d'avoir ci-après avec eux aucune Communication, Commerce, ni Intelligence, à peine de la vie; & en consequence Sa Majesté a dès à present revoqué & revoque toutes Permissions, Passeports, Sauvegardes & Saufconduits qui pourroient avoir esté accordez par Elle ou par ses Lieutenans-Généraux &

autres ses Officiers, contraires à la Presente, & les a declaré & declare nuls, & de nul effet & valeur, défendant à qui que ce soit d'y avoir aucun égard. Mande & ordonne Sa Majesté à Monsieur l'Amiral, aux Maréchaux de France, Gouverneurs & Lieutenans-Généraux pour Sa Majesté en ses Provinces & Armées, Maréchaux de Camp, Colonels, Mestres de Camp, Capitaines, Chefs & Conducteurs de ses Gens de Guerre, tant de cheval que de pied, François & Etrangers, & tous autres ses Officiers qu'il appartiendra, que le contenu en la Presente ils fassent executer, chacun à son égard, dans l'étenduë de leurs Pouvoirs & Jurisdictions: *Car telle est la volenté de Sa majesté,* laquelle veut & entend que la Presente soit publiée & affichée en toutes les Villes tant Maritimes qu'autres, & en tous ses Ports, Havres, & autres lieux de son Roiaume & Terres de son obéissance que besoin sera, à ce qu'aucun n'en pretende cause d'ignorance.

e) Kriegserklärung Ludwigs XIV. an Savoyen, 1703 Dez. 4

DuMont, Corps Universel ... VIII, 135

Les Manifestes que le Duc de Savoye a répandus dans ses Etats, pour engager ses Sujets à prendre les Armes pour leur conservation; Et l'impression qu'il a voulu donner dans toutes les Cours de l'Europe, de la violence qui avoit été faite à ses Troupes le 29 Septembre, lorsqu'elles furent arrêtées & desarmées par le Duc de Vendôme, en consequence des ordres de S. M. auroient pû produire quelque effet sur les esprits, si les demarches de ce Prince déja trop connuës, n'avoient forcé S. M. à prendre cette resolution si contraire à la conduite qu'Elle a tenuë dans les tems que la superiorité de ses Armes, & les avantages considerables qu'elles avoient remportés sur les Princes & Etats ligués contr'Elle, l'avoient mise en état de donner la Paix à telle condition qu'Elle auroit voulu. Le Traité fait en 1696. entre S. M. & le Duc de Savoye, dont le Mariage de son Petit-Fils le Duc de Bourgogne avec la Fille aînée de ce Prince fut le lien, en fournit un exemple bien authentique, & des avantages qu'il trouva à manquer à celui qui étoit entre lui, l'Empereur, l'Angleterre, & la Hollande.

Le Roy Charles II. étant mort en l'Année 1700, & la Succession de la Monarchie d'Espagne ayant été deferée à Philippe V. par le Droit du Sang, par la disposition des Loix de tous les Etats dont cette puissante Monarchie est composée, par la volonté du dernier Roy, & par les voeux de tous les Peuples, cette disposition ayant reveillé la Jalousie des Ennemis de la grandeur de la France, Sa Majesté fut obligée, pour conserver cette Monarchie entiere, de faire marcher des Troupes dans l'Italie, qui sembloit être attaquée la premiere; Elle fit proposer en même tems un nouveau Traité au Duc de Savoye, par lequel il s'engagea pendant le tems que la Guerre dureroit, de fournir 10000 Hommes de ses Troupes, moyennant les Subsides convenus. Par ce même Traité il devoit avoir le Commandement des Armées des deux Rois en Italie; S. M. consentit en suite au Mariage du Roy d'Espagne avec la seconde Fille de ce Duc, afin de fortifier de si grands engagements & des marques d'une confiance aussi entiere; l'Union qui devoit être assurée pour toujours entre Sa Majesté, le Roi d'Espagne, & ledit Duc, & l'engager à contribuer de tout son pouvoir aux avantages des deux Couronnes; Ce Traité a été executé de bonne foy de la part des deux Rois la premiere année; Et quoy que le succés n'ait pas été heureux, que l'Armée de l'Empereur ait penetré avant dans l'Italie, & que le Duc de Savoye ait retiré ses Troupes dans le tems qu'elles étoient le plus necessaires, on ne peut pas dire qu'il ne l'ait point été de son côté. A peine cette Campagne fût achevée, que S. M. voyant les progrés des Troupes Ennemies, se determina d'envoyer 30 Bataillons & 30 Escadrons d'augmentation, pour fortifier son Armée & lui donner la superiorité si necessaire pour retablir la tranquilité de l'Italie, & ôter à l'Empereur toute esperance de s'en pouvoir rendre le Maître. Ce fut dans ces tems-là qu'il revint à S. M. des avis de toutes parts, des liaisons qu'il conservoit avec l'Empereur & l'Angleterre, qu'il fit proposer par son Ambassadeur une augmentation de Subsides, & qu'ayant rendu sa fidelité suspecte, S. M. se determina à consentir la reduction de ses Troupes à la moitié de ce qu'il en devoit fournir, & que le Roy d'Espagne vint lui même se mettre à la tête des Armées.

Ces soupçons déja trop bien fondés, n'ont fait qu'augmenter par les assurances certaines, des negociations & des propositions de traiter avec l'Empereur. Les soins de ce Duc pour conserver le secret, n'ont point empêché qu'il n'ait été penetré, que les Gazettes n'ayent été remplies des conditions, que l'Ambassadeur de l'Empereur à Rome ne les ait dites publiquement, & que S. M. n'ait été informée par des voyes sûres, que le Comte d'Aversberg Ministre de l'Empereur, étoit arrivé à Turin le 15. Juillet dernier, avec tous les Pouvoirs necessaires pour le conclurre.

Cette Negociation a été faite pendant les nuits dans la maison du Marquis de Prié, où ce Ministre a été long tems caché, & dans laquelle le Duc de Savoye, & le Comte de la Tour, ont eu de frequentes Conferences avec lui.

Le bruit s'étant trop répandu du sejour du Comte d'Aversberg à Turin, il en fortit pour se retirer à la Cassine du Comte de Tarini, où le Marquis de S. Thomas se rendoit très-souvent, & où le Duc de Savoye a été lui même plusieurs fois. S. M. bien informée de toutes ces demarches, confirmées depuis par une Lettre interceptée du Comte d'Aversberg au Comte de Sinzendorf, datée du 13. Octobre de Turin, Elle ordonna à son Ambassadeur d'en parler au Duc de Savoye, qui donna des ordres au Comte de Vernon de renouveller à Sa Majesté par des protestations publiques, la fidelité de ses engagements, qu'il ne s'en departiroit jamais, qu'il n'y avoit aucun Ministre de l'Empereur à Turin, & qu'il n'écouteroit aucune proposition de sa part; Et il donna de pareils ordres à son Ambassadeur à Madrid pour le Roy d'Espagne.

Une pareille conduite ne laissant plus lieu à S. M. de douter des mauvaises intentions de ce Prince, Elle ordonna par une precaution aussi juste que necessaire au Duc de Vendôme, de faire desarmer le peu de Troupes de ce Duc qui restoit dans l'Armée de S. M. & du Roy Catholique, de s'avancer vers ses Etats; Mais avant d'y entrer & d'exercer aucun Acte d'hostilité, S. M. luy fit proposer de donner des Places de sûreté & de reduire le nombre de ses Troupes sur le pié du Traité de 1696. pour assurer la communication de ses Etats avec ceux du Roy son Petit-Fils, & se garantir dans la suite de la mauvaise volonté du Duc de Savoye.

Des propositions si convenables aux interêts du Duc de Savoye, & seules capables de maintenir la tranquilité dans ses Etats, ont été rejettées; Il a fait arrêter à Turin l'Ambassadeur de S. M. & celui du Roy d'Espagne, sans leur laisser aucune communication, ne même la liberté de donner de leurs nouvelles, pendant que le Comte de Vernon son Ambassadeur auprès de S. M. étoit en liberté sur la parole qu'il avoit donnée de n'en point abuser. Il a même fait arrêter tous les François, les Officiers des Troupes & les Soldats de S. M. qui passoient dans ses Etats; Il a fait saisir tous leurs effets, & se tenant sûr des Secours qu'il attendoit de ses nouveaux Alliés, en execution des Traités qu'il avoit conclus avec eux, il a fait marcher des Troupes pour aller au devant de 2000 Chevaux commandés par Visconti, qui ont été entierement defaits par le Duc de Vendôme, avant de l'avoir pû joindre. Il a fait prendre les armes à tous ses Sujets, donné des ordres pour de nouvelles levées, & n'a rien obmis pour faire voir à toute l'Europe, qu'il compte pour rien de violer la foy des Traitez. Cette conduite ne laissant pas lieu de douter de ses intentions, S. M. pour en prevenir les suites, a resolu de lui declarer la Guerre tant par Terre que par Mer, comme Elle fait par la Presente. Ordonne & enjoint pour cet effet S. M. à tous ses Sujets, Vassaux & Serviteurs, de courre sus aux Sujets du Duc de Savoye; Et leur a défendu & défend très-expressément d'avoir ci-après avec eux aucune communication, commerce, ni intelligence, à peine de la vie; Et à cette fin S. M. a dès à present revoqué & revoque toutes Permissions, Passeports, Sauvegardes, & Saufconduits, qui pourroient avoir été accordez par Elle, ou par ses Lieutenants

Generaux, & autres ses Officiers, contraires à la Presente, & les a declarez & declare nuls & de nul effet & valeur; Défend à qui que ce soit d'y avoir aucun égard. Mande & ordonne S. M. à Mr. l'Amiral, aux Maréchaux de France, Gouverneurs, & Lieutenans Géneraux pour S. M. en ses Provinces & Armées, Maréchaux de Camp, Capitaines, Chefs & Conducteurs de ses Gens de Guerre, tant de cheval que de pied, François & Etrangers, & tous autres ses Officiers qu'il appartiendra, que le contenu en la Presente ils fassent executer chacun à son égard dans l'étenduë de leurs Pouvoirs & Jurisdictions; Car telle est la volonté de S. M., laquelle veut & entend que la Presente soit publiée & affichée en toutes les Villes tant Maritimes qu'autres, & en tous ses Ports, Havres & autres Lieux de son Royaume & Terres de son obeissance que besoin sera, à ce qu'aucun d'en pretende cause d'ignorance.

f) Kriegserklärung Philipps (V.) an Portugal, Erzherzog Karl und ihre Verbündeten, 1704 April 30

DuMont, Corps Universel ... VIII, 154–155

La Guerre est la derniere justice des Souverains, qui ne la doivent entreprendre que dans les regles de l'équité; aussi puisque les Guerres les plus justes attirent nécessairement la ruine des Provinces & la desolation des Peuples, il est bon qu'en pareilles occasions ils aient la consolation qu'on leur fasse connoître les motifs qu'on a de s'y engager. Il est de notorieté publique que nous sommes parvenu à la Succession de la Monarchie d'Espagne par le Droit de la Naissance reconnu par le feu Roi Don *Charles Second,* mon Oncle d'heureuse mémoire, qui par cette raison nous a institué seul & unique Héritier & Successeur à sa Couronne. Nous avons été reconnus en cette qualité par tous les Sujets, qui la composent, & qui nous ont prêté Serment solemnel. Nôtre Saint Pere le Pape nous a aussi reconnu, de même que Sa Majesté Très-Chrêtienne, Monseigneur & mon Aïeul, comme aussi des Puissances d'Angleterre & de Hollande, les principaux Princes & Etats d'Italie, la plus Grande partie du Nord, enfin le Roi de Portugal lui-même, depuis quatre ans, sans que la Guerre allumée par l'Empereur & ses Alliez en Italie & dedans les Païs-Bas, eût alteré en rien la fidelité de mes Royaumes & de mes Sujets.

Nous devons à la bonté de Dieu Tout-Puissant tant d'heureux succès, dans lesquels il a fait connoître la justice de nôtre Cause, que nous avons tout sujet d'en esperer la continuation. Cependant, le Roi de Portugal se laissant séduire par des personnes malintentionnées, non seulement a manqué à l'execution des Traitez de Ligue Offensive & Défensive, qu'il avoit faits avec les deux Couronnes, mais encore à la Neutralité qu'il a ensuite demandée: Et enfin, il a fait Alliance avec l'Empereur, l'Angleterre & la Hollande, & sous le prétexte imaginaire du Bien & de la Liberté de l'Europe, il a entrepris de mettre l'Archiduc *Charles* d'Autriche en possession des Royaumes d'Espagne & de ses Dépendances; d'en démembrer les principales Provinces, en se faisant ceder à perpetuite, la Ville de Badajos, les Places d'Alcantara, d'Albuquerque & de Valencia en Estramadure, de Bayonne, de Vigo, de Tuy & de la Gardia en Gallice; & tous les Pais au delà du Rio de la Plata dans les Indes Occidentales. Pour lequel effet il s'est fortifié de Troupes Auxiliaires, autant ennemies des deux Couronnes que de la Religion Catholique, leur ouvrant, pour ainsi dire, la porte des Eglises pour les faire entrer en mes Royaumes, & les exposer aux Sacrileges, dont ils les menacent. Il a aussi introduit l'Archiduc dans le dessein d'exciter des Séditions par sa presence: Et enfin, il a fait saisir un Vaisseau, & les Effets de mes Sujets contre le Droit des Gens, sans aucune Déclaration de Guerre precedente, sous prétexte de represailles.

Toutes ces justes Raisons nous ont obligé à nous mettre à la tête de nos Armées pour défendre la gloire, que nos Sujets ont toûjours acquise, autant par leur fidelité inviolable que par leur valeur, & nous avons jugé à propos de les rendre publiques, afin que tout le monde connoisse avec combien de justice, Nous & nos Sujets prenons les Armes pour la Foi, pour la Couronne, & pour l'honneur de la Patrie, déclarant en consequence pour Ennemis de l'Etat le Roi de Portugal, l'Archiduc *Charles* d'Autriche & leurs Alliez, & nous exhortons, enchargeons, & ordonnons à tous nos Sujets de se joindre à nous pour la défense de nôtre Cause & de la leur, & d'éviter les attentats de ceux qui ont pris les Armes, plûtôt pour combattre la Religion, que pour d'autres intérêts.

Et afin qu'un chacun ait connoissance de cette nôtre Résolution, nous avons ordonné de la faire publier dans tous nos Etats pour être exactement executée.

2. Kriegsgefangenschaft

Vertrag zwischen Ludwig XIV. und den Vereinigten Niederlanden über Austausch und Auslösung der Kriegsgefangenen, 1690 Dez. 29

DuMont, Corps Universel ... VII/2, 277–280

Nous Elie Guillaume de Rochon de la Peyrouse, Seigneur de la Motte, & de Chasteau vieux, Lieutenant pour le Roi au Gouvernement de Maubeuge, & Commandant pour Sa Majesté en la Ville de Thuin, & ses Dépendances au nom & de la part de Sa Majesté: Et Jacques, Baron de Wassenaer, Seigneur d'Obdam, Hensbroék, Woghmeer, Spierdijck, Zuydwijck, Kernhem, Tuikelo, Lage, & C. Noble d'Hollande, General Major de la Cavalerie de l'Estat des Provinces Unies, Gouverneur de Willemstadt, Niervart, dit la Clundert, & des Forts en dependants, au nom & de la part de Messieurs les Estats Generaux des Provinces-Unies, sommes convenus de l'Eschange & rançon des Prisonniers de Guerre, qui ont esté & seront faits par les Troupes des Armées & Garnisons de France & des Estats Generaux, les unes sur les autres seulement, & en avons passé le present Traité en vertu des Pouvoirs, à nous donnez, en la maniere qui ensuit.

Premierement. Que tous les Prisonniers qui seront faits de part & d'autre, soit dans les Batailles, prises des Places, Combats, ou autres occasions, qu'il pourroit y avoir entre les Nations, seront rendus de bonne foy quinze jours après leur detention au plus tard par echange d'autres Prisonniers de pareil poste, ou autres, en faisant compensation du plus au moins des rançons, qui sera marqué cy-après, lesquels se payeront en monnoye de France.

Et afin qu'il n'arrive aucune contestation ni difficulté, tant pour le regard du Poste & Qualité des Officiers de part & d'autre, que des rançons qui devront estre payées par chacun d'eux, il a esté jugé à propos de specifier ci-après les Charges & Postes de chaque Party & le prix desdites rançons.

Les Generaux des Armées du Roy, Commandants en Chef & les Mareschaux de France, seront échangez contre le Capitaine General des Estats Generaux, Commandant en Chef leurs Armées, ou payeront .... 50000 liv.

Capitaine General des Armées du Roi .... 40000 liv.

Les Lieutenants Generaux des Armées du Roi seront échangez contre ceux qui commandent les Armées des Etats Generaux immediatement après le General, ou payeront .... 20000 liv.

Le Grand Maistre de l'Artillerie de France, contre le General d'Artillerie des Etats Generaux, ou payeront .... 4000 liv.

Les Mareschaux de Camp des Armées du Roi seront Échangez, ou payeront .... 4000 liv.

Le Colonel General de la Cavalerie sera échangé contre un General de Cavallerie ou d'Infanterie des Etats, ou payeront .... 4000 liv.

Le Colonel General des Dragons sera échangé, s'il en rencontre, ou payera .... 3500 liv.

Le Maistre de Camp General de la Cavallerie de France, payera ...... 3500 liv.

Le Maistre de Camp General des Dragons, sera échangé, ou payera .... 3000 liv.

Le Commissaire General de la Cavallerie de France sera echangé, ou payera .... 3000 liv.

Un Intendant des Armées ou Provinces contre un Deputé des Estats en campagne, ou payeront .... 5000 liv.

Leurs Subdeleguez .... 1500 liv.

Un Lieutenant General de l'Artillerie de France sera échangé contre un Lieutenant General de l'Artillerie des Etats Generaux, ou payeront...... 1000 liv.

Un Lieutenant General de Cavallerie ou d'Infanterie seront échangez ou payeront .... 1500 liv.

Les Majors Generaux de Cavallerie ou d'Infanterie seront échangez contre les Generaux Majors, ou Commissaires Generaux de Cavallerie ou d'Infanterie, ou payeront .... 800 liv.

Les Brigadiers de Cavallerie ou d'Infanterie seront échangez, ou payeront .... 600 liv.

Un Major de Brigade contre un Major de Brigade, ou payeront .... 300 liv.

Mareschal General des Logis de l'Armée contre un Quartier-Maistre General des Logis, ou payeront .... 500 liv.

Aide du Mareschal General des Logis & du Quartier Maistre General seront échangez, ou payeront .... 100 liv.

Aides de Camp servants près la Personne du Roi, & de Monseigneur le Dauphin .... 500 liv.

Aides de Camp ou Adjutants servants près des Generaux en Chef, Lieutenants Generaux & Maréchaux de Camp seront échangez de part & d'autre, ou payeront .... 300 liv.

Mareschal des Logis de la Cavallerie ou Quartier-maistre General de la Cavallerie ou Quartier-maistre General de la Cavallerie seront échangez, ou payeront .... 200 liv.

Ses Aides & Adjutants seront échangez, ou payeront .... 100 liv.

Tresorier General de l'extraordinaire des Guerres .... 1500 liv.

Le premier Commis de chaque Armée .... 500 liv.

Les autres moindres des Armées & Places .... 50 liv.

General des Vivres sera échangé contre le Provedidor, ou payeront ... 1000 liv.

Les premiers Commis des Vivres de chaque Armée payeront .... 500 liv.

Les autres moindres Commis & Controlleurs des Vivres des Armées & Places .... 50 liv.

Les Commissaires des Guerres .... 100 liv.

Le Prevost General sera eschangé contre le Prevost General, ou payeront .... 300 liv.

Le Procureur du Roy ou Assesseur contre le Fiscal du Conseil de Guerre, ou payeront .... 250 liv.

Le Lieutenant du Prevost contre celuy des Etats, ou payeront .... 100 liv.

Le Greffier de la Prevosté ou du Conseil de Guerre de part & d'autre seront échangez, ou payeront .... 80 liv.

Les autres Officiers & Soldats de la Prevosté de part & d'autre, chacun, .. 18 liv.

A la reserve neantmoins desdits Soldats & Archers qui seront employez à la recherche & poursuitte des Voleurs, Malfaicteurs, ou contrevenans aux Ordres, lesquels pourront aller en toute sureté depuis le nombre de quatre jusques à quinze, un Brigadier, Exempt, Lieutenant, ou le Grand Prevost mesme à leur teste, sans qu'ils puissent estre de bonne prise, non plus que leurs Chevaux & Armes, étant pourveus de bons Ordres des Généraux, Gouverneurs, Commandants ou Intendans des Armees ou Provinces, & pourront mener avec eux le Procureur du Roy, le Fiscal, Assesseurs & Greffier pour instruire le Proces des Malfaicteurs, si le cas le requiert, à condition qu'ils n'approcheront point de plus près de deux Lieues les Armées ou Places Ennemies de part ou d'autre.

Et en cas qu'ils seront rencontrez au dessus ou au dessous du nombre susdit, ils seront tous de bonne prise avec leurs Armes & Chevaux, & sujets à la rançon specifiée dans le présent Cartel.

Le Wagemaistre General contre celuy des Estats Généraux, ou payeront 150 liv.
Son Lieutenant .... 80 liv.
Commissaire General des Batteaux .... 150 liv.
Les Lieutenans chacun .... 50 liv.
Les Conducteurs de l'un & de l'autre chacun payeront .... 12 liv.
Un Auditeur .... 25 liv.
Weghmaistre General ou Capitaine des Guides seront eschangez, ou payeront .... 80 liv.
Son Lieutenant .... 50 liv.
Son Cornette .... 35 liv.
Guides à Cheval comme Cavalliers .... 20 liv.
Les Ingenieurs en Chef, & qui ont direction sur un departement, payeront .... 500 liv.
Et les autres un mois de leur appoinctement, ce qui sera declaré de bonne foi de part & d'autre.

Artilleries

Lieutenant particulier ou Colonel d'Artillerie seront eschangez, ou payeront .... 400 liv.
Commissaire Provincial ou Lieutenant Col. d'Artillerie seront eschangez, ou payeront .... 250 liv.
Commissaire ordinaire ou Major d'Artillerie seront eschangez, ou payeront .... 150 liv.
Commissaire extraordinaire, Gentilshommes d'Artillerie, Cadets ou Gardes, seront eschangez, ou payeront .... 30 liv.
Capitaines des Bombardiers, Mineurs, Pioniers, Matelots, Charrois, Pontons & autres dependants de l'Artillerie à peu près de même Poste & Qualité seront eschangez, ou payeront .... 50 liv.
Canonniers, Bombardiers, Mineurs, Faiseurs de feu d'Artifice, Charpentiers, Mareschaux, Pionniers, Matelots, Pontgasten, Brugmaistres & autres semblables, s'il s'en rencontre, payeront comme Soldats .... 7 liv. 10 s.

[Gendarmerie]

[Gardes Françoises et Suisses]

[Gardes du Capitaine General des Etats]

[Cavallerie]

Dragons

Colonel des Dragons, ... 350 liv.
Lieutenant-Colonel, ... 250 liv.
Major, ... 200 liv.
Capitaine, ... 150 liv.
Lieutenant, ... 70 liv.
Aide-Major ou Adjutant, ... 60 liv.
Cornette, ... 55 liv.
Mareschal des Logis, ou Quartiermaistre de Compagnie, ... 25 liv.
Quartier-maistre de Regiment sera eschangé, ou payera .... 50 liv.
Brigadiers ou Caporaux, ... 20 liv.
Dragons, ... 18 liv.

Infanterie

Colonel, ... 400 liv.
Lieutenant Colonel, ... 250 liv.
Major, ... 150 liv.
Capitaine, ... 100 liv.
Lieutenant, ... 40 liv.
Aide-Major ou Adjutant, ... 40 liv.
Mareschal de Logis ou Quartier-maistre de Regiment, ... 35 liv.
Sous-Lieutenant ou Enseigne, ... 25 liv.
Les Sergens, ... 15 liv.
Soldats, ... 7 l. 10 s.

Les Prevosts des Regiments de Cavallerie, Dragons ou Infanterie, seront eschangez, ou payeront .... 40 liv.

Leurs Lieutenants, Greffiers ou Auditeurs de Regiments seront eschangez, ou payeront .... 20 liv.

Cadets Gentilshommes

Les Capitaines de neuf Compagnies de Cadets seront eschangez, s'il s'en rencontre de mesme Poste ou Caractere, ou payeront .... 150 liv.
Les Lieutenants, ... 80 liv.
Les Sous-Lieutenants ou Enseignes, ... 60 liv.
Les Sergeans, ... 20 liv.
Les Caporaux, ... 12 liv.
Les Cadets Gentilshommes, ... 10 liv.

Les Gouverneurs, Commandants, Lieutenant de Roy, Majors & Aide-Majors, & Capitaines des Portes, payeront un mois de leur solde, & ayant une autre Charge dont l'appointement est plus haut, payeront sur le pied de ladite Charge.

Tous Volontaires François, qui seront dans les Armées du Roy, de quelque Qualité qu'ils puissent être, s'ils sont du nombre de ceux qui font leur sejour ordinaire à la Cour, & qui n'ont point de Charges Militaires, seront eschangez de part & d'autre, ou payeront 2000. liv.

Et les Volontaires, qui seront en quelque Employ, soit dedans ou hors de l'Armée, soit au service de Sa Majesté ou de Messieurs les Estats, ou tels autres Princes étrangers, que ce puisse être, seront eschangez ou payeront ce à quoy ledit Employ par ce Cartel est reglé.

Le contenu de ces deux Articles sera observé aussi au regard des Volontaires, qui seront dans les Armées des Estats Généraux.

Les Aumoniers, Ministres, Medecins, Directeurs Généraux & particuliers, Apotiquaires, Chirurgiens & autres Officiers servans aux Hospitaux des Armées & Places de Guerre, comme aussi les Femmes de quelle Condition, qu'elles puissent être,

Enfans de douze ans & au dessous, Postillons, Messagers, Domestiques & Valets seront renvoyez de part & d'autre sans rançon.

Tous ceux qui exercent differentes Charges ne payeront la rançon, que de la plus haute Charge qu'ils possedent, & à proportion d'icelle seront eschangez ou payeront leur rançon.

Tous Officiers d'Artillerie, non compris en ce Traité, ayant les mêmes noms avec les Officiers d'Infanterie, pourront sans aucune difference, être eschangez pour la même rançon.

Tous Officiers reformez ne payeront que le quart de la rançon de la Charge à laquelle ils sont mis, étant en pied.

Les Trompettes & Tambours, qui iront reclamer lesdits Prisonniers, seront renvoyez dans trois jours, & si quelque raison de Guerre oblige à les retenir davantage, leur depence sera payée par ceux qui les auront arresté.

Tous Officiers & autres, tirans Gages, non compris en ce Cartel, & tenus de suivre les Armées, pourront estre rançonnez en payant un mois de Gages, outre qu'il sera licite aux Parties de se donner advis reciproquement des Officiers, qui pourront être obmis dans ce Cartel, & d'en convenir entr'eux, après quoy ce qui aura été concerté, sera ponctuellement observé & tenu pour inseré dans ce present Traité.

S'il arrivoit quelque difficulté, touchant la Qualité ou Gages de quelques Prisonniers, elle sera levée sur le Certificat, qu'en donnera de bonne foy le General de l'Armée, ou Gouverneur de la Place d'où sera ledit Prisonnier sans qu'aucune autre preuve soit necessaire.

Il sera fait deffense de part & d'autre d'oster les Habits aux Prisonniers.

Tous Soldats, Cavalliers, Dragons & autres, dont les rançons sont égales, auront pour leur Subsistance, pendant le temps qu'ils demeureront en Prison, trois sols monnoye de France, outre la ration de Pain de Munition, par jour, & les Sergens le double.

Il a été convenu de part & d'autre, de ne contraindre aucuns Prisonniers de Guerre, de prendre parti ou de s'enroller, & pour prevenir toute contestation là dessus, on sera obligé de faire signer ceux, qui veulent entrer volontairement dans le service de celui qui le tient Prisonnier, comme quoy il l'a fait de bonne volonté, sans y avoir été contraint ny forcé.

Tous les Officiers se pourront faire traitter ainsi qu'ils trouveront bon, & seront en état de payer.

Les Officiers de part & d'autre, qui auront été renvoyez sur leur parole, seront obligez de retourner & se rendre Prisonniers, quinze jours après la Ratification de ce Traité, s'ils n'ont auparavant fait tenir leur rançon sur le pied y specifié, & ce qu'ils pourroient devoir des frais, par eux faits dans la prison pour leur Subsistence, ce qu'ils pourront faire sans être obligez de retourner, & seront libres de servir, si tôt qu'ils auront l'acquit de ceux, auxquels ils s'étoient obligez.

Quant aux mois de Solde, dont plusieurs Articles parlent, ils seront reglez de part & d'autre, selon les Appointements par mois, que donne Sa Majesté: excepté les Gouverneurs, Commandants, Lieutenants de Roy, Majors & Aide-Majors, Capitaines des Portes, Officiers, Cavalliers & Soldats des Gardes du Capitaine General des Armées de l'Estat, qui payeront suivant les appoinctements qu'ils reçoivent de Messieurs les Estats Généraux.

Moyennant les Conditions cy-dessus, on est convenu, de renvoyer de part & d'autre tous les Prisonniers quinze jours après la Ratification du présent Traité, en payant reciproquement ce qu'ils auront dépencé pour leur nourriture pendant le temps de leur Detention dont il sera fait état, & dans les suites de cette Guerre, il sera tres-exactement observé de rendre les Prisonniers aussi-tôt qu'ils seront reclamez, en payant leur rançon, ou rendant des Prisonniers en nombre equivalent à la Charge qu'ils possedent.

Et pour faciliter toutes choses également à l'avantage des Parties, on s'en rendra compte de six mois en six mois, s'il est necessaire, en envoyant un état.

Chaque Partie fera un état des Prisonniers, qu'il renvoyera & en tirera un reçû du Commandant du Lieu, où ils auront été remis, afin qu'après l'entiere delivrance des Prisonniers, celuy des deux Parties, qui demeurera redevable à l'autre, aye soin d'y satisfaire sur le pied de la rançon cy-dessus specifiée.

Tous les Prisonniers des Troupes de Cavalerie ou Infanterie, qui sont, ou qui ont été faits depuis la Declaration de la presente Guerre, tant par Mer que par Terre, seront renvoyez de part & d'autre en satisfaisant aux Articles cy-dessus, dans les Places les plus voisines de l'obéïssance de Sa Majesté, ou de Messieurs les Etats Generaux.

Il sera tres-expressement defendu de part & d'autre, de se servir de Balles d'estain, ou autre metail, que celuy de plomb, comme aussi de Balles ramées pour des Partis de Campagne.

Il ne sera delivré par les Generaux, Gouverneurs, Commandans des Places aux Troupes aucuns Passeports, pour aller à la Guerre les uns contre les autres au dessous de dix neuf hommes à Pied, quinze à Cheval, sans les Partisans; ayant été convenu, que ceux, qui auront été pris les Armes à la main au dessous dudit nombre, seront reputez Partis bleus & châtiez de deux mois d'une dure prison: & en cas qu'ils soient convaincus de vol ou de meurtre, ils seront mis entre les mains de la Justice, pour être punis suivant les Ordonnances, dequoy on se donnera part reciproquement, & des raisons qu'on aura eu de le faire.

Neanmoins cette peine ne pourra avoir lieu, lors qu'un des Partis, après avoir perdu quelques Hommes en combattant contre l'Ennemy, sera rencontré en moindre nombre, qu'il n'étoit sorti de l'Armée ou de sa Garnison, ce qui se verifiera par les Passeports & Certificats des Generaux, Gouverneurs ou Commandans, dont ils auront eu leurs Congez ou Passeports, comme aussi si quelque petite Troupe a servi d'escorte à un Officier, ce qui se pourra justifier par une semblable Attestation.

Que s'il y a des Cavaliers, Dragons, & Soldats Prisonniers qui soient blessez ou malades en danger de leur vie, s'ils demeurent dans les prisons, & qu'on soit obligé de les mettre dans les Hospitaux ou autres Lieux, pour les faire traiter ou penser, il sera payé, outre leur rançon, ce que le Roi, ou Messieurs les Etats Generaux, donnent aux Directeurs des Hospitaux, pour l'entretien des malades, ce qui sera declaré de bonne foy de part & d'autre.

Que si de part & d'autre, sous pretexte de bien traiter les Prisonniers, on les met dans des Cabarets ou Auberges à leur depens ou de leurs Capitaines, il ne sera payé pour leur dépence outre leur rançon que les trois sols de Subsistance & la Ration de Pain de Munition par jour, qu'on oblige de part & d'autre de fournir chaque jour aux Cavaliers, Cravattes, Dragons & Soldats, & le double pour les Sergens.

Que les Passeports d'Espagne auront lieu & seront respectez par les Troupes d'Hollande, de quelque Nation qu'elles puissent être, dans toute l'étenduë de la Frontiere depuis la Mer jusqu'à la Mozelle, ayant été fournis à des François qui en seront Porteurs, comme Messieurs les Intendans, leurs Subdeleguez, Receveurs de Contributions, de Confiscations, Entreprenneurs de Fourage, Directeurs & Commis des Traittes & Domaines du Roy, Courriers & Postillons, & il en sera fourni de la part de France aux Receveurs des Contributions, de Convoys, de Licents & autres de semblables Employs ou fonctions, comme ceux nommez cy-dessus du costé de la France, si le cas le requiert, qui sont establis sur les Frontieres du Pays-Bas Espagnol de la part de Messieurs les Etats, lesquels pourront de part & d'autre aller en toute seureté dans les Villes & plat Pays de ladite Frontiere, sans néanmoins qu'ils puissent s'approcher plus près de deux Lieuës des Places de Guerre Ennemis de part & d'autre.

Aussi il sera permis aux Prisonniers d'avertir aussitost leurs Superieurs du lieu de leur detention, à quoy Messieurs les Gouverneurs ou Commandans donneront les mains, leur en facilitant le moyen.

Que les Trompettes & Tambours seront renvoyez de part & d'autre sans rançon, à moins qu'ils ne soient pris en party les Armes à la main & en ce cas les Trompettes payeront comme les Cavalliers & les Tambours comme les Soldats.

Le present Traité aura lieu & sera reciproquement bon pour toutes les Troupes tant du Roi, que de Messieurs les Estats Généraux des Provinces-Unies, qu'elles soient à leur solde ou non, de quelque Nation qu'elles puissent être, sans exception ny exclusion quelconque, qui se trouveront aux Ordres des Princes & Généraux, qui ont ou auront directement & naturellement Commandement & Authorité sur les Armées & Troupes de Sa Majesté, & de leurs Hautes Puissances, agissant de leur part & en leur nom conjoinctement ou separement en quels Lieux & Pays que ce puisse être, toutes lesquelles Troupes jouïront de part & d'autre du présent Traité, seront eschangées ou payeront rançon, comme il a été convenu dans ce Cartel, ce que Sa Majesté promet de tenir pour bon & vallable, & le fera ponctuellement observer & executer, comme Messieurs les Estats s'obligent & promettent de tenir pour bon & vallable le contenu au présent Article, & de le faire agréer, observer & executer ponctuellement aux Princes & Généraux, ainsi qu'il est dit cy-dessus.

Le présent Traité aura aussi lieu & sera executé par Sa Majesté pendant que la présente Guerre durera, non seulement pour les Troupes qui sont à la solde du Roy, & de Messieurs les Estats Généraux, de quelque Nation qu'elles soient, mais encore à l'égard de tous les Roys & Princes, qui sont presentement en Guerre contre la France, qui dans l'espace de deux mois declareront par un Acte en bonne forme, qu'ils veulent bien se conformer à ce Traité, & en promettre l'execution, soit que les Prisonniers se fassent en deça ou en delà la Mer, & Sa Majesté promet de faire executer le susdit Traité à l'égard desdits Roys, & Princes, Alliez desdits Estats Généraux, pourveu qu'entre cy & le susdit temps, lesdits Alliez des Estats Généraux, qui sont presentement en Guerre contre le Roy, promettent par un Acte en bonne forme de se conformer audit Traité, pendant que la presente Guerre durera, & aussi-tôt que les susdits Actes auront été remis au Sieur de la Motte, pour les envoyer à Sa Majesté, elle permettra aux Prisonniers des Troupes desdits Alliez, qui auront fourny leurs Promesses, de faire aussi executer le present Cartel, de s'en retourner en leur Païs, ou à leurs Troupes, en payant la rançon portée par ledit Cartel, pour la Charge, dont ils étoient pourveus, lors qu'ils ont été faits Prisonniers, & s'il se rencontroit quelque difficulté sur la difference des Charges dans les Troupes des Roys & Princes Alliez à celle de l'Estat, enoncées dans le présent Traitté, il en sera donné advis audit Sieur de la Motte, pour y apporter les remedes, dont on pourra convenir de part & d'autre.

Le contenu de l'Article cy-dessus ne pourra porter aucun préjudice ny alteration au présent Traitté à l'égard des Troupes de l'Etat.

Que le Cartel & présent Traité d'eschange & des rançons des Prisonniers de part & d'autre, aura lieu & sera bon du jour de la date de la Ratification, & sera inviolablement continué pendant le cours de cette Guerre, sans qu'il puisse être interrompu.

Et pour plus grande assurance dudit Traité, nous avons promis reciproquement, en vertu des Pouvoirs, qui nous ont été donnez, de le faire ratifier, tant de la part de Sa Majesté, que de celle de Messieurs les Estats Généraux des Provinces-Unies, dans quinze jours au plus tard de la date d'iceluy. Fait à Bouillon le vingt-neufiéme Decembre 1690.

Signé,

La Motte de la Peyrouse. *J. B. de Wassenaer*

3. Disziplinar- und Militärrechtswesen

a) Kaiserlicher Artikelsbrief, 1665 Okt. 15

Johann Christian Lünig, Corpus juris militaris, Leipzig 1723, 81–87

DArauf der Röm. Kayserl. auch zu Hungarn und Böheim Königl. Maj. unsers weyland allergnädigsten Herrn, zu Deroselben des Heil. Röm. Reichs, Ihro Erb-Königreichs, Fürstenthümern und Landen, auch getreuen Unterthanen Beschützung unter Dero bestallten Obristen geworbenes Regiment zu Fuß zu dienen, und dem zu halten geloben und nachzukommen schwören sollen:

Articulus I.

Anfänglich sollet ihr dem Allerdurchlauchtigsten Großmächtigsten Fürsten und Herrn, Herrn Leopoldo dem ersten diß Namens erwehlten Röm. Kayser 2c.2c. unserm allergnädigsten Kayser und Herrn, dann auch dem euch fürgestellten Obristen geloben und schwören, Ihro Kayserl. Maj. treulich zu dienen, Deroselben Schaden zu warnen, Dero Frommen aber zu befördern; desgleichen denen verordneten Obrist-Lieutenant, Hauptleuten, Lieutenanten, Fähndrichen, Waibeln, Befehlshabern, und in Summa allen andern, so euch fürgesetzet werden möchten, gehorsam zu seyn, was sie mit schaffen und gebieten, das Kriegs-Leuten zustehet, er sey edel oder unedel, Klein-oder Groß-Hannß; dasselbige ohne alle Widerrede und Aufzug zu thun, und keine Meuterey zu machen, noch Hand an sie zu legen, noch sie mit verächtlichen Schmäh-Worten anzugreiffen, sondern sich gebrauchen zu lassen zu und von dem Feind, in Zügen, Schlachten, Stürmen oder Wachten, wie es sich bey Tag und Nacht begeben mag, und was die Nothdurfft erfordert; wo aber einer oder mehr darinnen ungehorsam erschiene, der oder dieselben sollen, nach Erkenntniß des Obristen und des Rechtens, gestrafft werden, als in nachbeschriebenen Articulen stehet.

II.

Zum andern, und zwar vor allen Dingen, soll ein jeder Kriegsmann sich gottloser Wort und Wercke, sonderlich des so leichtfertigen, erschrecklichen Fluchens und Gotteslästerns enthalten, und den Sieg wider den Feind von oben herab von Hertzen bitten, und so offt man zu dem Gottesdienst, oder der Predigt des Worts GOttes umschlagen würde, sich zu der Predigt verfügen u. dieselbe ohne ehehaffte Ursachen keinesweges versäumen; würde sich aber einer oder mehr mit gottslästerlichen Worten oder Wercken vergreiffen und erzeigen, der oder dieselben sollen an Leib und Leben gestraffet werden, nach Erkenntniß des Obristen oder Rechtens. Wer auch zu Zeiten der Predigt oder Gottesdiensts in den Weinkellern und Gelächen, oder sonsten an leichtfertigen Oertern betreten würde, den soll der Profos Macht haben, in die Eisen zu schlagen, und nach Erkenntniß des Obristen zu straffen; es soll auch unter währendem Gottesdienst und Predigt, kein Wein, Bier, oder dergleichen, durch die Marquetenter ausgezapffet und verkaufft werden.

III.

Es sollen auch alle Knechte, so Spieß und kurtze Wehren tragen, so wol auch die Schützen, mit guten starcken Seiten-Wehren, nemlich zu beyden Händen, oder tauglichen Rappiren, oder dergleichen, deren sie sich im Fall der Noth gegen den Feind mit Nutz gebrauchen können, gefast, und auf der Musterung zu erscheinen schuldig seyn. Die Schützen aber sollen mit guten starcken Rappiren versehen seyn.

IV.

Item es soll ein jeder Knecht seine Rüstung, Seiten-und andere Gewehr nicht verändern, sondern in guter Achtung haben, und mit Holtzhauen, oder dergleichen nicht verderben, damit sie sich als Kriegs-Leute derselben gegen den Feind nothdürfftiglich gebrauchen können; und wo einer anders befunden, und nicht mit seiner gantzen Rüstung und Gewehr iderzeit versehen seyn, und dieselbe wieder auf den Abdanckungs-Platz bringen wird, (es wäre denn Sache, daß er mit seinen Befehlshabern, zu bezeugen hätte, daß er vom Feinde, oder durch andere erhebliche Wege ohne seinen Willen darum kommen wäre,) der soll darum gestrafft, und ihme auch absonderlich seine Besoldung bey der Musterung darum geringert werden.

V.

Item es soll auch sonsten ein jeder seine Rüstung und Gewehr, und sonderlich die Schützen ihre Mußqueten und Hacken und Zugehör in guter Gewahrsam und Bereitschafft, auch jederzeit rein und sauber halten, und sich ohne Kraut und Loth, auch andere Nothdurfft nicht finden lassen, da aber einer anders befunden, dergestalt, daß er sich seiner

Wehr, Mußqueten, oder Hacken, im Aufzug und Wachten gegen den Feind nicht gebrauchen könte, der soll darum am Leibe gestrafft werden.

VI.

Es soll auch ein jeder mit seinem Oberrock oder Mantel bekleidet und gefast seyn, damit er sich fürm Regen und Kälte desto besser erhalten, und sonderlich die Schützen ihre Hacken und Flaschen decken, und desto besser jederzeit gebrauchen mögen.

VII.

Item es soll auch ein jedes Fähnlein Knechte sammt und sonders oder auch Rottweiß, wie es sich begebe oder die Nothdurfft erfordert, sich gebrauchen und schicken lassen, es sey auf Zügen, Wachten oder Besatzungen, nach Verordnung Unser und Unserer Obristen.

VIII.

Und ob sichs begäbe, daß ein Hauptmann, oder andere Befehls-Männer, mit eines andern Hauptmanns Fähndrich, Weibeln und Knechten etwas zu thun schaffte, das die Nothdurfft erheische, was Kriegsleuten zu thun möglich ist, darinnen soll ihnen gehorsamet werden, gleich ob solches der rechte Hauptmann befohlen hätte.

IX.

Item die Kindbetterin, schwangere Frauen, Jungfrauen, alte Leute, Priester, Prediger, Kirchen- und dergleichen Diener, die sollen die Knechte beschützen, beschirmen, und bey Leibes-Straffe in keinem Weg beleidigen.

X.

Item sie sollen auch der Kirchen, Klöster, Clausen, Spitälen, und Schulen verschonen, dieselben nicht beschädigen noch beleidigen in keine Wege bey Leibesstraffe.

XI.

Ferner sollen sie dreyßig Tage für einen Monat zu dienen schuldig seyn, wie dann der Gebrauch ist, und soll einem jeden auf einen Monat Sold vier Gülden Rheinisch, oder 60. Kreutzer landgäbigen Gelds, wie dasselbe an denen Oertern, da die Bezahlung geschiehet, gültig und gäbe ist, bezahlet werden, da sich aber das Geld, oder Bezahlung verzöge, und nicht gleich da wäre, so sollen sie Gedult tragen, und nichts destoweniger ihre Wachten versehen, und keinen Zug gegen den Feind abschlagen, wie dann Kriegsleuten gebühret.

XII.

Auf daß nun ein jeder sich um so viel länger zu erhalten, und um Geld vor der Zeit anzuhalten nicht Ursach habe, sollet ihr mit dem erst empfangenen Monats-Sold, und so offt euch hernach Geld gereichet wird, sparsam umgehen, und dasselbige nicht vergeben und unnothwendiger Weise verspielen ode sonst verschwenden, und soll der Obrister di Knechte jederzeit mit Ernst darzu vermahnen und halten.

XIII.

Item, wo einer oder mehr, nachdem e Geld empfangen, wieder darüber entlieffe oder hernacher ohne Erlaubniß und ohn Paßport vom Hauffen, vor Beurlaubung desselbigen, wegzöge, wo oder wann derselbe einer oder mehr in solchem betreten würde dieselben sollen an Leib und Leben, ohne Ur theil und Recht gestrafft werden, und jeder man gut preiß seyn, oder da er nicht betre ten würde, so soll er doch öffentlich zun Schelm gemacht werden, und keine Freyheit Sicherheit noch Geleit nirgends haben.

XIV.

Item, weil bißhero offtermals erfolget is daß nach vollbrachter Musterung die Knech te von dem Musterplatz nicht stracks for ziehen wollen, oder auch da sie gleich fortge zogen, sich doch unterweges ihres Gefallen aufgehalten, und damit viel Zeit gantz verge bens verzehret haben, so soll solches hinführ gäntzlich abgeschnitten, und der Obriste un Befehls-Leute, auch ihr sämtlich, schuldi seyn, nach verrichteter Musterung, ohne ein gen Verzug, an End und Ort, so ihnen be nennet wird, fortzuziehen, die Tage-Reise auch also anzustellen, und zu vollbringen wie es an ihme selbst recht und billig seyn, un die Gelegenheit mit der Zeit weiter geben wird

XV.

Item wenn euch jetzt oder künfftig sonde re Commissarii zugeordnet werden, so solle ihr denselben Commissariis alle gebührlich Ehre und Respect erzeigen, und ihnen nich allein bey ihrem Befehl und Verrichtun gen lassen, sondern euch auch nach denensel ben verhalten, und ihren gebührenden Ver ordnungen nachleben.

XVI.

Item sollet ihr euch, so offt man euch ein Bezahlung verordnen wird, wie auch i Mangel gegen Reichung der Lehn, ohne all Widerrede, mustern zu lassen schuldig seyn und soll das Geld durch den verordnete Zahlmeister nach gehaltener Musterung den Obristen und Hauptleuten, um des billige Gehorsams und Respects willen, zugestellt und dann durch sie einem jeden seine Gebüh treulich gereichet werden.

XVII.

Item, sollen auch alle Zahlungen un Fürlehn von der Hand aus geschehen, un einem jeden sein Gebühr selbst zugestellet werden. Item soll kein Knecht im Zug aus der Ordnung gehen, ohne merckliche Ursachen, da aber einer oder mehr in solchem ungehorsam wären, so soll der Obriste, Feldwebel und gemeine Knechte, den oder dieselben welche die sind, so nicht in der Ordnung bleiben wollen, mit Gewalt in die Ordnung treiben, und welcher sich darwider zu Gewehr stellete, und ungehorsam erscheinen, und darüber entleibt würde, sol daran niemand gefrevelt haben.

XVIII.

Wo auch einer oder mehr auf Zug u. Wachten durch einen andern Befehlichsmann aus billigen Ursachen und darum, daß er anders thäte dann ihme als einem Kriegsmann gebühret/ gestrafft würde, und er sich gegen ihme rottiren, oder zur Wehr stellen, oder mit schmählichen Worten einlassen würde, der soll darum, nach Erkenntniß des Rechtens gestrafft werden.

XIX.

Ob sie dann Fähnleins- oder Rottenweiß in eine Besatzung geschickt würden, es wäre in Städten, Schlössern, Märckten oder Flecken, so sollet ihr euer Leib und Leben treulich, und tapffer zu Erhaltung derselben zusetzen, auch von keiner Ubergebung reden noch rathschlagen, vielweniger darein verwilligen, bey euren Ehren und Pflichten, auch des Leibes und Lebens Straffe.

XX.

Ihr sollt auch alsdann schuldig seyn, euch in Feinds-Gefahren, oder Nöthen, auf Begehren des Obristen, gutwillig zu der Arbeit und dem Bauen gebrauchen lassen, wie ihr auch, dem alten Kriegs-Gebrauch nach, schuldig seyn sollet, zu Felde, so offt es vonnöthen, und euch befohlen wird, euer Quartier selbst zu verschantzen, bey euren Eyden, ohne alle Widerrede.

XXI.

Item, da sie in solcher Besatzung durch die Feinde ersuchet würden, es wäre durch einen oder mehr Stürme, sollen sie sich dennoch einen Weg als den andern, mit ihrer ordinari Besoldung sättigen lassen, und wir ihnen derowegen weiter nichts schuldig seyn; Und ob Schlösser, Städte und andere Besatzungen mit Thätigung aufgenommen würden/ so soll ihrer keiner darein fallen, oder plündern, noch sich darein dringen, es geschehe denn aus Erlaubniß, oder Verordnung des Obristen.

XXII.

Item, so sollen auch die Gesicherten und Gehuldigten bey der Sicherung und Huldigung bleiben lassen, und nichts weiters gegen ihnen fürnehmen und handeln, ohne Wissen und Erlaubniß des Obristen, oder wer von seinetwegen Befehl hat, alles bey Leibes-Straffe.

XXIII.

Item, wo Salvaguardien angeschlagen würden, da soll keiner nichts plündern oder beschädigen, bey Leibes Straffe.

XXIV.

Item, da sichs begäbe, daß eine Feld-Schlacht, deren Erkenntniß bey Kriegsheeren stehen solle, geschehe, oder eine statliche Haupt-Vestung mit gewaltigen Sturm, durch GOttes Hülffe, erobert würde, so soll alsdann einem jeglichen Knecht, wie sie der Monat ihres Diensts begreifft, aus- und angehen, aber weiters sollen Ihr. Kayserl. Maj. nicht schuldig, sondern solches allein auf diejenigen, so die Schlacht und Sturm thun und erhalten werden, und nicht auf die Zusehenden zu verstehen seyn, und da das Geld nicht gleich vorhanden, und den Feinden Abbruch geschehen möchte, so sollen sie sich, auf ihres Obristen Befehl, der That nachzudrücken, nicht wiedern, und keinen Zug, den Feinden zu Abbruch/ abschlagen, und da sich einer oder mehr widerten, die sollen als Meineydige gehalten, und an Leib und Leben gestrafft werden.

XXV.

Item, es soll sich in Schlachten oder Stürmen und in derselben Eroberung niemand aufs Plündern begeben, oder um das Gut annehmen, es sey dann die Wahlstatt und Platz zuvor erobert, sondern in guter Ordnung bleiben, bey Vermeidung Leibes-Straffe.

XXVI.

Es soll auch keiner aus dem Lager auf Beute oder anders wohin ziehen, ohne Wissen und Willen seines Obristen, noch über Nacht von seinem Fähnlein bleiben/ bey Leibes-Straffe, und weiterer Erkenntniß der Rechten,

XXVII.

Ob einer oder mehr wären, die Flucht im Felde, oder sonst machten, so soll der Nechste in den oder dieselben stechen und schlagen, und ob einer, der also Flucht machen wolte, darüber zu Tode geschlagen würde, so solle sich niemand an ihme verwürcket, sondern grossen Danck verdienet haben.

XXVIII.

So aber einer entlieffe, so sol derselbige dem Obristen angezeiget, und alsdann, da er erwischt, an seinem Leib und Leben gestrafft werden, aber da er nicht betreten, zu einen öffentlichen Schelm gemacht werden.

XXIX.

Es soll auch bey ihrem Eyd keine Gemeine ohne Wissen und Willen des Obristen gehalten werden; welche aber solches übertreten würden, dieselben sollen alle meineydig gehalten, und an Leib und Leben gestrafft werden, ohn alle Gnade.

XXX.

Item, es soll auch keiner mit den Feinden, oder ihren Tremmerschlägern oder Trompetern, es sey im Läger, Zügen, oder Besatzungen, Sprach halten, auch keinen Brief in des Feindes Lager schreiben, oder Botschafft thun, und von den Feinden auch keine empfangen, ohne Erlaubniß des Obristen, bey Leibes-Straffe.

XXXI.

Item, es soll niemand von den Feinden, oder ihren Zugehörigen, es sey Manns- oder Weibs-Person, jung oder alt, durch die Wacht, es sey aus oder in das Lager, gelassen werden, sondern wer derselben innen wird, soll sie aufzufangen, und für seinen Obristen zu bringen, schuldig seyn.

XXXII.

Item, wo einer oder mehr einige Verrätherey, oder andere böse Stück, so von einem oder mehr dem Kriegs-Herrn oder gemeinen Hauffen zu Nachtheil getrieben würden, erführe und innen würde, der soll die Mißhändler zur Stund der Obrigkeit und dem Profosen bey seinem Eyd und Pflicht anzuzeigen schuldig seyn, und da er solches nicht thäte, als ein Meineydiger, und als der Thäter selbst, darum gestrafft werden.

XXXIII.

Item, da einer oder mehr Nachtheil an den Freunden, und Vortheil an den Feinden ersehen und wissen würde, der soll solches seinem Obristen anzeigen, und darum einen grossen Danck verdienet haben.

XXXIV.

Item, es soll ein jeder bey Leibes-Straffe sich gegen dem andern mörderlicher Gewehr, als Büchsen oder sonst langen Gewehrs nicht gebrauchen, bey seinem Eyd, aber die Seiten-Wehr soll einem jeden, zu seines Leibes-Beschützung, zu gebrauchen frey seyn.

XXXV.

Item, so einer einen alten Haß und Neid zum andern hätte, soll er denselben in allewege ruhen lassen, und nicht rächen, weder mit Worten noch mit Wercken, es sey denn mit Recht; Wo aber einer oder mehr dasselbige übertreten und nicht halten würden, der oder dieselben sollen darum für Recht gestellet, und nach Erkenntniß an Ehren, Leib und Leben gestrafft werden.

XXXVI.

Es soll auch keiner, er sey wer er wolle, schlagen oder balgen oder mit seiner Wehr schiessen; da aber jemand darwider handeln würde, der oder dieselben sollen an Leib und Leben gestrafft werden.

XXXVII.

Wo auch zween oder mehr uneinig würden, und sich mit einander schlügen, so solle sich kein Theil gegen dem andern rotten, oder partheyen, und sich des andern annehmen, damit grosser Unfug und Unwillen verhütet werde; welche sich aber in solchem ungehorsam halten, dieselben sollen gestrafft werden, nach Erkenntniß des Obristen.

XXXIIX.

Es soll keiner in gefährlichen Orten, sonderlich weil die Wacht besetzt, und bey der Nacht sein Gewehr abschiessen, es sey im Läger, Städten oder Schlössern, dadurch Schaden entstehen möchte, bey Leibes-Straffe.

XXXIX.

Wo auch einer oder mehr auf die Wacht beschieden wäre, und nicht käme, der soll gestrafft werden, nach des Obristen Erkenntniß; da er aber aus Leibes-Schwachheit darauf nicht erscheinen könte, so soll er durch seinen Rott-Gesellen solches dem Obristen anzeigen, und Erlaubniß begehren.

XL.

Ob dann einer auf der Schildwacht wäre, und darvon ohne Erlaubniß weggienge, der soll ohne alle Gnade gestrafft werden, es sollen auch die Rott-Gesellen, solches bey ihren Eyden anzuzeigen, schuldig seyn.

XLI.

Es soll auch keiner einigen Wächter an seine Statt stellen, ohne seines Obristen Wissen und Willen, es soll auch ein jeder auf die Losung, so ihme jederzeit gegeben wird, gute Achtung haben; dann welcher der Losung vergessen, oder mit einer unrechten Losung befunden würde, der soll für Recht gestellet, und, nach Erkenntniß, an Ehr, Leib und Leben gestrafft werden.

XLII.

Item, da einer auf der Schildwacht schlaffend gefunden würde, oder sonsten, ehe er abgelöset würde, davon gienge, der soll an Leib und Leben gestrafft werden, ohn alle Gnade.

XLIII.

Item, es soll auch keiner mit dem andern nach besetzter Wacht, weder auf der Gassen noch im Logiament balgen, dergleichen auf den Tagwachten, und in der Ordnung, bey Straffe Leibes und Lebens.

XLIV.

Item, es soll auch keiner in der Freunde Land, und auf Ihr. Kays. Maj. oder anderer Herren und Obrigkeiten Grund und Boden, auf dem Zug oder in dem Läger, niemand etwas mit Gewalt und unbezahlt nehmen, noch auf die armen Leute auslauffen und plündern, sondern ein jeder seinem Wirth, bey dem er jederzeit in Städten und Flecken liegen wird, gebührliche Weise zahlen und zu frieden stellen, wer solches nicht thut, und Klage käme, der soll durch seinen Obristen zu der Erstattung angehalten werden, und noch darzu an Leib und Leben, nach Erkentniß, gestrafft werden.

XLV.

Und da mehr dann eine Nation unter diesem Regiment seyn solten, soll keiner mit derselben Aufruhr machen, Unwillen anfangen, noch sich gegen ihnen rottiren, auch mit ihnen nicht spielen, damit grosser Unwille verhütet werde, bey Leibes-Straffe, sondern da einige Irrung oder Mangel gegen ihnen vorfiele, so sollen sie solches ihrer Obrigkeit anzeigen, die sollen sie bey Fug und Recht handhaben.

XLVI.

Wann dem Feld-Lager, oder Besatzungen, Proviant zugeführet wird, soll ein jeder die Marquetenter unvergewaltiget und unbeleidiget lassen, auch weder vor oder nachdem das Proviant ankommt, darüber fallen oder greiffen, es sey dann zuvor geschätzet, bey Leibes-Straffe.

XLVII.

Es soll auch keiner hinaus lauffen, Proviant vorzukauffen, sondern soll das auf freyen Platz führen und bringen lassen, und warten, biß daß es geschätzet werde, bey Leibs-Straffe.

XLVIII.

Und ob der Profoß oder seine Knechte einen oder mehr, die ungehorsam wären, annehmen wolte, solle sie niemand daran hindern, oder sich derselben annehmen, sondern sie dabey handhaben, und ob einer oder mehr den Profosen oder seinen Knechten einige Gefangene irren, verhindern, und der Mißhändler dadurch hinweg kommen würde, der soll in aller maße, wie der Thäter, gestrafft werden.

XLIX.

Item, wo einer oder mehr in einer öffentlichen schändlichen That, als Mord, Diebstahl, Verrätherey, oder dergleichen, betreten würde, und der Profoß oder seine Diener nicht gleich an der Hand wären, so sollen die nächsten, so darbey, denselben, zu Handhabung Regiments, bis auf des Profosen, oder der Seinen Ankunfft, aufzuhalten schuldig seyn.

L.

Es soll sich auch keiner unter zween Obristen schreiben, oder zweymal mustern lassen, und keiner auf einen falschen Namen durchgehen, auch keiner dem andern versprechen mit Unwahrheit, oder dem andern seinen Harnisch und Gewehr leihen, sich damit mustern zu lassen, welcher das übertritt, der soll an Leib und Leben gestraffet werden.

LI.

Item, da sich einer hätte schreiben lassen, und sein Laufgeld empfangen, und sich hernach auf wissentliche und billige Besoldung und Unterhalt nicht wolte mustern lassen, und dabenebenst etwa fürkäme, daß er hiervor solches bey andern Musterungen mehr gethan hätte, so soll er stracks in Eisen geschlagen, sein Thun und Verhalten durch den Muster-Commissarium mit Fleiß nachgefraget, und dann, nach Gelegenheit und Erkenntniß, gestrafft werden.

LII.

Item, es soll sich in der Musterung ein jeder bey seinem rechten Tauff- und Zunamen, auch der Stadt, Flecken oder Ort, darinn, oder dabey er am nechsten gebohren ist, nennen und einschreiben lassen.

LIII.

Es soll auch keiner Vortheil oder Betrug gebrauchen, noch jemanden darzu helffen, rathen oder fördern, damit Ihre Käys. Maj. mit unbilligen, unzuläßigen Soldaten nicht beschweret und betrogen werden, wie das geschehen kan oder mag, in keinerley Weise, bey jedes Eyd und Pflichten.

LIV.

Es sollen auch auf der Musterung der Obrist und Befehlichs-Leute, desgleichen die vom Adel, alle ihre Rüstungen anzuziehen, und bey sich zu haben, schuldig seyn.

LV.

Gleichfalls soll dem Obristen nach der Musterung das Ablassen und Urlauben der Knechte durchaus verbothen seyn.

LVI.

Wo Reisige und Fuß-Knechte bey einander in einem Läger liegen würden, so sollen die Knechte ziemlicher maßen weichen, damit die Reisige ihre Pferde unterbringen mögen, und sich miteinander leiden.

LVII.

Es soll auch ein jeder, wie er von den Quartiermeistern logirt wird, desselben Orts sich begnügen lassen, und sich darinnen friedlich und gütlich vertragen.

LVIII.

Item, es soll auch keiner keinen Pflug berauben, noch Mühlen, Backöfen, und was zu gemeiner Nothdurfft dienlich, es sey bey Freunden oder Feinden, ohne Erlaubniß, beschädigen und zerbrechen, noch keinen Wein, Korn oder Mehl muthwilliger Weise auslauffen lassen, verderben und zu Schaden bringen, bey Leibes-Straffe.

LIX.

Item, es soll keiner alte verlebte Leute, auch Weibesbilder, die auf keiner Wehr befunden werden, wie auch keine unmündige Kinder zu tode schlagen, bey Leibes- und Lebens-Straffe.

LX.

Es soll auch keiner, ohne sondern Befehl des Obersten, brandschätzen oder brennen, oder die Lager anzünden, bey Leibes-Straffe. Und sonderlich soll man das nicht thun, wo das Volck für- oder durchzeucht, damit das Proviant nicht verhindert werde.

LXI.

Es soll sich auch ein jeder des Trinckens und Trunckenheit mäßigen, und keiner den andern zum Trincken nöthigen: Wo einer in der vollen Weise jemanden Gewalt thäte oder schlüge, oder sonst etwas ungebührliches vornähme, derselbe soll nicht allein eben so wol ernstlich, als ob er nüchtern gewesen wäre, sondern härter und doppelt darum gestrafft werden.

LXII.

Item, wo auch sonsten einer auf der Straße oder Zügen dermaßen truncken und voll betreten würde, daß er sich weder seiner Vernunfft noch seiner Sinne, und sonderlich nothdürfftigen Gehens und Stehens nicht gebrauchen könte, denselben soll der Proforß oder seine Diener, wo er ihn betreten würde, gefänglich einziehen, und in die Eisen schlagen.

LXIII.

Es soll auch keiner kein Lärmen, ohne des Obristen Vorwissen und Befehl, es wäre dann Noth, machen, bey Leibes-Straffe.

LXIV.

Und ob ein Lärmen würde, soll ein jeder auf den Platz, dahin er verordnet ist, lauffen, und keiner ohne merckliche Leibes-Noth in dem Logiament bleiben, bey Leibes-Straffe und Verlierung des Lebens.

LXV.

Item, welcher, Völlerey halben, Feindes-Noth oder Lärmen versäumet oder verschläfft, der soll darum an seinem Leibe gestrafft werden.

LXVI.

Item, was ein jeder in Schlachten, Stürmen, oder sonsten dem Feind abnimmt, soll einem jeden, nach Kriegs-Recht und Verordnung, bleiben. Aber mit dem Geschütz, Pulver, Munition, Vorrath des Proviants, und andern, was zu Erhaltung des Fleckens gehöret, auch mit denen Gefangenen, was deren vom Kriegs-Herren, Fürsten, Feld-Obersten oder andern vornehmen Häuptern wären, sollen der Kayserl. Maj. oder Deroselben Feld-Obristen, deme sie auch überantwortet werden sollen, zustehen, und sie damit zu handeln haben, doch soll demjenigen, so sie gefangen, billige Ergötzung und Verehrung dargegen geschehen. Es soll auch niemand einigen Gefangenen von sich kommen lassen, ohne Zugeben des Obersten, bey Leibes-Straffe.

LXVII.

Wann einer von dem Feinde oder sonsten ehrlicher Weise beschädigt, oder von GOttes Gewalt kranck würde, soll seine Leibes-Besoldung dennoch ihren Fortgang haben.

LXVIII.

Und wo Vieh, oder ander Proviant den Feinden abgenommen würde, der oder dieselben Gewinner sollen das Vieh nicht aus dem Läger führen, sondern in dem Läger um einen ziemlichen Pfennig verkauffen, nach Erkenntniß eines jeden Profosen, oder seines Obristen, den gemeinen Knechten zu Nutz und Gutem.

LXIX.

Item, es soll keiner dem andern seine gewonnene Beute mit Gewalt abdringen oder wegnehmen, und die Verbrecher sollen darum, nach Erkenntniß des Obristen, gestrafft werden.

LXX.

Es soll auch ein jeder die Nachrichter bey Freyheit gemeinen Rechtens bleiben lassen, welcher das nicht thut, soll an Leib und Leben gestrafft werden.

LXXI.

Es soll sich keiner im Troß zu ziehen oder zu gehen anmaßen, er seye dann mit Leibes-Schwachheit beladen, und habe von seinem Obristen Erlaubniß.

LXXII.

Item, es soll ein jedweder seinen Troß oder Anhang, was gemeine unerbare Weiber seyn, (ausgenommen die rechten ehrlichen Weiber,) auf des Obersten Befehl, und zwar auch, wanns ihme gleich nicht befohlen, zur Zeit der ersten Musterung, oder hernacher, wann es ihm verbothen würde, bey seinen Ehren und Eyd, von ihm zu thun, und der Obriste und Befehlshaber den gemeinen Knechten mit gutem Exempel jederzeit fürzugehen, schuldig seyn, bey Leibes-Straffe.

LXXIII.

Item / es soll auch kein Hauptmann dem andern seine bestellete Knechte, so unter ihrem Fähnlein stehen, ohne des andern Wissen und Willen, annehmen, auch kein reisiger Knecht, der in dem Zuge von seinem Herrn kommen, von keinem Hauptmann zu Fuß angenommen werden, und keiner dem andern sein Gesinde abspannen.

LXXIV.

Es soll auch keiner dem andern auf dem Spiel aufschlagen, noch weiter, denn er baar Geld hat, spielen: Wo aber einer dem andern viel oder wenig auf Borg abgewönne, soll ihm der andere nichts schuldig seyn.

LXXV.

Es soll sich keiner nirgends anderswo, denn nur allein in Ihrer Kays. Maj. Kriegs-Diensten, darzu er angenommen und besoldet wird, und gar keinen andern fremden Verrichtungen oder Diensten, wie die Namen haben mögen, es wäre ihm nun solches vom Obristen, oder jemand anders zugemuthet und befohlen worden, brauchen lassen, und welcher dawider thäte, und betreten würde, der soll nicht allein seine Besoldung unter dem Fähnlein verwürcket haben, und nach Ungnaden gestraffet sondern auch von männiglichen für untüchtig gehalten werden.

LXXVI.

Item, Wo einer oder mehr wären, so die vorgeschriebenen Articul nicht hielten, so solle der oder dieselben als Eydbrüchige, peinlich gestrafft werden, nach des Rechtens und des Obristen Erkenntniß.

LXXVII.

Und ob etwas in denen vorgemeldten Articuln vergessen, und nicht gemeldet wäre, das den Kriegs-Leuten zu halten zustehet / so sollen doch alle Mißhandlungen zu des Obristen Erkenntniß gestellet seyn, und gestrafft werden.

LXXVIII.

Und sollen alle die Knechte, so über kurtz oder lang, bey diesem Regiment in J. Kays. Majest. Kriegs-Diensten begriffen werden, sich einschreiben lassen, und Geld nehmen ob sie wol bey diesem Eyd nicht sind, eben sowol zu solcher Eydes-Pflicht und Vollziehung aller obgeschriebenen Articul verbunden und verpflichtet seyn, als wann sie persönlich bey diesem Schwören gewesen wären.

LXXIX.

Item / da einer oder mehr der fürgeschriebenen Articul in Vergeßen käme, so solle man sich zu dem Schultheiß und wann kein Schultheiß fürhanden, zu dem Hauptmann verfügen, der soll ihnen dieselben wieder fürzulesen, und Bericht davon zu geben, schuldig seyn.

LXXX.

Damit auch sonsten ein jeder diese Articulen um so viel mehr wissen und behalten möge, sollen euch dieselben bey allen und jeden Musterungen gelesen werden. Alles mit Urkund des Articuls-Brieffes, der mit Ihrer Röm. Kays. Maj. Insiegel verfertiget ist.

Datum Wien, den 12. Octobr. 1642. und aufs neue revidiret, den 15. Octobr. 1665.

Nota. Das Fundament zu diesem Articuls-Briefe ist der vom Kayser Ferdinando III. An. 1642. den 12. Octobr. publicirte Articuls-Brief, den Kayser Leopoldus An. 1665. nur mit wenigen Worten ändern, auch einige Passagen deutlicher exprimiren lassen, ehe er unter Ihrer Maj. Namen publiciret worden. Das merckwürdigste hiebey ist dieses, daß in dem Leopoldinischen 2. Articul, nemlich der XXXVII. und LXXXII. aus dem Ferdinandischen Articuls-Brieffe aussengelassen worden, die folgenden Innhalts sind:

(XXXVII.) Und da ja einer oder mehr Ursach mit dem andern zu balgen hätte, dem oder denenselben solle unverwehrt seyn, dasjenige auf dem Orte, so ihm angezeiget werden soll, doch bey früher und Vormittags-Zeit auszutragen, wie denn auch seine gewöhnliche Seiten-Gewehr zu gebrauchen, wie er weiß und kan, wann nun einer den andern, oder sie beyde hierüber einander verwunden, sollen sie von keinem Feldscheerer, Barbierer, noch von jemand anders, ohne Vorwissen und Bewilligung ihres Obristen, verbunden werden. Da aber einer oder mehr über diß Fried zu nehmen, oder die Verwundeten zu verbinden sich unterstünde, der oder dieselben sollen an Leib und Leben gestrafft werden.

(LXXXII.) Ihr sollet auch schwören auf 3. Monate, und da man eurer nach Ausgang derselben noch weiter bedarff, sollet ihr auf diesen Articuls-Brief und Bestallung gleichfalls ohne einige fernere neue Behandlung oder Weigerung und Einrede darauf zu dienen, also auch, wo etwa die Fähndel an der Mannschafft abkommen seyn würden, euch, dem Kriegs-Brauch nach, unterzustoßen, und in weniger Fähndel reduciren zu lassen, schuldig, und also ihr, so lange ihr in Diensten und Besoldung, und noch unabgedanckt verbleibet, in der geschwornen Zeit verbunden seyn.

b) Artikelsbrief für das Reichsheer, 1672

Johann Christian Lünig, Corpus juris militaris, Leipzig 1723, 115–124

ARTICULUS I.

Sollen alle und jede Kriegs-Leute zu Roß und Fuß der Römischen Käyserlichen Majestät und dem Heil. Reich geloben und schweren, Deroselben und dem Heil. Reich getreulich zu dienen, Dero und des Reichs Schaden zu warnen, und Frommen zu fördern, desgleichen den vorgesetzten Generalen, Befehlshabern, Obristen und übrigen Officirern vom Höchsten bis zum Niedrigsten, oder so sonsten etwas zu befehlen haben in allen deme, was sie ihnen, zu Nutzen Allerhöchst-gedachter Ihrer Käyserlichen Majestät, des Reichs und der gesamten Stände, wie auch des Kriegs-Heers, es sey in Actionen gegen den Feind, in Wachten Schlachten, Arbeiten, oder wie es sonst Namen hat, gebieten werden, ohne Wider-Rede und Aufzug gehorsamen, ihnen allen schuldigen Respect erweisen, keine Meuterey erregen, noch Hand an sie legen, oder auch dieselben mit verächtlichen schmähligen Worten angreiffen: Da auch Officirer oder gemeine Knechte etwas, so mehr Allerhöchst-ernannter Ihrer Käyserlichen Majestät, und Chur-Fürsten und Ständen des Heil. Reichs zu Nachtheil gereichen kan, vernehmen, sie solches unverlängt dem Hauptmann, derselbe aber dem Obristen, und dann folgends dieser dem Feld-Marschallen anzeigen, wo aber einer oder mehr darinnen ungehorsam erschiene, der oder dieselben sollen nach Erkenntniß des Kriegs-Rechts gestrafft werden, als in nachfolgenden Articuln klärlich versehen.

II.

Ob wol alle und jede, hohe und niedrige Officirer, Reuter und Fuß-Knechte, ohne dem ein Christliches erbares Leben und Wandel zu führen schuldig; so sollen sie jedennoch, so lange sie beysammen, sich desselben, und darbey aller wahren Tugenden und Tapfferkeit absonderlich befleissen, auch keiner in Ubung seiner Religion, nach Anleitung des Münster- und Oßnabrückischen Friedens-Schlusses, gehindert und beeinträchtiget werden.

III.

Wer nun aber solches verächtlich unterlässet, den Namen GOttes des HErrn mißbrauchet, lästert, zu Verspottung gedachter im Heil. Römischen Reich, vermög des Münster- und Oßnabrückischen Frieden-Schlusses, zugelassener Religionen, Gottesdienst und des Exercitii und Ubung ohne Unterscheid, zumalen öffentlich, und daß darüber Tumult und Ungelegenheit unter den verschiedenen Religions-Verwandten, Officirern und gemeinen Soldaten zu Roß und Fuß entstehet etwas redet oder thut, oder zu Zeiten des Gottes-Dienstes und Predigt beym Zechen oder an leichtfertigen Oertern betreten wird, oder auch sonst ein offenbares gottloses, ärgerliches Leben führet, der soll, nach Beschaffenheit der That, an Leib, Leben, oder mit schweren Gefängniß bestraft werden.

IV.

Solten unter denen zusammengeführten Reichs-Völckern einige abgöttische Schwartzkünstler, Zauberer, Teuffels-Banner, Vestmacher, Waffen-Segner, oder andere abergläubige gotteslästerliche Beschwerer sich befinden, dieselben sollen nach Befindung mit dem Feuer Staupenschlagen, Verlust der Ehre, oder Verweisung von der Armee, abgestraffet werden.

V.

Solle kein Marquetenter oder Vivandirer, unter währenden Gottesdienst, Predigt oder Betstunde/ einig Geträncк auszapffen oder verkauffen, widrigen Falls solches alles den Armen, und sie selbst noch darzu in Strafe verfallen seyn.

VI.

Alle Collationes, Gastereyen und Gesäuff sollen unter währendem Gottes-Dienst eingestellet werden, so ein Officirer darwider handelt, solle demselben eine halbe Löhnung abgekürtzet, und solche Strafen auf die beschädigte und krancke Soldaten angewendet, ein gemeiner Soldat aber nach Gestalt der Sachen, dem Kriegs-Gebrauch und Manier nach, gestraft werden; Wofern auch einer sonsten sich volltrincken, und in solcher seiner Trunckenheit jemand vergewaltigen, schlagen, oder gar ums Leben bringen, auch etwas anders ungebührlichs verhandeln würde, solle derselbe eben so wol, als wann er nüchtern gewesen wäre, darum gestraft werden.

VII.

Es sollen auch alle Knechte, so Spieß, und kurtz Gewehr tragen, mit guten starcken Seiten-Gewehren versehen, und auf der Musterung darmit zu erscheinen schuldig seyn, und keiner seine Rüstung, Seiten- oder anderes Gewehr verändern, sondern in guter Achtung haben, damit sie sich dessen als Kriegs-Leute, gegen dem Feind nothdürfftiglich gebrauchen können, und wo einer anders befunden würde, der solle darum bestrafft, und sonderlich ihm seine Besoldung an der Musterung verringert werden.

VIII.

Nicht weniger soll ein jeder sein Ober-Gewehr, und sonderlich die Musquetirer ihre Musqueten und Zugehör in guter Gewahrsam und Bereitschafft halten, und sich ohne Kraut und Loth, auch andere Nothdurfft, nicht finden lassen; Da aber in Zügen und Wachten sich befinden solte, daß einer sein Gewehr gegen den Feind nicht gebrauchen köñe, der solle darum am Leibe gestraft werden.

IX.

Solle ein jeder mit seinem Ober-Rock oder Mantel gefast seyn, sich vor dem Regen und Kälte desto baß zu erhalten.

X.

Sollen sie 30. Tage vor einen Monat, wie dann der Gebrauch ist, zu dienen schuldig seyn, ob sich auch etwa die Bezahlung hernach in etwas verziehen thäte, die Officirer und Soldaten jedennoch Gedult tragen, und nichts destoweniger ihre Wacht und Herren-Dienste versehen, und keinen Zug gegen den Feind, oder wohin es der commandirende hohe Officirer, oder der Hauptmann, nach Nothdurfft des Feldherrn, begehret, nicht abschlagen, wie ehrlichen Kriegs-Leuten gebühret.

XI.

Sollen alle hohe und niedrige Officirer, und alle und jede, so sich bey der Miliz befinden und aufhalten, einander ohne allen Unterschied der Religion, Christlich und getreulich lieben, sich fried- und schiedlich mit einander begehen, einer des andern Schaden und Unheil so viel ihm wissend, warnen, kehren und abwenden, in allen Occasionen zu und von dem Feinde, einander, wie sie commandirt werden, tapffern Beystand und Hülffe leisten, und sich, wie getreuen und aufrichtigen Cameraden wohl anstehet und gebühret, einer gegen dem andern erzeigen und verhalten.

XII.

Und weil diesem zuwider, bey der Soldatesca, hohen und niedern Officirern, ja gemeinen Soldaten, leider! eingerissen, und gar gemein, daß einer den andern, offtmals um gantz liederlicher Ursache willen, zum Duell zu Roß und Fuß, oder wol auf beyderley Weise zugleich, heraus fordert, niederschiesst, oder sticht, oder doch zum wenigsten lähmet, und dem Feld-Herrn zum mercklichen Schaden, zu fernern Dienst, so er GOtt zu Ehren, und dem Heil. Reich zum Besten, leisten können, oder sollen, untüchtig machet, ja sich gar in gewisses Pericul und Gefahr der ewigen Seligkeit stürtzet, dasselbige aber dem wahren Christenthum schnurstracks zuwider, und dahero nicht allein in wohlbestellten Christlichen Policeyen, sondern auch guten Kriegs-Ordnungen des Heiligen Römischen Reichs, und von andern Christlichen Potentaten, allemal bey Leib- und Lebens-Strafe hoch verbothen worden: So solle hiemit und Krafft dieses verordnet seyn, daß niemand, wer der auch sey, vom Höchsten bis zum Niedrigsten, bey Verlust des Lebens, in dergleichen Duellen, mit Ausforderung und Erscheinen, sich einlassen, vielweniger einer den andern verwunden, erstechen, erschiessen, oder umbringen: Solte aber einer oder andrer so vermessen seyn, gar vor einer Fürstlichen, oder andern Residenz, oder Persönlichen Gegenwart dero Generalität und bey deren Quartieren und also hintan gesetzt Dero Respects, dergleichen Händel anzufangen und sich einzulassen, so solle gegen dieselben vorangedeutete Bestraffung um so vielmehr geschärffet, auch diejenigen, so sich zum Ausfordern und secundiren gebrauchen lassen, ernstlich angesehen werden.

XIII.

Insgemein sollen alle muthwillige und vorsetzliche Todtschläge, sie geschehen mit waserley Gewehr, auf was Art und Weise sie wollen, gäntzlich verboten seyn, wer darwider handelt, solle das Leben verwürcket haben, und mit dem Schwerdt unnachläßig gerichtet werden.

XIV.

Solte aber dasselbe ohne Vorsatz, jedoch entweder aus grober Unvorsichtigkeit, oder gar zufällig geschehen, oder jemand eine Nothwehr abgedrungen werden, oder sonsten die Umstände variiren, werden dieselben Inhalts Käyser Carls des Fünfften, und des Heiligen Römischen Reichs Peinlichen Hals-Gerichts-Ordnung respective gestraffet, oder absolviret; sollen auch die bestellte Criminal-Ober- und Unter-Kriegs-Gerichte, nach derselben sich dißfalls im Erkennen zu reguliren verwiesen seyn.

XV.

Würde sichs auch begeben, daß die Eltern ihre Kinder, oder die Kinder ihre Eltern, oder auch die Ehe-Leute eins das ander, bößlich tödten, ermorden und umbringen, es geschehe auf was Weise und Wege es immer wolle, so solle der Thäter, oder die Thäterin in einen Sack gesteckt ins Wasser geworffen, und darinnen erträncket, auch wofern das Kinder-Umbringen mehr, dann einmal geschehen, der verbrechenden Person, so viel glüender Zangen Risse, als sie Kinder umgebracht, neben obgedachter Strafe gegeben werden.

XVI.

Welcher an seinem Bruder, Schwester, oder so nahen Bluts-Verwandten, mit welchen, besag der Rechten, er keine Heyrath treffen kan, solchen Mord vorsetzlich verübet, der oder dieselbe solle ad locum supplicii geschleiffet, und daselbst mit dem Schwerdt vom Leben zum Tode hingerichtet werden.

XVII.

Welcher Ehe-Mann oder Ehe-Weib bey Leben des ersten Ehe-Genossen, einen andern Mann oder Weib, in Gestalt der heiligen Ehe nimmet, und solches Laster betrüglicher Weise, mit Wissen und Willen vollbringet, der oder dieselbe soll mit dem Schwerdt gerichtet werden, massen dann auch kein Priester, Geistl. oder Prediger, er sey von was deren in gedachtem Münster- u. Oßnabrückis. Frieden-Schluß zugelassener Religionen er wolle, bey Entsetzung seines Diensts, keinen Soldaten mit einem Weibs-Bild vermählen solle, er habe dann Consens von seinem Obristen-Lieutenant, Obrist-Wacht-Meistern, Rittmeistern oder Hauptmann vorzulegen, auch beyde Personen, da sie ledig, auch Eltern und Vormünder (wann dieselben in der Nähe, und sie um Einwilligung der Heyrath ersucht werden können) damit einig zu seyn, gute Zeugniß vorzuweisen.

XVIII.

Da ein Officirer oder Soldat, er sey ledig oder schon verehliget, mit eines andern, er sey Soldat oder nicht, Ehe-Weib die Ehe bricht, und sie desselben überführet werden, sollen sie beyde, nach Anweisung der Peinlichen Hals-Gerichts-Ordnung Käysers Caroli V. exemplarisch gestraffet werden.

XIX.

Wer ein Weibs-Bild, sie sey jung oder alt, mit Gewalt entführet, oder nothzüchtiget und schändet, der soll gleichfalls das Leben verlohren haben.

XX.

Da jemand abscheuliche Unkeuschheit wider die Natur begangen, der solle mit Feuer verbrennet werden.

XXI.

Insgemein solle alle Unkeuschheit, Kuppleren, und was dem mehr anhänget, ernstlich verbothen seyn, so jemand dawider handelt, der oder dieselben sollen nach Gelegenheit der Mißhandlung ernstlich, und nach Befinden, peinlich gestraft werden.

XXII.

Es sollen auch keine Maitressen, Concubinen und Huren, weder im Feld oder Guarnisonen, bey willkührlicher Strafe, so wenig bey denen Officirern, als gemeinen Soldaten, geduldet werden; Da aber jemand dergleichen Personen bey sich hätte, und sie, auf geschehene Verwarnung nicht verlassen wolte, sollen dieselben vom Profosen durch den Stecken-Knecht weggenommen, und des Lagers oder Guarnison verwiesen, der sie aber behalten und nicht verlassen will, nach Befindung ernstlich gestraft werden.

XXIII.

Aller Diebstahl im Felde und Guarnisonen, wird hiermit ernstlich verboten, die geringen Diebstähle sollen, auf erfolgte restitution, oder Erstattung, was abgenommen, nach Gelegenheit des Delicti und seiner Umstände, auf Erkenntniß des Kriegs-Gerichts, zum wenigsten mit scharffer Gefängniß, Gassenlauffen, oder Verweisung vom Regiment, Compagnie und Soldatesca, bestrafet werden.

XXIV.

Da aber der Diebstahl mit Einbruch geschehen, oder der Dieb denselben zu dreyen malen wiederholt hätte, oder auch der Werth des gestohlenen Guts sich hoch belauffen würde, soll derselbe mit dem Strange bestraffet werden.

XXV.

Wie dann auch diejenigen mit gleicher Lebens-Strafe angesehen werden sollen, so die Artillerie, Munition, Gewehr, Rüst- und Zeug-Cammer, oder Wägen in Guarnisonen oder Feld, Item Proviant, und was Ihrer Kayserlichen Majestät und Chur-Fürsten und Ständen bey dem Kriegs-Heer insgemein zuständig ist, bestehlen und verparthieren, da es auch einer wissentlich annimmt, und von den Dieben kaufft, solle derselbe auch nach Befindung, entweder an Leib und Leben, oder sonsten ernstlich gestraft werden.

XXVI.

Da ein Diener oder Knecht seinen Herrn, Item ein Camerade dem andern, dem er doch insonderheit treu zu seyn schuldig ist, etwas veruntrauet, stiehlt, oder durch einen andern stehlen, wegnehmen und entwenden lässet, darzu Vorschub und Hülffe thut, oder nach Gelegenheit anweiset, der solle mit dem Strange vom Leben zum Tode gerichtet werden.

XXVII.

Welcher Officier und Soldat muthwillig und vorsetzlicher Weise, in Marchen oder sonsten, Gebäude in Städten oder auf dem Lande, ohne sonderbaren Befehl der Generalität, anzündet, oder anzünden läßt, derselbe solle, nachdem er, so viel ihm möglich, den Schaden von dem Seinigen erstattet, als ein Mord-Brenner lebendig wiederum verbrannt werden.

XXVIII.

Solten aber durch unachtsames Verwahrlosen und Schuld der Officirer und Soldaten, dergleichen Feuersbrünste in den Quartieren auskommen, sollen Officirer und Soldaten, so daran schuldig, den Schaden nach gütlichem Abtrag mit dem Beschädigten, oder Richterlichen Erkenntniß, ersetzen, und über das willkührlich, desto besser Aufsicht zu haben, andern zum Exempel, unnachläßig gestraft werden.

XXIX.

Ebenmäßig, und wie im vorhergehendem Articul gemeldet worden, solle es gehalten werden, wann die Officirer den Unterthanen die Häuser, Plancken, Zäune, Wälder, Weiden, Obst- und andere fruchtbare Bäume abbrennen und abbrechen lassen, es wäre dann, daß es unumgängliche Nothdurfft erforderte.

XXX.

Den Schaden, so die Officirer ohne Nothzwang an bestellten Aeckern, Wiesen, Gärten, Weinwachs und Hopffen-Gärten, Teichen, Gehalten, Heg-Wassern, Thier-Gärten, Geheaten und Jagten, allerley Früchten, und dergleichen zufügen lassen, und daßelbe nicht verwehren, sollen sie bezahlen, und darnebenst willkührlich bestraffet werden.

XXXI.

Welcher die Leute im Felde oder Guarnisonen, Stadt und Dörffern, auf den Strassen, bey Tag oder Nacht, gewaltig anfället und beraubet, derselbe soll, nach Erstattung des Abgenommenen, mit dem Schwerdt gerichtet, und dessen Kopff auf den Pfahl gesteckt, solte aber Verwundung oder Mord zugleich darbey vorgehen, mit dem Rad vom Leben zum Tode gerichtet werden.

XXXII.

Da ein Officirer darzu durch die Finger siehet, darein williget, von den geraubten Sachen, Gütern und Pferden participiret, und geneust, derselbe soll mit gleichmäßiger Poen, als ein Strassen-Räuber, beleget werden.

XXXIII.

Damit nun solchem Rauben, und andern vorgemeldten Unthaten, desto baß gesteuret, und die Thäter zu gebührlicher Strafe gezogen werden können, so sollen die Generalen, Obristen, auch jedes Orts commandirende, oder in der Nähe logirende Officirer, als welche zur Defension und Besten der armen Unterthanen mit bestellet und verbunden sind, wann die Beraubte, sie seyn Eingesessene oder Fremde, sie hierinn anruffen, oder die That ohne das vor sie kommet, ohne weitere Klage den Räubern schleunig nacheilen, sie ergreiffen, und sammt dem Raube, damit sie, nach Anweisung der Executions-Ordnung (de Anno 1555. §. Und dieweil jetzt angeregte rc. seq. und der neuen de Anno 1673. Cap. IV.) jedweder an behörigem Orte, bestrafft werden mögen, nach dem Haupt-Quartier bringen lassen; da sich einer dessen verweigert, die Räuber lauffen lässet, und sich nicht gnugsam würde entschuldigen können, derselbe soll den Beraubten Wiederkehr und Erstattung thun, und zugleich in willkührliche Strafe verfallen seyn.

XXXIV.

Alle öffentliche Gewalt, Schmach und Unrechte, da einer mit Gewehren, Prügeln, oder dergleichen, den andern, er sey Soldat oder nicht, im Felde, Guarnisonen, oder seinem eigenen Logiament überfället, und schlägt, soll bey Leib und Leben, oder nach Befindung, bey willkührlicher ernster Strafe verbothen seyn.

XXXV.

Mit gleicher Strafe sollen auch diejenigen, so andere zu solchen verbothenen Unthaten, mit Geld oder andern Versprechungen, dingen und anführen, belegt werden.

XXXVI.

Solte sich aber jemand darzu brauchen lassen, daß er um ein gewiß Geld oder Geldes werth, es sey viel oder wenig, einen andern Soldaten, oder sonst einen Fremden und Einheimischen, gar ums Leben bringen wolte, derselbe, da auch nur der blosse Conatus und Unterstehung mit würcklicher That ohne völlige Vollstreckung heraus bricht, solle neben dem, der ihn darzu vermocht hat, mit dem Schwerdt gerichtet; Wann aber das Laster gar vollbracht ist, andern zum Abscheu, und ihm zur wohlverdienten Strafe geviertheilt werden.

XXXVII.

Da ein Officirer oder Soldat iemand, er sey auch ebenmäßig ein Soldat, oder nicht, mit groben Schelt- und ehrenrührigen Worten angreiffen, und derselbe klagen wird, soll der Beklagte dem Beleidigten, gestalten Schaden nach, durch eine zu Recht zuerkannte Geld-Busse, Wiederruff und Abbitte, auch wohl über das mit Gefängniß und schimpfflicher Verweisung von dem Regiment und Compagnie, gestraffet werden.

XXXVIII.

Gleichfalls solle es gehalten werden, da die Officirer und Soldaten sich untereinander, auch wol andere Leute, mit Schlagen, Verwunden, und dergleichen beleidigen, doch daß zugleich dem Beleidigten Rechtliche Kehr und Wandel wiederfahre.

XXXIX.

Wer meineydig und einen falschen Eyd schweren wird, dem sollen 2. Finger abgehauen, und er als ein Schelm nicht allein von dem Regiment und Compagnie, sondern gar aus dem Reich ewig verwiesen werden.

XL.

Da es etwa die unverhoffte Nothdurfft ins künfftige erfordern solte, daß Völcker zu Felde vor eine Vestung oder sonsten einen Posten geführet werden, und logiren müssen, so solle ein jeder Soldat schuldig seyn, benebenst seinem Cameraden die Retrenchement, Batterien, und was sonsten befohlen wird, eilfertig helffen auffzuwerffen und zu richten, auf Verordnung dieselben hinwiederum einzureissen, wie auch sonsten allemal, wann er darzu commandirt wird, zu verrichten, was in solchen und dergleichen Fällen einem Soldaten zu thun oblieget und gebühret; wer sich deß verweigert, oder dem darzu commandirenden Officirer sich widersetzet, soll nach Inhalt dieses Articuls-Brieffs, als ein Meutenirer gestrafft werden.

XLI.

Wann auch von den Generalen, oder andern hohen Officirern, Salveguardien, Päße, Convoye, und andere Versicherungen, ertheilet werden, sollen dieselben von allen Officirern und Soldaten gehöriger massen respectiret, und dargegen niemand mit Rauben, Plündern, oder sonsten einigerley Weise beleidiget werden, bey Verlust des Lebens.

XLII.

Was jedwedem Officirer oder Soldaten im Felde von den Quartier-Meistern und Fourirern, in Guarnisonen, und Vestungen aber von den verordneten Billettirern, für Quartier und Plätze assigniret werden, da soll er mit zu frieden seyn, und keiner dem andern in sein Quartier ziehen, sondern an dem seinen sich begnügen lassen, auch weder mit dem Quartier-Meister, Fourirer, noch jemandes anders darüber zancken, Tumult und Unlust anfangen, wer deme zuwider handelt, soll nach Gelegenheit der Widersetzlichkeit, und was dadurch verursachet wird, exemplarisch bestraffet werden.

XLIII.

Jedweder Soldat zu Roß und Fuß, vom Höchsten bis zum Niedrigsten, soll gegen den ordentlichen Magistrat, und Einwohnern iedes Orts, da er logirt, insonderheit seinen Wirth, dessen Frau, Kinder und Gesinde, sich bescheidentlich, züchtig und friedlich erweisen, denenselben keinen Despect, Unehr, Gewalt und Unrecht anthun, zum Gegen-Fall soll so wol, und vornehmlich gegen den commandirenden Officirer, wann demselben solches geklagt, aber von ihme nicht gestraffet und abgestellet worden, als dem Verbrecher selbsten, ernstlich, nach Befindung des Excess, mit gebührender harter Strafe unnachlässig verfahren werden.

XLIV.

Item sollen sie auch der Kirchen, Klöster, Clausuln, Spitälen und Schulen verschonen, dieselben nicht beschädigen noch beleid[igen,] vielweniger die darein geflohene Person[en] und Sachen angreiffen und veruntreuen, in keine Wege, bey Leibes-Strafe.

XLV.

Auf Geistliche, Priester, Prediger, Kirchen- und Schulen-Diener, Küster, Hospitäle, Kindbetterin, schwangere Frauen, alte Leute, Müller, Schmiede, Wirthe in den Städten und auf dem Lande, Schäfer, und dergleichen, sollen so wol im Marchiren und Zügen, als im Feld, Still-Läger oder Guarnisonen, kein hoher und niedriger Officirer, weniger General-Regiments oder der Compagnie Quartier-Meister, Fourirer, oder sonsten iemand, vom Höchsten bis zum Niedrigsten, etwas prætendiren, weniger ihnen an Geld, oder Geldes-werth etwas abzwacken, bey exemplarischer, willkührlicher und ernster Bestraffung.

XLVI.

Die Fuhrleute auf den Strassen, und Schiffe auf den Strömen, sollen von niemand, wer der auch sey, vom Höchsten bis zum Niedrigsten, mit einiger Schatzung, Discretion, Commendanten-Gelder, oder dergleichen Aufflagen, beschweret, sondern aller Ends, da sie ihren gebührlichen Zoll der hohen Obrigkeit abgelegt, frey, sicher und ungehindert passiren, und also dadurch die Commercia vielmehr befördert, als gehindert und gehemmet werden.

XLVII.

Niemand, er sey wer er wolle, solle zu oder aus den Retrenchementen und Vestungen anderswo aus- oder eingehen, als durch die gewöhnliche Pforten und Gassen, da die Wachten zu seyn pflegen, bey Leib- und Lebens-Strafe.

XLVIII.

Niemand solle im Feld-Lager, oder Besatz- und Vestungen, ohne Erlaubniß seines Rittmeisters oder Hauptmanns, über Nacht von seiner Compagnie, Estandart oder Fähnlein, ab seyn, wer darwider thut, soll vor Recht gestellet, und nach Erkenntniß des Kriegs-Rechts an Leib oder Leben gestraft werden.

XLIX.

Welcher Trompeter, oder Trommelschläger, ohne Vorbewust seines Rittmeisters oder Hauptmanns, sich von seiner Compagnie begiebt, oder abwesend, wann es Herren-Dienst erfordert, die Trompete oder die Trommel entweder gantz nicht, oder nicht zu rechter Zeit gebrauchet, derselbe soll auf maß, wie im 51. Articul ausgedrucket, abgestrafet werden.

L.

Wann zur Wacht umgeblasen, oder umgeschlagen, oder sonsten gnugsam angedeutet worden, selbige aber von den Officirern und Soldaten muthwillig, und ohne erhebliche Ursache versäumt wird, sollen die anwesende Versäumer mit dem höltzern Pferd, mit Eisen und Banden, harter Gefängniß, und Wasser und Brod, oder auch, nach Gelegenheit der Sachen, und des Delinquenten, härter bestraft werden.

LI.

Wer truncken auf die Wacht kömmt, er sey Officirer, oder gemeiner Soldat, solle das erste mal mit Eisen und Banden, und auch Wasser und Brod 6. Tage lang gestraft, beharret er aber darbey, und bessert sich nicht, von der Compagnie mit Verlust seines ehrlichen Namens gejagt werden.

LII.

Es soll niemand, nach und bey besetzter Wacht, wann nemlich dieselbe des Abends aufgeführet, und des folgenden Morgens die Revellien noch nicht geschlagen, einigen Alarm machen, weder im Logiament, noch auf der Gassen sich schlagen, balgen, oder auch sonsten einiges Rohr abschiessen, da es nicht die hohe Nothdurfft erfordere, oder es ihme in specie anbefohlen werde, wer darwider thut, soll am Leben gestraft werden.

LIII.

Der Officier, so im Felde, im Läger, in Besatzung, auf dem Wall oder dem Posten eines vesten Platzes die Wacht hat, soll wohl Achtung haben, was für Leute dadurch paßiren, oder darauf kommen, dieselben examiniren, und da er etwas verdächtliches an ihnen befindet, dieselben anhalten, und zu dem Generalen oder Commendanten zu fernerer Erkundigung bringen. Die Fremden sollen selbiger Orten, ohne des Generalen und Commendanten Vorbewust und Special-Befehl, gar nicht geduldet werden, und zu solchem Ende so wohl die Hauptleute, als auch übrigen Officirer schuldig seyn, so bald fremde Knechte, oder sonsten iemand Fremdes zu ihnen ins Lager, oder Besatzungen kömmt, oder sich sehen lässet, ihrem Obristen solches anzuzeigen, wie nicht weniger von den Officirern alle Monate ihren Rottmeistern und Knechten, bey ihrem geleisteten Eyd und Pflichten, auferleget werden, da bey denselben dergleichen fremde Personen, die weder in Ihrer Käyserlichen Majestät und der Stände des Reichs, oder auch gedachter Haupt-Leute und Officirer Diensten würcklich begriffen, oder in der Musterung nicht gut gethan werden sich einfinden, oder sonsten sehen lassen, dieselben unverlängt, ihrem Hauptmann anzuzeigen, und niemand zu verschweigen; Daferne nun ein oder mehr Officirer oder gemeine Knechte darwider thun würden, soll der oder dieselben, gestallten Sachen nach, gestraft werden.

LIV.

Jederman solle die Schild- und andere Wachten der Gebühr respectiren, ihnen, da er angeruffen und gefraget wird, bescheidentlich Antwort geben, wer darwider handelt, solle mit Ernst gestraft werden; würde aber iemand gar Hand an sie legen, soll er des Lebens verlustiget seyn.

LV.

Den Generalen und hohen Officirern, so, ihrer obliegenden Charge nach, die Wachten bestellen, oder auch, der habenden Ordre nach, sonst etwas anordnen und befehlen, sollen alle hohe Officirer und Soldaten willig, ohne alle Widersetzlichkeit, mit Worten und Wercken, gehorsamen, und sich deren Verordnungen bequemen, wer darwider handelt, solle vors Kriegs-Recht gestellet, und als ein Ungehorsamer und Widersetzlicher, gestalten Sachen nach, an Ehr, Leib und Leben gestraft werden.

LVI.

Wer an den Officier, der die Ronde hat, und die Wacht besichtiget, Item, Patrouille verrichtet, und iemands, er sey Officier, oder Soldat, seines ungebührlichen Verhaltens, Unachtsamkeit, Unordnung und Tumults halber, straffet, mit ungebührlichen Worten sich vergreiffet, solle darüber ernstlich, iedoch willkührlich angesehen werden; Solte aber iemand Gewehr auf ihn zücken, oder gar die Hand an ihn legen, derselbe soll das Leben verwürcket haben.

LVII.

Es solle auch ieder die Losung, iedesmal, so gegeben wird, fleißig in acht nehmen, und so einer eine falsche Losung von sich geben würde, derselbe solle Kriegs-Gebrauch nach gestraft werden.

LVIII.

Schläfft einer auf der Schildwacht, es sey im Felde oder Guarnisonen, oder gehet, ehe und zuvor er abgelöset ist, von seiner Post und lässet dieselbe ledig stehen, der solle arquebusirt werden.

LIX.

Imgleichen solle dem Officirer wiederfahren, so ohne Erlaubniß des commandirenden Officiers, im Felde oder Festung, von der Corps de Gvarde, seines Gefallens, es geschehe, warum es wolle, weggehet, und bey Visitirung der Wacht, oder andern vorfallenden Occasionen, darbey nicht angetroffen wird.

LX.

Wann etwa sich begeben würde, daß eine oder andere Festung und besetzter Ort solte belägert, und feindlich angegriffen werden, und iemand aus derselben weglieffe, oder mit dem Feinde, es geschehe durch Zeichen, Reden oder Schreiben, correspondirte; zu arbeiten, Wachten und Fechten sich verweigerte, der solle ungesäumt und ohne Gnade als ein Meineydiger, Meutenirer und Verräther, am Leben bestraft werden.

LXI.

Da auch der Commendant eines solchen belägerten und attaquirten Platzes und Festung, einen seiner unterhabenden Officirer und Soldaten von Aufgabe des Platzes hörer reden, oder mit andern davon rathschlagen, oder dessen sonst gewahr würde, solle er dieselben zur Hafft zu ziehen, oder da es anders nicht sey, beyzeiten, wie er vermag, aus dem Mittel zu räumen schuldig seyn.

LXII.

Wann ein Officirer, welchem das Commando in einem festen Posten anvertrauet worden, denselben Ort, ohne die höchste Noth, und der Generalität Ordre, da er dieselbe haben kan, aufgiebt und verlässet, der solle das Leben verwürcket haben.

LXIII.

Solte sichs aber etwa begeben und erwiesen werden, daß den Commendanten dessen nachgesetzte Officirer und gemeine Soldaten die Festung und Posten aufzugeben gezwungen, oder darzu gerathen und verleitet hätten, so sollen alle Befehlshaber, so an solcher That schuldig, u. aus den gemeinen Soldaten der 10. Mann, so das Looß treffen wird, das Leben verwürcket haben, die übrigen aber zu Schelmen gemacht, u. aus dem Reich verwiesen werden; Würden aber Officirer u. Soldaten, bloß ohne Cooperation, geschehen lassen, daß der Commendant unzeitlich accordirte, und denselben nach Möglichkeit davon nicht abrathen und abmahnen, sollen die hohen Officirer ihrer Ehren und Charge verlustig seyn, die Unter-Officirer und gemeine Soldaten aber willkührlich gestrafet werden.

LXIV.

Solten die Officirer und Soldaten auch, so ein solches begangen, sich beym Feinde gutwillig unterstellen, und nach der Hand wieder gefangen werden, sollen sie, so viel man ihrer bekömmt, gehenckt werden.

LXV.

Wenn Ordre zu marchiren ertheilt, und zu dero Behuff gebührlich geschlagen und umgeblasen worden, solle iedweder Officier und Soldat sich mit seinem Pferd und Gewehr bey seinen Trouppen ungesäumt einfinden; wer, ohne erhebliche Ursache und Erlaubniß, ausbleibet, oder zu spath kommt, oder aus der Ordnung, so wol im Zug, als aus der Parada muthwillig gehet, oder auch beym Troß und Bagage, er wäre dann würcklich mit Leibes-Schwachheit behafftet, zu ziehen sich anmasset, der solle mit Eisen und Banden gestraffet, und darbey mit Wasser und Brod gespeiset werden.

LXVI.

Es soll keiner Mühlen, Backofen, Berg-Saltz- und Wasser-Werck, Brunnen, Schmiede, Wagen, Pflug, Fenster, Ofen, Thüren, Brücken, und andern Hausrath, verbrechen oder verderben, noch Wein, Bier, Korn, Mehl, Brod, und dergleichen Proviant, zernichten oder auslauffen lassen, es wäre dann aus erheblichen Ursachen von der Generalität also befohlen worden, bey Leibes- und Lebens-Strafe.

LXVII.

Alle Meuteniren, Urheber, Anfänger und Helffer der Meutenation, vom Höchsten bis zum Niedrigsten, sollen das Leben verwürcket haben, und ohne alle Gnade aufgehencket werden.

LXVIII.

Wer einige Worte, die zum Aufruhr, Meuterey oder Ungehorsam gerichtet seynd, wird fliessen lassen, oder dieselbe von andern gehöret, oder auch im Werck etwas gethan, oder angestellet gesehen, so dahin ausschläget, und solches nicht alsobald einem seiner vorgesetzten höhern Officirern und Generalität wird angezeiget haben, solle, nach der Sachen Wichtigkeit, am Leben, oder sonst exemplarisch gestrafft werden; Massen dann auch bey denen Zusammenkünfften und Mahlzeiten, wie imgleichen in privat die Officirer sich allerhand dergleichen Reden und Schimpfsereyen, welche durch Anhörung ihrer Diener und Fourier-Schützen unter die Armee auskommen, und grossen Schaden verursachen können, bey angedeuteter Strafe, ebenmäßig enthalten sollen.

LXIX.

Wer in gemeinem Gezänck, Schlägerey, und sonsten seine Lands-Leute und Nation, und Religions-Verwandten um Hülffe ruffet, und eine Zusammen-Rottirung und Aufstand dadurch verursachet, soll neben seinem Beystand gehencket werden: Daferne nun aber einer wider iemanden einige Klag und Beschwerden zu haben vermeynt, der solle dieselbe bey seinem Officier anbringen und Hülffe suchen, und nicht sich selbst rächen, weder mit Worten noch mit Wercken.

LXX.

Wenn gantze Trouppen oder Compagnien, so etwa mit einem zu treffen kommen ihr Devoir nicht thun, sondern die Flucht nehmen würden so soll der Officier, welcher an solcher Flucht schuldig, Ehr und Leben verwürcket haben.

LXXI.

So viel aber die gemeine Soldaten betrifft, soll von den Schuldigen der Zehende aufgehenckt, und mit den übrigen also gebahret werden, daß dieselben ohne Standarten zu dienen, ausserhalb dem Quartier zu liegen, und dasselbe, da es unrein, zu saubern und zu reinigen sollen angehalten, auch damit, biß sie ihre Verbrechung durch männliche Thaten gnugsam gebüsset, verfahren werden; Wofern aber iemand von ihnen vor dem General- und Ober-Gericht beweisen würde, daß ihnen hierinnen für ihre Person keine Schuld zuzumessen, auf solchen Fall sollen sie ihre Unschuld billig zu geniess. haben.

LXXII.

Wenn gantze Trouppen und Fahnen gar solten abtrünnig werden, sollen dieselben in 6. Wochen zu dreyen malen nach einander vor Recht citirt, und ihnen sicher Geleit ab- und zu zu ziehen, bis zu Recht, verstattet werden; befindet sichs alsdann, daß sie wider Eyd und Pflicht gehandelt, so soll der Eyd-lose, er komme gleich zur Stelle, oder nicht, zum Schelmen verurtheilet, und Vogelfrey gemacht, denen andern aber, so sich vor Gericht eingestellet, und vor Recht gnugsam entschuldiget haben, das Geleit unverbrüchlich gehalten, und sie auf freyen Fuß gestellet und loß gelassen werden.

LXXIII.

Wann in Schlachten, Stürmen, Einnehmung der Posten, etwas an Proviant, Munition, Pulver, Geschütz, und sonsten zu der Artillerie und deren Unterhaltung gehörig, erobert wird, solle dasselbe dem Feld-Herrn bleiben, und das Proviant oder Vieh den Officirern, oder Knechten um einen billigen Pfennig verkaufft werden; im übrigen aber in dem Regiment Officirern und gemeinen Soldaten die eroberten Beuten gelassen werden, jedoch, daß keiner sich des Beute-machens und Plünderns unterfangen solle, es sey dann der Feind gantz geschlagen. Wer darwider handelt, der mag ohne einiges Bedencken, von seinem Officier niedergemachet, oder da solches nicht geschehen, auch dadurch Ihrer Käyserl. Mai. oder auch einem andern Chur-Fürsten und Stande des Reichs, kein Nachtheil zugestanden wäre, solle derselbe 1. Monat lang in die Eisen, bey Wasser u. Brod, geschlagen, und die Beute auf die Beschädigte und krancke Soldaten angewendet, da aber dadurch Schaden verursachet worden, nach Befindung an Leib und Leben gestraft werden.

LXXIV.

Alle vom Feind Gefangene sollen der Generalität, zu fernerer Verordnung, in dero General Stockhauß geliefert werden, auch niemand ohne Erlaubniß des Generals, oder dessen so im Quartier commandirt, einigen Gefangenen tödten, ranzioniren, noch ohne bezahlte Ranzion, ziehen lassen, bey willkührlicher Strafe, jedoch, daß einem iedweden seine auf die Gefangene habende Prætension vorbehalten seyn solle. Da auch ein Gefangener gefunden würde, der durch das Lager, oder den Ort, da die Besatzung ist, ohne des Generaln, oder Befehlshabers Erlaubniß, spatzieren gehet, soll der, welchem er zuständig gewesen, ihn verlieren, und der Gefangene dem zu Theil werden, der ihn am ersten wieder angegriffen hat.

LXXV.

Kein Obrister, Obrist-Lieutenant, Obrist-Wachtmeister, Hauptmann, oder anderer Officirer zu Pferde, oder zu Fuß, soll seinen Soldaten ihren Sold, Löhnung, Proviant, Kleidung, oder was sonsten auf sie gegeben wird, vorenthalten, oder ihnen abkürtzen, verringern, oder schmälern, es sey auf waserley Weise es wolle; wer sich aber dessen gelüsten liesse, der soll vor Gericht gestellet, und mit Verlust der Chargen, Ehre und Leben, ohnnachläßig gestraft werden.

LXXVI.

Und damit dieser unlöbliche Handel desto eher und besser an den Tag kommen möge, soll den Unter-Officirern, Reutern und Fuß-Knechten frey und erlaubet seyn, daferne sie von ihrem Rittmeister, Hauptmann und andern Officirern dergestalt verkürtzt werden, und gewiß wären, daß es sich so verhielte, solches mit guter Bescheidenheit, ohne einigen Tumult und Rottirung entweder bey den Generalen, höhern commandirenden Officirern, Commissarien, oder auch bey ihrem Feld- und Zahls-Herrn mündlich oder schrifftlich zu suchen und es anzuzeigen.

LXXVII.

Der Proviant soll nicht mit Pochen, Schnarchen oder Prahlen, sondern mit aller Bescheidenheit, von den Commissarien abgefordert werden; wer darwider thut, der soll mit exemplarischer Strafe unnachläßig angesehen, oder, da einer gar die Hand an die Proviant-Bediente, bey Verrichtung ihres Amts, leget, an Leib und Leben, nach Befindung, gestraft werden.

LXXVIII.

Hergegen sollen die dazu verordnete Commissarii, Proviant-Verwalter und Schreiber die Versehung thun, daß allemal gut tüchtig Proviant geliefert, und mit Backung des Commiß-Brods reinlich und sauber umgangen, dasselbe fein gesäuert und wohl ausgebacken, dann auch in gehörigem Gewichte geliefert werde; solte darwider Klage einkommen, oder da es sonsten befunden würde, sollen sie ihres Amts alsofort entsetzet, und gleicher Gestalt, nach den Umständen, noch härter gestraft werden.

LXXIX.

Da auch die Marquetenter Proviant, oder anders dem Lager zuführen, solle ein ieder darbey unbeleidiget gelassen werden, auch keiner vor dem Lager und auf dem Wege dergleichen etwas verkauffen, sondern erwarten, biß dasselbige auch auf freyen Platz gebracht, und durch die Verordnete geschätzt seyn wird; Falls nun aber iemand deme zuwider handelt, oder aber auch der Marquetenter über den gemachten Tax das Proviant höher verkauft, soll ein und der andere nach Befinden gestraft werden; und damit die Zufuhr zum Lager desto sicherer geschehen möge, sollen ermeldte Marquetenter allenthalben auf den Strassen ungehindert, und unbeleidiget passiret werden.

LXXX.

Wann für nöthig erachtet wird, die Völcker zu mustern, soll keiner durchaus den geringsten Unterschleiff und Betrug brauchen, keine Reuter oder Knechte bey andern Officirern, oder sonsten iemand, entleihen, miethen, und auf eine Zeitlang dingen, noch sich auf solche Maß mustern lassen; weniger soll einer dem andern zu solchem Behuff, Reuter oder Knechte leihen oder überlassen, oder sich iemand hierzu miethen oder dingen lassen; wer dem an ein- oder andrer Seiten zuwider handelt, solle, wann er ein gemeiner Reuter oder Soldat ist, mit Ruthen ausgestrichen, und des Landes verwiesen, ein Officier aber vors Kriegs-Recht gestellet, und daselbst als ein Meineydiger und Betrüger gestraft werden.

LXXXI.

Wer auch zu Behuff der bevorstehenden Musterung, von einem andern Pferde, Gewehr oder Waffen entleihet, oder auch eine Zeitlang an sich erhandelt, derselbe soll neben dem, der solches wissentlich darzu geliehen und gegeben, und zwar ein ieder für sich, eines gantzen Monats Gage, so auf die beschädigten und kranken Soldaten zu wenden, verfallen und verlustig seyn; daferne auch einer einen Commissarium in der Musterung anzugreiffen, oder ihn mit Worten, oder in der That zu beleidigen sich unterstehen würde, solle derselbe, gestalten Dingen nach, am Leben, oder sonsten gestraft werden.

LXXXII.

Solten in etwa vorgehender Occasion Reuter und Fußknechte bleiben, oder sonsten absterben, sollen derselben Namen der Generalität sofort eingeschickt, oder in dessen Verbleibung, keine Recrouten darauf gegeben werden, und nichts destoweniger Rittmeister oder Capitain die Compagnien complet zu halten verbunden seyn.

LXXXIII.

Ohne der bestellten Generalität, wie auch des obristen Commendanten Wissen und Bewilligung, soll keinem Rittmeister oder

Hauptmann, einigen Reuter oder Soldaten zu Hauß zu ziehen, voraus wann sie in etwa ereigneter Occasion ihre Devoir thun sollen, erlaubet seyn, wer darwider thut, solle einen Monat Sold verfallen seyn, und da Schaden davon empfunden wird, noch darzu sonderlich Red und Antwort geben.

LXXXIV.

Es solle keinem Officirer frey stehen, abzudancken, wann er ins Feld geführet, oder sonsten zu Verrichtung seiner Dienste commandirt wird, sondern, da er, nach passirter Occasion, gebührlich dorum anhält, solle ihm sein Abschied, auf wohlerhebliche Ursachen, nicht verweigert werden.

LXXXV.

Ingleichen soll kein Officirer dem andern, ohne dessen Vorwissen, seine Leute von seiner Compagnie ab- und an sich ziehen, und wer von seiner Compagnie, darunter er gehörig, sich weg begeben will, derselbe soll zuvor seine Erlassung und gebührlich Paßport erhalten, wer anders thut, und ohne Abschied heimlich von seinem Regiment sich hinweg machet, Fahnen und Standarten verlässet, dessen Name soll, Kriegs-Gebrauch nach, öffentlich an den Galgen geschlagen, derselbe auch im Reich nicht geduldet, und, da er künfftig wieder ertappet wird, ohne einige Begnadigung aufgehencket werden.

LXXXVI.

Es soll auch kein Rittmeister, oder Hauptmann, viel weniger ein andrer Officier einige geworbene Unter-Officier, Reuter, oder Soldaten, vor sich, ohne des Obristen, oder Commendanten der Guarnison und Trouppen, darunter er gehöret, oder da es eine a parte liegende Compagnie wäre, oder der Generalität, so ihn deßwegen an seinem Feld- und Zahl-Herrn zu verweisen, special-Vorbewust und schrifftlichen auf Raison gegründeten Consens, seiner Dienste zu erlassen, Macht haben, wer darwider handelt, solle eines gantzen Monats Gage verlustig seyn, oder auch nach Befindung, daß solches mehr als einmal geschehen wäre, schärffer angesehen werden.

LXXXVII.

Es soll auch niemand, wer der auch sey, hoher oder niedriger Officirer oder Soldat, keinen Ubelthäter, so wider diese Kriegs-Articul, oder sonsten gröblich gesündiget, arglistig, gefähr- und wissentlich aufnehmen, aufhalten und verheelen, Vorschub thun und helffen, daß er davon komme und entrinne, weniger bey seiner notorischen Unbefugniß denselben vorsetzlicher Weise vertheidigen, bey schimpfflicher Entsetzung seiner Charge, oder auch wol, nach der That Beschaffenheit bey Leibs-Strafe, wie dann männiglich hiemit zugleich erinnert wird, daß wo der Profoß oder seine Knechte, einen oder mehr dergleichen Ubelthäter, oder sonst einen solchen Ungehorsamen und Ubelthäter des Articuls-Brieffs greiffen würde, sich demselben niemand widersetzen, noch ihn daran hindern, oder wider selbigen sich rottiren, noch sich des Verbrechers annehmen, und bey seinem Unrecht handhaben, oder den Gefangenen wegnehmen, oder durchhelffen solle, bey Leibes-Strafe, wo auch dergleichen Ubelthäter einer zur Hand gebracht, und zur Justiz oder zum Tode condemnirt, und die Execution an ihm, nach Ausweiß des Articuls-Brieffs, vollzogen wird, soll sich niemand gelüsten lassen, den Scharffrichter daran und in seinem Amte irre zu machen, sondern ihn das, in Krafft demselben gegebener Kayserl. Freyheit, ohngehindert verrichten lassen, bey ebenmäßiger Leib- und Lebens-Strafe.

LXXXVIII.

Der Röm. Kayserl. Maj. und Chur-Fürsten und Ständen, in dero Namen publicirte Ordonnanz, darinnen verordnet, wie und welcher Gestalt die Soldatesca zu Roß und Fuß an Lehnungen, Commiß, Fourage und Servicien verpfleget, auch wie es sonsten in einem und andern gehalten werden solle, solle anhero, als ein Articul wörtlich repetirt und wiederholet, und nach derselben alle hohe und niedrige Officirer, auch Soldatesca zu Roß und Fuß, insgemein sich zu reguliren und zu achten verbunden, oder der darinn enthaltenen, oder sonsten anderwertiger rechtmäßiger Verordnung gewärtig seyn.

LXXXIX.

Daferne auch dienlich und nöthig befunden wird, daß zu der Röm. Kayserl. Majestät und Chur-Fürsten und Ständen Diensten, und dero Land und Leuten, und Soldatesca Wohlstand, ein mehrers zu diesen Articuln gethan und etwas geändert, und solches durch offenen Trompeten-Schall oder Trommel-Schlag publicirt würde, demselben sollen alle hohe und niedrige Officirer und Soldaten insgemein schuldig seyn, gleich als es in diesem Articuls-Brieff allbereits mit begriffen, und ausdrücklich darinn gesetzt wäre, besten Fleisses gehorsamlich nachzuleben, bey Vermeidung der daran gehengten Strafe.

XC.

Auf daß nun diese Articul sammt und sonders zu allermänniglichen Wissenschafft gelangen mögen, sollen sie den Regimentern und Compagnien bey folgender Conjunction, und dann so offt es sonsten nöthig befunden wird, vom Regiments-Schultheissen, oder dem Muster-Schreiber vorgelesen werden.

XCI.

Damit aber von gesamter Soldatesca, niemand davon ausgeschlossen, nach eines jeden Charge und Gelegenheit, um so viel strenger und ernstlicher, so lange als die Dienste währen, bey allen vorfallenden Occasionen, diesen Articuln wohl nachgelebet werden: So sollen alle hohe und niedrige Officirer, Reuter und Soldaten, auch die von der Artillerie, nicht weniger die Regiments-Schultheissen, Secretarii, Profosen, Marquetenter, und in Summa, alle diejenigen, so sich bey solcher Miliz, es geschehe wie und welcher Gestalt es wolle, aufhalten und leben wollen, sich mit einem Cörperlichen, auf jedwede Bedienung nach Gelegenheit gerichteten Eyd, ohnweigerlich verwand zu machen schuldig seyn; Wer aber, auf ernstes Anmuthen, darzu sich nicht bequemen will, soll bey der Armee, Regiment, Trouppen oder der Garnison, nicht geduldet, sondern davon abgeschaffet werden. So auf gleiche Weise mit denjenigen Soldaten, welche nach und nach weiters angenommen werden, zu beobachten, und von dem commandirenden hohen Officirer dahin zu sehen, damit ermeldte neu-angenommene Soldaten vorgedachter Articuln ebenmäßig Nachricht bekommen, und darnach sich zu halten wissen mögen.

c) Disziplinarordnung für die kaiserliche Armee, 1693 Mai 20

Aloys Schulte, Markgraf Ludwig Wilhelm von Baden und der Reichskrieg gegen Frankreich 1693–1697, Bd. II, Heidelberg 1901², 15–20

Puncta, So bey der Keyßerlichen undt Allyrten ReichsArmee zu beobachten sein. Demnach die gute Ordnung auch von unßern Vorfahrern mit einem so großen eiffer hergepflantzte und mit so stattlichen Gesezen bewehrte Krigsdisciplin nechst Gott das einige Fundament ist, worauff man die Hoffnung aller vortrefflichen Thaten undt glücklichen Succession im Krige bauen muß, undt ohne welcher alles Lauter confussion undt nichts gutes auff keinerley weiß zugewarten ist.

Nun aber ermelte Kriegsdisciplin durch die viele eine Zeitherr eingeschlichene mißbräuch bey einigen Vergeßenheit, bey denen andern in ohnachtsamkeit gerathen und solchergestalten alterirt worden, daß selbige einigermaßen auf den alten Fuss und Löbliches Herkommen gebraucht wiederumb einzuführen, nothwendig ein scharffes einsehen geschehen muß, und dannenhero ich Bey der hier anwesenden, meinem Commando dermahls untergebenen Armee, die nicht allein ihr nachgehende puncten offentlich, wie auch vor einem Jahr geschehen, zu Jedermanns Wissenschafft publiciren zu lassen, vor nothwendig erachtet, sondern auch sowohl die Officierer als Gemeine zu denen genauen Beobachtung mit allem Ernst und nachtruck anzuhalten gesonnen bin, Alß wirdt solchem nach ein Jeder sich zu rihten haben, undt zwar:

1. Gleichwie aller Seegen, Heil, Glück und Gutes von Gott dem Allerhöchsten seinen Ursprung hat, und wie derohalben nicht allein, vor die bereits empfangene Gutthaten Täglichen zu danken, vermög der Gesezen der Natur verbunden, sondern auch, umb den weiters bedürftigen, und Künftig verlangenden Segen die Göttliche Allmacht durch ein fleißig und andächtiges Gebett anzuruffen schuldig sein; Also wird dem Uhralten Löblichen Gebrauch nach alle morgen eine Stunden den Tag das gewöhnliche Zeichen zum Gebett gegeben werden undt zwar mit folgender Ordnung, daß solches von dem ersten Regiment auf dem rechten Flügel seinen Anfang nehme, und folgends durch alle Regimenter zu Fuß und zu pferd von der rechten zur linken Hand *continuire,* auch allerseits zu einer Zeit, und nicht, wie bißhero, Bey einer oder andern eine halbe Stund, oder mehrers zu frühe oder zu spat verrichtet werde, die Regimenter in der andern *linea* reguliren sich nach der ersten und halten, wann bey

der erstern angefangen worden, ihr zeichen und gebett gleichfalß in ieztbemelter Ordnung.

2. In eben dieser Ordnung solle wiederumb Abends ein stundt vor eingehender nacht das Zeichen gegeben, und das gebett verrichtet undt dann nach vollendeter Bettstundt alle Abend bey der Reüterey iedesmahl ordentlich zur wacht geblasen werden, welcher löbliche Gebrauch von unßern Vorfahrern zu einem Zeichen der Ablösung, aniezo aber, da man morgens ablöset, zum Zeichen der Wachtsamkeit dienen solle, eingeführet worden.

3. Sollen die Herren Officiers ihre untergebene, daß Sie sich bey besagtem Gebett alle nacht einfinden, fleisig ermahnen und antreiben, auch da ein oder anderer aus Verachtung dieses so löblichen unnd nöthigen Gebrauchs nicht erscheinen wolte, selbige sodann mit Gewelt darzu halten, und keineswegs zulaßen, daß durch ein schlimmen oder liederlichen Menschen bey einem Regiment oder der Armee ein Ärgernus entstehen thue.

4. Das Gotteslästern, brennen, schänden, morden, stehlen, blündern, auslauffen, auch andere gegen Himmel schreyende Laster, und unbarmherzigkeiten, deren diese Zeit über viel geübet, und zu ruhm deren bißherigen commandierenten Generalität schon zum öfftern inhibirt worden, sollen hiemit nochmahlen aufs allerschärffste verbotten sein, und die darwieder handlende übertretter ohne Hofnung einziger Gnad an Leib und Leben gestrafft werden, Die Officier aber, die zu dergleichen misshandlungen durch die finger sehen, von ihren Chargen würcklichen suspendirt, auch nach Befund der sachen, gar entsetzt sein.

5. Die Feldwachten samt denen darzu gehörigen Officiern sollen eine Stund vor anbrechendem Tag sich alle morgen vor dem ersten treffen des *Corpo* die *bataille* versamblen, damit aber solches umb soviel *punctualiter* geschehe, also solle der Rittmeister von der Bereitschaft eines jeden Regiments, nach geschlagener scharwacht, die zu der veldwacht commandirte Officier und Gemeine, auff daß Sie sich an Bestimtes Orth, nemlichen zu dem ersten Treffen des *Corpo* die *bataille,* alwo die Veldwacht zusammen kompt, begeben, sobald sie versamblet sein zu der bereits ausgestelten wacht marchiren, und daselbst solang beysammen halten, biß in dem Lager das Gebett vorbey sein wird; Sodann wird erst die Alte Wacht durch die neue abgelößt, undt übergiebt ein Officier dem andern seine Posten mit fleißiger Verlaßung alles und Jedes, waß ihm den vorigen Tag anbefohlen worden; Nachdeme er zuvor wohl recognoscirn laßen, ob nicht ein Feinde in der nähe herumb versteckter sein möge, worauff selbder folgends in guter Ordnung wiederumb ins Lager herein rucket, zu welchem Endte Ein stund nach angebrochenem tag der Commandirt gewesene und ablösende *general-*Wachtmeister sich selbsten In Persohn Einfinden und Einer dem andern die posten und wachten Einantworten soll.

6. Die ordinari Bereitschafft oder piquet wie mans pflegt zunennen, rucket Abends nach der Bettstund ein Jeder zu Fuß mit seinem Gewehr zu seiner Standarten und morgens nach gehaltener Bettstund wiederumb an sein Orth, die pferd aber der Bereitschafft bleiben tag und nacht gesattelt, gezäumt, und die leüth ingleichem fertig, alle Augenblick, da es befohlen wurde, auftzusizen.

7. Die Mittagsstund bey der Infanterie und Dragonern solle Gleichmesig in ihrer Ordnung gehalten, und ehender von keinem Regiment darzu geschlagen werden, biß nicht von der Haubt- oder Generalwacht zuvor der Anfang gemacht ist.

8. *Boutaselle* oder zu pferd blasen oder blasen zulassen, solle sich niemand ohne expressen befelch deß commandirenden Generals unterstehen, es were dann sach, daß ein oder anderer Generals solches aus sehr erheblichen ursachen oder pressanten Gefahr vor sich selbsten zuthun genöthiget wurde.

Wann *Boutaselle* bey dem commandirenden Generaln zublasen angefang wird, solle von denen Regimentern ordentlich geantworttet und zu dem ende alle Zeit ein Trompeter in dem Haubt Quartier von jedem Flügel, so das Zeichen auff Jeden geben soll, auf *ordonance* Erscheinen und dann Bey den Regimentern, Bey der Leib Standart Ingleichen Einer sich einfinden, der hierauff acht habe. Bey der Infanterie hat es mit dem Trommelschlag, nach ihrer Art, sein gleiche bewandnus.

9. Nachdem Sich auch bißhero zugetragen, daß ein oder anders Regiment nach seinem Gutbefinden aufsizen und ausrucken thut, Alß solten fürohin, sobald zu pferdt geblasen würdt, alle Regimenter zugleich auf einmahl aufsizen und ausrucken, Keines aber außer nothtringender Gefahr mit gewöhr weder zur Musterung noch sonsten sub *quocunque prœtextu* ohne Vorwissen Meiner oder des Herrn Commandirenden Generalens auß dem Lager ruckhen, und wird in diesem gleich in allen andern ihrer Conservation halber von der Generalität die Behörige Obsicht getragen, auch schon zur rechter Zeit Befohlen werden, wann ein oder anderes Regiment wieder abziehen solle.

10. Bey dem Fouragiren ist gleichfals eine Zeithero eine solche Confusion eingeschlichen, dass nit allein der Armee, und einem Jeden *in particulari* gar leicht ein grosser schaden, sondern auch dem Feinde ein merklicher Vortheil dardurch zuerwachßen hette können, Dannenhero die Hohe Noth erfordert, auch hierinfalß eine beständige Ordnung vorzuschreiben, wornach ein Jeder sich zurichten, und ob deren genauer Observanz die löbliche Generalität vest zuhalten wissen wird, und zwar auff folgende Weiß:

Nemlich alle morgen eine stund in den Tag, nachdeme zu dem Gebett geschlagen worden, sollen alle die Fouragirer, wann anderst die *ordre* zu fouragirn gegeben worden, samt denen darzu commandirten Officirern und Gemeinen, mit oder ohne Gewehr, nachdem es Befohlen, ein Jeder vor seinem Regiment sich trouppenweiß samblen, sodann keiner ohne gegebene Ordre, ohne Leib und Lebens Straff von seinen Officier sich nicht entfernen, noch herauslauffen, sondern bey seiner trouppen bleiben, und allein an dem Orth, wo Sie von dem Officier hingeführt werden, und nirgends anderst fouragiren, der Officier auch von dem Regiment weiter nicht aus: oder vorrucken, ehe und bevor es ihme von dem, der alle die Fouragirer selbigen tag commendirt, anbefohlen wird.

Mit der Infanterie, weilen mancher Officirer durch derley Unordnungen in ruin gerathen ist, solle es zu Verhütung dessen, gleichmesig wie es bey der Reuterey observirt werden, und die Fouragirer von FußVolck zu Jetztbestimter Zeit sich ebenfalß vor ihren Regimentern zusammen ziehen, auch von einem Jeden Regiment ein Fenderich ermelte Fouragirer in Zaum zuhalten und gleich den von der *Cavalleria* Fouragiren, zumachen, darzu commandirt werden. Die von der Artillerie kundten vor ihrem lager in ihrer gewohnlichen Ordnung die besagte Zeit mit ihren Wagenmeistern zusammen, desgleichen samlen sich daselbst alle Fouragirer von dem General Stab, Commissariat, *voluntairn,* und andern außer den Regimentern stehenden Soldaten und Kriegsbedienten, welch nach bedeüter Artillerie ein fouragiren sich gleichfalß reguliren sollen, damit aber dieses ietztanbefohlenermassen vollzogen werden möge, wirdt alle morgen mit anbrechendem Tag ein commandirter Lieutenant nebst 30 pferden vor der Artillerie den General Gewaltiger erwarten, sodann mit selbdem, wo er hin verlangt, marchirn, und Ihme in allen undt Jeden gebührend zu Hand gehen.

Gedachter Generalgewaltiger aber wird ernstlichen Befelch haben, bey Verlust seiner Charge und andern scharffen militarischen Straffen, die wieder diese Fouragirer Ordnung ertappende übertretter in aus- oder einrucken in das lager, ohne einiges ansehen, wer sie seind, oder wem Sie zugehören, alsobalden Beym Kopff zunehmen, vor das erste mahl ein Ohr, vor das 2te Beede abzuschneiden, und drittens gar aufzuhencken.

11. Wie die Bagage aufeinander marchiren solle, ist die Ordnung bereits verfaßt, und dem Generalwagenmeister eingehändigt worden, worbey anderst nichts anzufügen, als daß dem Profoßen von einem jeden Regiment, wie vor diesem gebräuchlich gewesen, ein Fahn gegeben werde, hinter welchen alle die Weiber und Reüter, der

Troß, von selbigem Regiment herreüthen, und sich davon nicht entfernen sollen, widrigenfalß, wann ein oder anderer von Reütern oder Troß, anderwerts nach Gefellen vagirn oder sich nebst denen trouppen auff die seiten vorauszuschleichen unterstunde, selbiger oder selbige vor erstemahl ausgeblündert, oder da dieses nichts verfangen wolte, auch nach gestalt des Verbotts, an leib und leben gestrafft werden solte, wo und wie aber ermelte Troß zu marchiren habe, wird nach gelegenheit der Zeit und conjuncturen, iedesmahl in march zetteln erinnert werden.

12. Solle sich niemand unterstehen, bey leib und lebenstraff, nach beschehenem Stuckschuß einiges Gewehr zulösen und wirdt zugleich durch diesen Stuckschuß

13. angedeutet, daß die *parole* ausgegeben seye, Und daß

14. Also gleich darauff das gewöhnliche Zeichen bey der Infanterie und Cavallerie zum Gebett gegeben werde, nichtweniger daß

15. Die bereitschafften zu Fuß Bey Jedem Regiment herausrucken und wie Gemelt auf der Bereitschaft verbleiben sollen.

16. Die NachtPosten sollen auch zugleich darauff ausgesetzt werden.

17. Die Leüth von der Weid zuruck in das lager sich zubegeben haben.

18. Nach Gemeltem Stuckschuß sollen auch alle tumult, Geschrey und herumbgehen der vollen Leüth aufhören und gleich darauff die Fähnlwachten von denen Regimentern, eine Jede umb ihr Regiment, die Haubt- oder Generalwacht aber im Haubtquartier fleissig patrolliren, und dergleichen tumultuirende leüth in arrest nehmen. Auch sodann nach beschehenem stukschuß kein Marquetenter Wein oder anders Getranck offentlich mehr ausschencken, Bey Straff des Preißmachen.

19. So solle die sauberigkeit Bey allen Regimentern observirt werden, und verbotten sein, daß man in dem Lager zwischen des ausgesteckten Zeichen ein unsauberkeit thue, oder hinwürffe, und werden die Regimentsprofossen von denen Herrn Obristwachtmeistern, denen auff dergleichen Ordnung zusehen gebühret, darauff gute Acht zugeben gehalten werden. Damit aber solches desto beßer geschehe, so sollen vor Jedem Regiment, auf 150 schritt Gruben gegraben werden, wohin alle Gemeine ihre Noth zu verrichten sollen gehalten sein, Diese Gruben müssen von Zeit zu Zeit verworffen, und neue gemacht werden. Damit auch diese höchstnöthige sauberkeit, umb sovielweniger verabsaumt werde, sollen Bey einruckung des lagers also Balden gedachte Gruben zumachen etliche leüth eigens dazu commendirt werden. Ingleich auch mit dem Viehschlachten der General Profoß oder dessen Lieutenant, vor oder hinter der Armee eine gleichmesige und größere Distanz, wie oben, observiren laßen, und scharpff darob sein, dass alles Todtes Viech, und Ingeweidt, wie schon zum Öfftern befohlen worden, vergraben werden, und solle fürohin der Officier oder Commendant von Regimentern, in dessen *numero* dergleichen gefunden wirdt, davor stehen, allermaßen dieses, wann die Officier darauff acht haben wollen, gar Leicht zuverhüten ist, indem einem Jeden ein Profos mit behörigen Leüten gethan wirdt.

20. Damit die Lebensmittel zur Armee desto sicherer und häufiger zugebracht werden, solle niemand einigen bauern oder Handelsmann, der victuualien ins Läger führt, hindern oder belästigen, oder das geringste ihm Gewaltiger Weiß abnehmen, oder Gestatten, dass ihm von denen seinigen abgenommen werde.

21. Deßgleichen solle niemand die Auß- und einkommende Kundschaften hindern, aufhalten oder examiniren, sondern selbte von der Feldwacht also gleich frey zur Generalwacht, und zu mir überbringen.

22. Solle niemanden, er seye, wer er wolle, sich unterstehen, eine von mir ausgegebene schrifftliche oder lebendige Salva quardia zu despectirn, oder anzugreifen, oder selbde ihre Function zu hindern, Allermaßen gewiß, und ohnfehlbar keiner, der herwieder handelt, auff keinerley weiß von mir perdonnirt, sondern an leib und leben gestrafft werden solle.

23. sollen sich die Obristwachtmeister von denen Regimentern oder die so ihre Charge vertreten, in Persohn täglich sich bey der *parola* einfinden, und die *ordre*

Empfangen, damit sye umb so mehrers allem nachzuleben, und sich mit der unwissenheit nicht zu Entschuldigen haben, Ingleichen seind sye Krafft dises Befelchs denen Generalwachtmeistern täglich verläßlich zu berichten, was vorigen tags passirt, und wer von denen Reytern abwesend und aus was ursach seye. Damit aber in dem Marchiren gutte disciplin und *ordre* gehalten werde, so wird

24. dennen Gesambten Herrn Officiren hiemit befohlen, das in wehrendem March sich keiner wehr der auch sey von dem Regiment, *Battaglion* oder *squadron* ohne vorwissen der Generalität oder der Obristen absentire, sondern ein Jeder Hoch und Nider an gehorigem orth sich Einfinde.

Leztlichen damit alle obangesetzte, und hiemit zu Jeder männiglichen nachricht publicirte *puncta* genaw beobachtet und exequirt werden mögen, So wiederhohle nochmahlen letzlich daß derselbe Generalwachtmeister, deme die *Ordre* oder *Rolla* betrifft, in allem fleisigste Obsicht trage, damit allerseits die vorbeschriebene Ordnung bey schwehrer Straff in obacht genommen werde, Insonderheit aber die ausgesetzte Wachtposten solchergestalten fleisig visitiren und allert halte, auch zu solchem ende die GeneralWachtMeister, welche die Posten aussetzen, denen zugleich die völlige Beobachtung dieser puncten oblieget, sich miteinander verstehen, damit dieselbe alle wachten auff Art undt Weiß einer *Patroulla* oder Ronde die Zeit unter sich austheilen, daß wenigstens die Wachten alle Stundt allert gemacht und visitirt werden.

So solle auch der commendirende Generalwachtmeister oder sonsten commendirende Obrist oder Obristlieutenant von der wacht, die bereitschafft Jedesmahl obangeführter maßen in solcher positur halten, damit dieselbe alle Augenblickh, wann man Sie verlangt, aufsizen können, nicht minder auch die obangesetzte Ordnung in Fouragiren auf das Genaueste exequiren, und beobachten Lassen, und wirdt übrigens denen samtlichen Hherrn Obristen und Commendanten deren Regimentern in Krafft dises ernstlich anbefohlen, auf daß Sie ihre untergebene zu punctualer Observanz dieser Vorstehenden Ordnungspuncten also gewiß und nachtrucksam anhalten sollen als widrigen Falß Ich wieder Sie Herrn Officiers mit schärpffe verfahren, und exemplarischer demontion zu befolgung meiner ertheilten befelch anstrengen wurde, worfür sich ein jeder von selbsten zuhüten, undt waß recht ist, zuthun wißen wird. *Datum* Heylbronn, den 20. *Maij* A. 1693.

Der Römischen Kayserlichen Majestät GeneralLieutenant und Gevollmächtigt Commendirender General über gesambte ahn OberRhein stehenden Trouppen.

4. Instruktionen und Definitivfrieden

a) Instruktionen für die französischen Gesandten zum Nimwegener Friedenskongreß, 1675 Dez. 23

Recueil des instructions Bd. XXI, 358ff.

Memoire pour servir d'instruction aux Sieurs Duc de Vitry, Pair de France, Colbert, Marquis de Croissy, et de Mesmes, Comte d'Avaux, Ambassadeurs extraordinaires et plenipotentiaires de sa Majesté pour le traité de paix à Nimegue, [23 Décembre 1675].

Bien que l'espérance que toute la chrétienté avoit conçue des conférences de Cologne eût été malheureusement trompée au commencement de l'année 1674, et qu'après l'attentat commis en la personne du prince Guillaume de Furstemberg le roi se fût trouvé obligé de rappeler ses ambassadeurs,[1] Sa Majesté ne perdit point le désir de procurer, autant qu'il seroit en Elle, la tranquillité générale. Elle en donna bientôt après une forte preuve lorsque, sur les instances du roi de Suède, Elle voulut bien admettre un tempérament sur la liberté dudit prince Guillaume et se contenter qu'il fût remis entre les mains du pape jusques à la fin de la guerre. Mais Elle vient d'en donner une bien plus grande à cette heure qu'à la recommandation du roi d'Angleterre et à la prière de Monseigneur l'évêque de Strasbourg Elle consent de faire partir ses ambassadeurs pour le lieu du traité de paix et qu'Elle se repose de cette condition, qu'Elle avoit demandée en faveur du prince Guillaume de Furstemberg, sur l'assurance, que le roi de la Grande-Bretagne lui a donnée, que ses offices et ceux des Etats-Généraux l'obtiendroient de l'Empereur.

C'est sur ce fondement que Sa Majesté a résolu de ne pas différer davantage une négociation, qui peut rendre le repos à tant de peuples. Elle veut bien répondre par cette promptitude à la médiation si affectionnée du roi de la Grande-Bretagne, et faire connaître à toute l'Europe qu'Elle a toujours regardé la paix comme le plus grand avantage de la guerre. Mais, parce qu'une négociation, qui embrasse tant de grands intérêts, demande des personnes capables de la soutenir, Sa Majesté a jugé qu'Elle ne pouvoit faire un meilleur choix pour cet emploi que du sieur duc de Vitry, pair de France,[2] du sieur Colbert, marquis de Croissy, conseiller ordinaire en son Conseil d'état et ci-devant son ambassadeur et plénipotentiaire au traité d'Aix-la-Chapelle et, depuis, son ambassadeur extraordinaire en Angleterre, et du sieur de Mesmes, comte d'Avaux, aussi conseiller en ses Conseils et ci-devant son ambassadeur à Venise. L'épreuve que Sa Majesté a faite de leur adresse dans les grandes affaires qu'Elle leur a commis au dehors, la connaissance qu'ils y ont acquise de toutes celles qui peuvent être aujourd'hui discutées dans un si grand traité, mais surtout leur capacité, leur application et leur fidélité ont déterminé Sa Majesté à confier ce grand ouvrage entre leurs mains, et c'est dans cette vue qu'Elle leur a fait remettre la présente instruction, qui leur servira de règle et de conduite.

L'intention de Sa Majesté est que lesdits sieurs ambassadeurs et plénipotentiaires se rendent au plus tôt à la ville de Nimègue, qui a été nommée par Sa Majesté et agréée généralement pour le lieu du traité. Bien que les Etats-Généraux aient assuré, il y a longtemps, le roi de la Grande-Bretagne qu'elle avoit été acceptée, au nom de l'Empereur et du roi d'Espagne, par leurs ministres à La Haye,[3] il semble que l'on chercheroit aujourd'hui du côté de Madrid à y apporter quelque changement. Le prétexte que l'on en a pris a été que le pape, reconnu médiateur par la France, l'Empereur et l'Espagne, ne pourroit envoyer ses nonces dans une ville hérétique.

Cette même difficulté avoit été faite de la part du pape dans le temps que le cardinal Spada étoit nonce auprès de Sa Majesté. Mais, outre que l'on fit connaître que le ministre de Sa Sainteté auroit liberté entière de l'exercice de la religion à Nimègue et qu'au plus il pourroit demeurer dans une ville catholique qui en seroit proche, il se rencontroit encore que Nimègue avoit été nommé par Sa Majesté pour le lieu des conférences avant qu'Elle n'eût accepté la médiation du pape, et qu'il n'étoit presque plus libre de la changer.

Ainsi l'on peut croire, ou que l'Espagne ne prendra plus ce prétexte pour éloigner les conférences, ou que, si elle cherche ce moyen de suspendre la négociation, les Etats-Généraux, qui témoignent la souhaiter ardemment, l'obligeroient à s'en désister.

C'est dans le même esprit de retarder l'assemblée de la paix que le duc de Villa-Hermosa, gouverneur des Pays-Bas catholiques, a témoigné au roi de la Grande-Bretagne qu'il n'avoit pas pouvoir de donner des passeports aux plénipotentiaires de Sa Majesté. Mais cet obstacle n'arrêtera point leur voyage. Le roi a déjà fait écrire au roi de la Grande-Bretagne pour en obtenir des yachts et des vaisseaux, qui serviront au transport de leurs personnes et de leurs équipages jusques en Hollande. Il leur sera aisé en cette sorte de se rendre en peu de temps à Nimègue.

Ils y trouveront apparemment le sieur Tempel, un des ambassadeurs du roi de la Grande-Bretagne. Les deux autres, qui doivent exercer la médiation avec lui, sont milord Barkley et le sieur Jenkens. Le premier est présentement auprès de Sa Majesté, d'où il doit continuer son voyage: l'autre doit passer directement de Londres à Nimègue.

Selon les apparences, les ambassadeurs des Etats-Généraux[4] se seront rendus les premiers dans cette ville, qui est de leur obéissance. Mais, pour ceux de l'Empereur et l'Espagne,[5] il y a moins d'apparence qu'ils y doivent être si tôt.

Lesdits sieurs ambassadeurs sont tellement instruits, par leur propre expérience, des cérémonies, qui s'observent entre les ambassadeurs qui se trouvent en un même lieu, qu'il n'est point besoin de leur dire que le dernier venu envoie donner part de son arrivée à tous les autres, dont il reçoit ensuite les visites. Ils sauront seulement que, dans un lieu consacré à la paix, ils doivent observer les mêmes civilités avec les ministres des ennemis qu'avec ceux des alliés.

Mais à quoi ils doivent prendre soigneusement garde c'est à conserver le rang et la prééminence, qui sont dûs aux ambassadeurs de Sa Majesté, et à se faire visiter les premiers par les ambassadeurs étrangers. C'est pour ce sujet qu'ils doivent être avertis que, si quelques ministres ou visitoient les premiers ou rendoient la visite aux ambassadeurs d'Espagne sous prétexte qu'ils en auroient été vus avant ceux de France à leur arrivée, ils refuseroient de recevoir celles qu'ils leur voudroient rendre ensuite.

Ils ne pourront trouver cette difficulté qu'à l'égard des ambassadeurs d'Espagne. Ceux de l'Empereur ont un rang qui n'est pas contesté et, à l'égard de l'Angleterre, sa qualité de médiatrice fait que naturellement toutes les parties peuvent s'adresser à elle la première.

Lesdits sieurs ambassadeurs n'auront aucune cérémonie à observer dans leur entrée de celles qui s'observent dans les cours, où les rois et les princes envoient recevoir les ambassadeurs et les prendre dans leurs carrosses pour les conduire dans la maison qui leur a été préparée. Nimègue, bien que dans la juridiction des Etats, est regardée en cette rencontre comme une ville neutre. Ainsi, bien que lesdits ambassadeurs prennent un jour pour faire paraître tout leur équipage et faire leur entrée publique, ils n'en feront donner part tout au plus qu'au magistrat et au gouverneur de la ville.

Lesdits sieurs plénipotentiaires prendront soin de lier d'abord un commerce étroit avec les ambassadeurs du roi de la Grande-Bretagne. Pourvu qu'ils suivent l'intention du roi, leur maître, ils les trouveront bien disposés pour les intérêts de Sa Majesté. Milord Barkley y a toujours paru affectionné. Les sieurs ambassadeurs de Sa Majesté à Cologne se sont loués de la conduite du sieur Jenkens. On auroit plus de sujet d'appréhender le sieur Tempel, qui, ayant été employé au traité de la Triple Alliance, a, depuis, témoigné quelque affection pour l'Espagne et pour la Hollande. Il faut croire toutefois qu'il suivra ses instructions et, bien que l'on donne cette connaissance aux sieurs ambassadeurs plénipotentiaires, ils auront soin de la lui cacher en lui témoignant plus de confiance.

L'interruption, que cause la guerre du Danemark[6] au commerce avec la Suède, fait que l'on ignore encore si cette couronne donnera ses ordres pour faire passer bientôt ses ambassadeurs au traité de paix. Le roi d'Angleterre, comme médiateur, a fait instance à Copenhague pour rétablir la liberté des lettres, puisque autrement la Suède, qui se trouve partie principale dans la paix, ne pourroit pas y intervenir. Cette difficulté sera peut-être levée avant que les ambassadeurs de Sa Majesté se soient rendus à Nimègue. Mais il y a apparence que le comte Sparre et le sieur Ernstein seront chargés des intérêts de la Suède.[7] Lesdits sieurs ambassadeurs auront soin de garder une étroite correspondance avec eux, de leur faire connaître avec quelle affection Sa Majesté portera en toute rencontre les intérêts du roi, leur maître, et de les assurer que, dans toute la négociation, il ne les séparera point des siens.

Après avoir fait connaître auxdits sieurs ambassadeurs plénipotentiaires la conduite que Sa Majesté désire qu'ils gardent dans leur arrivée et dans leur première cérémonie à Nimègue, Sa Majesté veut qu'ils soient instruits de la manière dont ils auront à agir dans la négociation.

Il n'est point besoin de rapporter ici l'état auquel étoient les affaires, lorsque les conférences furent rompues à Cologne. Il s'agissoit alors particulièrement de l'intérêt des Hollandais. L'Empereur et l'Espagne se sont chargés, depuis, du principal poids de la guerre, et les divers évènements, que les différents succès des armes ont causé depuis, donnent une tout autre face au traité. Au lieu que la plus grande discussion tomboit alors sur les conquêtes que le roi avoit faites sur les Hollandais, elle se tournera à cette heure sur celles que Sa Majesté a faites sur l'Espagne.

Mais, parce que Sa Majesté ne croiroit aucune utilité à instruire présentement ses ambassadeurs des conditions auxquelles Elle pourroit faire la paix, parce qu'elles peuvent être augmentées ou diminuées selon les diverses circonstances qui peuvent naître, et qu'il est de la fonction naturelle des médiateurs d'en faire les ouvertures, Elle leur ordonne seulement de répondre sur les premières demandes, qui leur seroient faites, en la manière qu'Elle s'est expliquée jusques à cette heure avec le roi de la Grande-Bretagne.

Ce prince a voulu savoir d'Elle diverses fois à quelles conditions Elle voudroit faire la paix. Mais, sans entrer dans rien de plus particulier avec lui, Elle lui a témoigné seulement que, lorsqu'Elle avoit déclaré de concert avec lui[8] une juste guerre à la Hollande, et qu'Elle s'étoit vue, depuis, attaquée contre toute justice et contre la foi des traités par l'Empereur et par le roi d'Espagne, Elle croyoit pouvoir prétendre avec raison que les choses demeurassent en l'état auquel le sort des armes les avoit mises.

Elle y avoit ajouté seulement que, pour faire connaître à ce prince qu'Elle vouloit bien seconder ses bonnes intentions pour le repos de l'Europe, Elle seroit prête d'admettre une suspension d'armes, pourvu toutefois qu'elle ne pût être moindre que de trois ou de quatre années. Qu'autrement elle seroit inutile, puisque l'on seroit obligé d'entretenir de part et d'autre, si elle se bornoit à un temps plus court, toutes les troupes qui sont aujourd'hui sur pied.

Cette réponse sera celle que lesdits sieurs ambassadeurs de Sa Majesté pourront faire aux premières demandes des médiateurs. Sa Majesté ne doute pas qu'ils ne la regardent comme bien éloignée de ce qui peut faire la conclusion du traité; mais, outre que lesdits sieurs ambassadeurs lui rendront compte des propositions qui leur seront faites, ils auront donné jour à celle d'une suspension d'armes à longues années.

Ils éviteront de faire croire qu'elle fût désirée par Sa Majesté et la laisseront envisager seulement comme un effet de la condescendance que le roi avoit eu pour les sentiments du roi de la Grande-Bretagne.

Comme les Espagnols n'appréhendent rien tant que de voir finir la guerre par une prompte négociation, il y a toute sorte d'apparence qu'ils éloigneront leurs alliés, autant qu'il sera en eux, d'accepter un parti capable de conduire plus sûrement à la paix. Les Etats-Généraux et les princes de l'Empire, qui se sentent ruinés pour l'intérêt et l'ambition de la maison d'Autriche, ne seront peut-être pas dans le même sentiment.

En ce cas, lesdits sieurs ambassadeurs contribueront ce qui sera en eux pour le succès de cette pensée. Mais, parce que ce seroit y former un obstacle, plutôt que d'y apporter une facilité, que de laisser voir la disposition qu'ils auroient à l'admettre, il sera de leur adresse de la cacher, de telle sorte toutefois qu'ils excitent dans les Etats-Généraux plus de désir de l'obtenir.

Par la connaissance plus particulière, qui revient à Sa Majesté, des sentiments de cette république, la durée d'une guerre qui lui est désormais inutile, l'interruption du commerce et l'épuisement des peuples incapables de fournir dorénavant aux dépenses de l'état y ont fait naître un ardent désir pour la paix. N'étant plus touchés par leur intérêt particulier, aujourd'hui que Maestricht seul reste entre les mains de Sa

Majesté, ils paraissent continuer seulement dans le dessein de faire la guerre par la vue de ce qu'ils doivent à l'Espagne et par la crainte de la grande puissance du roi dans leur voisinage, si Sa Majesté se rendoit maîtresse des Pays Bas.

Pour ce qui touche ce premier motif de reconnaissance, l'on peut croire qu'il ne seroit pas assez fort pour engager des peuples à soutenir une guerre qui leur seroit ruineuse, puisque, outre que la multitude n'est guère capable de cette délicatesse d'honnêteté, l'expérience nous a fait connaître qu'elle ne fut pas assez forte à Munster pour tenir les Etats-Généraux attachés à la France, à qui ils étoient alors beaucoup plus redevables qu'ils ne le sont aujourd'hui à l'Espagne.

Pour ce qui regarde la jalousie du voisinage de la France, comme les conquêtes de Sa Majesté sur le Roi Catholique se sont bornées jusques à cette heure en des lieux séparés de la Flandre, tels que la Franche-Comté, le duché de Limbourg et Messine, ils ne doivent pas concevoir une nouvelle appréhension de ces provinces, qui approchent bien moins la France de ses frontières que n'avoit déja fait le traité d'Aix-la-Chapelle.[9]

Ces raisons devroient faire croire que les Etats-Généraux, lassés de la guerre, ou porteroient les Espagnols à une paix raisonnable ou seroient capables de faire la leur particulière, s'ils gardoient l'espérance de les y disposer.

Il n'est point nécessaire de dire aux sieurs ambassadeurs que rien ne seroit tant du service de Sa Majesté que de voir les Etats divisés en cette sorte de l'Espagne. C'est pour ce sujet que Sa Majesté demande toutes leurs insinuations et toute leur adresse auprès des ambassadeurs de cette république. Ils témoigneront agir sincèrement avec eux dans le désir de faire la paix. Ils rappelleront dans leurs entretiens l'amitié constante que la France a toujours eue pour leurs Provinces depuis leur première union. Ils n'attribueront qu'à la mauvaise conduite de quelques particuliers le juste sujet qui avoit excité le ressentiment de Sa Majesté. Ils feront voir que ces altérations dans les alliances des états, comme dans les amitiés particulières, servent souvent à les rendre plus fortes et plus étroites. Ils rappelleront le souvenir des intérêts de la France et de leur république, qui ont toujours été les mêmes contre l'Espagne et qui subsisteront toujours. Ils feront voir le roi disposé à rendre son affection aux Etats-Généraux après cette guerre finie, à procurer leurs avantages et à favoriser le bien de leur navigation et de leur commerce.

Ils ne toucheront ce dernier point qu'en ces termes très généraux, mais qui seront ceux toutefois auxquels les Etats pourroient être le plus sensibles. Ils n'ont rien souhaité davantage qu'un règlement de commerce en suite du traité de 1662. Sa Majesté a toujours cru devoir éloigner leurs demandes et peut-être même croit-Elle encore de son service de ne point changer de sentiment. Mais, comme rien n'est si capable de plaire aux Etats, il peut être avantageux de les mettre en état de se flatter de quelque espérance, sans contribuer toutefois à la leur donner que par des paroles générales et qui ne portent aucun engagement.

Autant que Sa Majesté est bien avertie du désir des Etats-Généraux pour finir la guerre, autant a-t-Elle sujet de croire que le prince d'Orange n'est pas dans ce sentiment. L'intérêt des peuples est de se délivrer des contributions par la paix: celui de ce prince est de conserver son crédit et son autorité par la guerre. Ainsi, il sera encore de l'adresse desdits sieurs ambassadeurs, en cas qu'ils en trouvent l'occasion, de toucher ce prince par sa propre utilité. Ils ne peuvent s'en déclarer ouvertement aux ambassadeurs, comme ils auront lieu de le faire sur tout le reste. Mais, comme ce prince aura apparemment quelqu'un de sa confidence dans cette assemblée, ils chercheront les moyens de lui faire pénétrer les sentiments de Sa Majesté.

Le sieur d'Odik, qui doit être un des ambassadeurs des Etats-Généraux, ainsi qu'il l'a déjà été à Cologne, est tout à fait dans la confiance et dans la dépendance de ce prince. Comme il est homme assez ouvert, qui fuit la cérémonie et aime la compagnie, il acquerra bientôt avec eux la même familiarité qu'il avoit avec les plénipotentiaires de Sa Majesté à Cologne.[10] Lorsqu'elle sera établie, lesdits sieurs ambassadeurs trouveront naturellement assez de jour pour lui parler favorablement des sentiments de Sa Majesté pour le prince d'Orange. Outre tout ce que l'on peut dire de sa maison, qui a, durant un si long temps et sous tant de grands personnages, été si confidemment attachée à la France, ils l'assureront de l'amitié et de l'estime particulière de Sa Majesté pour lui. Ils lui témoigneront que, bien que dans une guerre qui se faisoit contre Elle, Elle a vu avec plaisir que les Etats-Généraux lui aient remis les charges et le commandement des armes, que la faction de ses ennemis avoit voulu lui ôter. Qu'Elle désire que les avantages soient toujours continués dans sa maison, et qu'Elle contribuera volontiers à ce qui pourra servir à son élévation et à son établissement.

Il suffira que le prince d'Orange se voie assuré par ces paroles générales de la bonne volonté du roi et que l'assurance qu'il en concevra le mette en état de la mériter.

Selon le succès qu'auroient ces premières ouvertures, tant auprès des Etats-Généraux qu'auprès du prince d'Orange, Sa Majesté pourra juger, en suite du compte que lui en rendront lesdits sieurs ambassadeurs, de ce qu'Elle pourroit faire de plus pour accoutumer tellement toute la république des Etats-Généraux au désir de se rapprocher de la France qu'elle obligeât l'Espagne à la paix ou qu'elle portât la Hollande à se séparer d'elle.

De la même manière qui'il est du service de Sa Majesté que les Etats-Généraux, reprenant pour Elle leurs premiers sentiments de reconnaissance et d'amitié, se détachent insensiblement de leur liaison avec l'Espagne, il lui importe que les princes de l'Empire, qui auront leurs ministres à Nimègue, confondent avec moins d'ardeur leurs intérêts avec ceux de la maison d'Autriche. Pour cela, lesdits sieurs ambassadeurs pourront insinuer à ces mêmes ministres, lorsqu'ils auront des occasions naturelles de leur parler et de les entretenir, que Sa Majesté ne s'est pas vue, sans beaucoup de peine, engagée dans une guerre qui embrasse aujourd'hui une si grande partie d l'Allemagne. Qu'Elle n'a jamais rien désiré davantage qu'une exacte et religieuse observation du traité de Munster. Qu'Elle l'a regardé comme un fondement solide et inébranlable de l'amitié de la France et de l'Empire. Qu'il n'auroit jamais été alteré si l'Empereur n'avoit préféré son intérêt et son ambition particulière au repos de sa patrie. Que Sa Majesté s'est toujours déclarée que, l'ayant vu violé avec douleur, Elle contribueroit avec joie à lui rendre sa première force, et que, n'ayant opposé qu'une juste défense à une injuste agression, Elle verroit avec plaisir que l'Allemagne fût redevable une seconde fois à l'observation des traités de Westphalie du rétablissement de son repos.

Sa Majesté s'est toujours expliquée en ce sens par divers mémoires qu'Elle a fait répandre dans l'Empire, particulièrement dans la diète de Ratisbonne. Il sera bon que ses ambassadeurs parlent en cette même sorte dans une assemblée, qui attirera l'attention de toute l'Europe, et que tant de princes, qui gémissent aujourd'hui en Allemagne sous les quartiers que l'Empereur distribue souverainement dans leurs pays, connaissent le moyen si facile qui leur est ouvert pour se délivrer de ce poids.

Sa Majesté désire d'autant plus que lesdits sieurs ambassadeurs fassent voir la tranquillité de l'Empire attachée au rétablissement des traités de Westphalie en général que l'intérêt de la Suède[11] se trouve joint en cette sorte à celui de Sa Majesté, et que les ambassadeurs de cette couronne verront que Sa Majesté ne les sépare point des siens dans le moyen de donner la paix à l'Empire.

Ce sont les vues générales que Sa Majesté peut avoir aujourd'hui pour la conduite desdits sieurs ambassadeurs dans les premiers temps de leur arrivée à Nimègue. Le compte, qu'ils auront lieu de lui rendre, des ouvertures qui leur seront faites par les médiateurs, des conditions et des demandes qui seront faites par le parti contraire, mettront Sa Majesté en état de leur faire connaître particulièrement ses intentions par ses dépêches, qui leur serviront d'une continuelle et exacte instruction.

Monsieur l'évêque de Strasbourg aura ses envoyés à Nimègue pour y discuter ses intérêts. Mais, quelque soin qu'ils y donnent, ils recevront leur principale force des offices de Sa Majesté. Comme ce prince a souffert jusques à cette heure de la fidélité qu'il a eu pour son alliance, Sa Majesté désire qu'il ressente l'effet de sa protection. Et c'est pour ce sujet que, de même que ses envoyés auront ordre de se conduire par l'avis desdits sieurs ambassadeurs, Elle veut que lesdits sieurs ses ambassadeurs leur témoignent qu'ils sont chargés par Sa Majesté d'agir fortement pour procurer la satisfaction et les avantages de ce prince.

Mais, parce que Sa Majesté est particulièrement touchée de la liberté du prince Guillaume de Furstemberg, ils auront soin de faire souvenir les ambassadeurs d'Angleterre que c'est sur les instances du roi, leur maître, que Sa Majesté s'est remise à ses offices pour obtenir cette condition, afin qu'ils agissent pour en faire accorder l'effet. Et, comme le roi de la Grande-Bretagne a assuré de même Sa Majesté que les Etats-Généraux agiroient fortement dans le même esprit auprès de l'Empereur, lesdits sieurs ambassadeurs témoigneront à ceux desdits Etats-Généraux combien ils sont engagés à travailler, conjointement avec le roi de la Grande-Bretagne, pour obtenir l'effet des assurances qu'ils ont données. Enfin ils n'oublieront rien de ce qui pourra faire connaître davantage combien Sa Majesté affectionne le succès de cette affaire.

Le marquisat de Berg-op-Zoom, qui appartient à la dame comtesse d'Auvergne,[12] ayant été confisqué depuis cette guerre par les Etats-Généraux, Sa Majesté désire que lesdits ambassadeurs appuient la discussion de cette affaire et la restitution de la terre dans le traité de paix, suivant les mémoires qui leur en seront envoyés.

Bien que le roi de la Grande-Bretagne agisse seul jusques à cette heure comme médiateur dans la paix, le pape et la république de Venise ont été agréés en cette même qualité par le roi, par l'Empereur et par le Roi Catholique. Sa Sainteté même avoit déjà nommé le sieur archevêque de Ravenne[13] pour son nonce extraordinaire au traité de paix. Mais, parce qu'il avoit une dépendance trop connue du sieur cardinal Altieri, dont Sa Majesté a tant de sujets d'être mécontente, Elle a témoigné à Sa Sainteté qu'Elle ne pourroit lui remettre la discussion de ses intérêts. Si le pape fait un autre choix[14] d'une personne agréable à Sa Majesté, Elle ne fera point de difficulté de l'admettre. Mais ce sera à Sa Sainteté à surmonter celle qu'elle a formée jusques à cette heure sur le lieu de Nimègue, que Sa Majesté est très résolue de ne point changer. Et ce sera à Sa Sainteté à en proposer les expédients.

Pour la république de Venise, il y a apparence qu'Elle enverra bientôt un ambassadeur.[15] La voix publique semble avoir destiné pour cet emploi ou le procurateur Nani ou le procurateur Corraro. Tous deux ont été ambassadeurs en France. Tous deux y ont acquis beaucoup de réputation, et tous deux paraissent bien intentionnés pour les intérêts de Sa Majesté. En cas qu'ils fussent choisis et qu'ils allassent à Nimègue, les sieurs ambassadeurs leur témoigneront le cas que Sa Majesté fait de leur république, la confiance qu'Elle prend en sa médiation, et l'estime qu'Elle a pour leurs personnes. Ainsi lesdits sieurs ambassadeurs tâcheroient à prendre plus de liaison avec eux et à se les rendre favorables.

En cas que Dieu permette que cette négociation se termine par la signature d'un traité de paix, Sa Majesté désire que l'article, qui y sera mis pour l'inclusion des alliés, soit couché en la même manière que fut celui du traité de Munster, et qu'il y soit exprimé en général que les princes et états, qui y devroient être compris tant par une partie que par l'autre, seront nommés dans le terme de six mois.

Madame la duchesse de Savoie[16] a fait représenter à Sa Majesté par le sieur comte Ferreri, son ambassadeur, que, bien que dans le traité de Munster il eût été stipulé positivement que l'Empereur donneroit l'investiture de la partie du Montferrat et des terres qui avoient été cédées au duc Victor-Amédée par le traité de Cherasque,[17] feu Monsieur le duc de Savoie n'avoit pu l'obtenir, bien qu'il eût envoyé la demander par un ambassadeur extraordinaire à Vienne. Ledit sieur comte Ferreri a fait connaître de même à Sa Majesté que Monsieur le duc de Savoie[18] n'avoit pu être payé jusques à cette heure par le Roi Catholique de la dot de l'infante Catherine,[19] bien que cette obligation fût positivement stipulée par l'article 93 du traité des Pyrénées. Et que, comme dans l'un et dans l'autre de ces traités, Messieurs les ducs de Savoie avoient été particulièrement redevables de ces articles à l'appui et à l'alliance de Sa Majesté, Madame la duchesse de Savoie espéroit que, dans celui qui se pourroit conclure à Nimègue, Elle voudroit bien lui en faire obtenir l'effet. Ledit sieur ambassadeur a témoigné de plus que Madame la duchesse de Savoie enverroit un ministre au traité de paix pour y faire connaître ses intérêts. Et, comme Sa Majesté a toujours eu une affection particulière pour tout ce qui a regardé la maison de Savoie, Elle désire que lesdits sieurs ambassadeurs et plénipotentiaires témoignent au ministre, qui y sera envoyé de la part de cette princesse, qu'ils ont ordre du roi de porter ses intérêts autant qu'il sera en eux. Pour cela, ils entendront ses raisons, prendront ses mémoires et en rendront compte à Sa Majesté, dont ils recevront ensuite les ordres plus particuliers touchant la manière dont ils auront à se conduire pour faire réussir cette affaire.

Addition à l'Instruction des Plénipotentiaires du roi pour le traité de paix de Nimègue, [23 Décembre 1675].

Depuis que Sa Majesté a fait préparer cette instruction pour ses ambassadeurs plénipotentiaires, Elle a eu avis que le Roi Catholique avoit résolu d'accorder les passeports et qu'il en avoit envoyé l'ordre au duc de Villa-Hermosa. Ainsi, comme leur chemin sera plus commode par terre que par mer, Elle a dépêché au marquis de Ruvigny pour porter le roi de la Grande-Bretagne à les demander au gouverneur des Pays Bas et à contremander en cette sorte les yachts et les vaisseaux d'Angleterre, qui devoient venir à Dieppe. Sa Majesté a même fait témoigner au roi de la Grande-Bretagne que, pour épargner un aussi long détour que seroit celui de faire passer ces passeports par Londres, il ordonnât à son résident à Bruxelles de les envoyer droit à Charleroy, d'ou le sieur de Montal auroit soin de les faire passer incessamment auxdits sieurs ambassadeurs à Charleville. C'est où Sa Majesté leur ordonne de se rendre sans perdre de temps et d'où ils continueront plus aisément leur route à Nimègue par la Meuse, lorsqu'ils auront reçu les passeports d'Espagne et de Hollande.

Addition à l'instruction des sieurs Duc de Vitry, pair de France, Colbert, Marquis de Croissy, et de Mesmes, Comte d'Avaux, ambassadeurs extraordinaires et plénipotentiaires pour le traité de paix de Nimègue, [3 Janvier 1676].

Bien qu'il n'ait point été parlé dans l'instruction, qui a été remise auxdits sieurs plénipotentiaires, des quarante-huit mille écus appartenant à Sa Majesté, qui furent saisis par les ministres de l'Empereur à Cologne dans le même temps que le prince Guillaume de Furstemberg y fut arrêté, l'intention de Sa Majesté est que lesdits sieurs ambassadeurs en mettent la restitution au nombre de leurs premières demandes, et qu'ils joignent cette affaire à l'instance pour la liberté dudit sieur prince Guillaume, à laquelle elle est en quelque sorte naturellement unie. Sa Majesté les a toujours comprises l'une et l'autre dans les mémoires publics qu'Elle a donnés pour se plaindre de la conduite de l'Empereur. Elle ne les sépare point encore aujourd'hui. Elle y apporte seulement cette différence qu'au lieu qu'Elle les avoit toujours regardées comme des préliminaires nécessaires, sans lesquels Elle ne pouvoit entrer en traité, Elle veut bien qu'elles fassent partie des conditions sur lesquelles la paix peut être conclue.

Sa Majesté croit toutefois que, pour avancer la liberté du prince Guillaume de Furstemberg, lesdits sieurs ambassadeurs pourroient faire connaître aux ambassadeurs d'Angleterre que Sa Majesté s'est absolument promise, suivant la parole du roi, leur maître, qu'elle seroit un des premiers points qui seroient exécutés au commencement de l'assemblée. Si ces ministres pouvoient craindre que la France ne passât pas plus avant si elle n'étoit satisfaite sur cet article, ils pourroient faire appréhender aux Hollandais que Sa Majesté ne passât pas plus avant et ne sursît encore le traité de paix, si

Elle n'obtenoit, suivant les promesses du roi d'Angleterre, une si juste prétention. Mais lesdits sieurs plénipotentiaires doivent laisser aux ambassadeurs d'Angleterre le soin de concevoir et d'insinuer cette crainte sans s'en expliquer eux-mêmes, parce que, l'intention de Sa Majesté n'étant point de rompre l'assemblée, quand bien même il y auroit quelque retardement sur la liberté dudit prince Guillaume, il importe de ne pas faire une menace que l'on n'est point en dessein de soutenir. Fait à Saint-Germain en Laye, ce 3ᵉ jour de janvier 1676.

Addition à l'instruction de sieur Duc de Vitry, du sieur Colbert, Marquis de Croissy, et du sieur de Mesmes, Comte d'Avaux, ambassadeurs extraordinaires et plénipotentiaires de Sa Majesté au traité de paix, [2 Avril 1676].

Le roi, voulant faire jouir le sieur prince d'Espinoy de la même protection que sa maison a reçue ci-devant des rois prédécesseurs de Sa Majesté et de Sa Majesté même, particulièrement dans le traité des Pyrénées, désire que lesdits sieurs ambassadeurs portent dans le traite de paix les intérêts dudit prince, touchant quelques terres qu'il prétend lui appartenir dans les Pays-Bas du Roi Catholique et dont ses prédécesseurs auroient été dépouillés en haine de leur attachement à la France. C'est sur quoi lesdits sieurs ambassadeurs seront plus particulièrement instruits par les mémoires qui leur seront fournis par ledit sieur prince. Fait à Saint-Germain, ce 2 avril 1676.

1 Deren Instruktion (vom 28. April 1673) im Recueil Hollande, 304–344.
2 Der erkrankte, allerdings erst im Mai 1679 verstorbene Duc de Vitry wurde dann durch den Marschall d'Estrades ersetzt.
3 Lira bzw. Crampricht.
4 Beverningk, Haren und d'Odik.
5 Kinski, Stratmann und Goes bzw. Ronquillo, Christin und Los Balbases, später auch noch La Fuente.
6 Der dänisch-schwedische Krieg hatte im September 1675 begonnen.
7 Das bestätigte sich dann freilich nicht.
8 1672 aufgrund des Vertrages von Westminster.
9 1668 (Abschluß des Devolutionskrieges).
10 D. h. auf dem (gescheiterten) Kölner Friedenskongreß.
11 Außer an die Funktion Schwedens als Garantiemacht des Westfälischen Friedens ist hier auch an die erheblichen territorialen Verluste Schwedens in Pommern zu denken.
12 Die Hohenzollernprinzessin Henriette Franziska, seit 1661 vermählt mit dem Grafen Frédéric d'Auvergne.
13 Fabius Guinigi.
14 In der Tat entschied sich der Papst dann für den Wiener Nuntius Bevilacqua.
15 Ein venezianischer Friedensvermittler wurde in Nimwegen dann nicht aktiv.
16 Marie Jeanne Baptiste de Nemours, seit 1665 vermählt mit Karl Emanuel II. von Savoyen, Regentin seit dem Juni 1675.
17 Vertrag von Cherasco 1631 Apr.6.
18 Viktor Amadeus II., Herzog seit 1675 Juni 12.
19 Die Tochter Philipps II. und Gemahlin Karl Emanuels I. von Savoyen, gest. 1597.

b) Instruktion für die kaiserlichen Diplomaten zum Nimwegener Friedenskongreß, 1676 Juni 24

Haus-, Hof- und Staatsarchiv Wien, Reichskanzlei Friedensakten 111, fol. $48^r - 60^r$

Instruction und Befelch, waß Unsere zu denen dermahlen nacher Niemegen veranlasten allgemeinen Fridens-Tractaten verordtnete Kayserliche Plenipotentiarij und Gesandte, der ehrwürdig Johann Bischoff zu Gurck, Unser Fürst, Rath und lieber Andächtiger, auch der hoch- und wohlgeborne Unser Rath, Cammerer, Königlicher Statthalter, des grössern Landtrechtens Beysizer, Appellationsresident und Hoffmaister Unsers Königlichen Hoffs in Unserm Erbkönigreich Böheimb und des Reichs lieber getreuer Franz Ulrich Graff Kinsky [etc.] daselbst sambt und sonders zu beobachten und zu verrichten haben.

Demnach es nunmehro an deme, daß mit allerseits interessirter Theilen Bewilligung dahin zu sehen ist, wie dem, occasione deren anfänglich am Rheinstrom und selbiger Orthen erregter gefährlicher motuum, entstandenen bluetigen Christen-Krieg dermahlen einst, mittelst Schliessung eines allgemeinen reputirlichen, sicheren und beständigen Friedens und zu solchem Ende beliebter Tractaten, das Ziehl zu stecken sein mögte? Und dan dem eingeloffenen Bericht nach die Königlich französische Gevollmächtigte bereits zu Niemegen, als dem der Zeit erkiesten loco tractatuum, angelangt, als will auch die Abrayß der Unsrigen umb soviel mehr zu befürdern und von hier ohnverlengt fortzusezen sein, weilen dieselbe wegen weiter Entlegenheit daselbst nicht so geschwindt eintreffen können; anbey zu besorgen ist, es dörffte bey der Sachen längerer Verweilung ein- und anders einseitig abgehandelt, und etwan die GeneralStaaten der Vereinigten Niderlanden von Franckreich zu Eingehung eines Particular-Tractats verlaitet werden. Dannenhero obernante Unsere Kayserliche Plenipotentiarij ihre Sachen darnach zu richten wissen werden, damit sie nach alschon eingeschickten hiebey verwahrten Königlich französisch- und schwedischen salvis conductibus gleich bey Empfang dieser auff sy gestelten Instruction und darzu gehörigen Notturfften von hier abraisen und sich, so bald als es sein kan, in besagtem Niemegen einfinden mögen. Warbey sy iedoch zu beobachten haben, weilen Herkommens ist, das die sich zum ersten einfindende Gesandte denen nach ihnen ankommenden auf vorhergehende gebührende Notification ihrer Ankunfft die Visiten zum ersten erstatten, damit sy zu Verhüettung alles ihnen etwan aus ersterer Besuechung zu gewarten stehenden Praeiudiz ihren Einzug also anstellen, das sy sich nit zum ersten in loco congressus befinden, sondern sowohl respectu der gekrönten Häubtern als der churfürstlichen und holländischen Gesandten, wo möglich und wan nicht sonsten, wie obgedacht, ein einseitiger voreylender Schluß zu befahren ist, die allerlezte seyen, und mithin von allen anderen zum ersten besuecht werden mögen.

Und dieweilen sich in deme underschiedliche Difficulteten hervorthuen dörfften, das nit allein die churfürstliche Gesandte denen holländischen nicht werden weichen, sondern auch diesen letzteren theils fürstliche nach dem noch frischen, vor einigen Jahren zu Bilefeld[1] mit Pfalz Newburg vorgewesten Exempl vorgehen wollen, benebens am Tage ist, das bey gegenwertigem Reichstag zu Regenspurg anfänglich von denen Churbaye- und Brandenburgischen sogar von des Bischoffen zu Eychstett Andacht als Unserem Kayserlichen PrincipalCommissario[2] in dero aigenen Behausung die Oberhandt praetendirt und umb deßwillen so lange Zeit die Visite verschoben, auch nachgehendts von theils churfürstlichen Primarijs Unserm Kayserlichen Commissario Secundario die Praecedenz ganz newerlich disputirt worden; also haben Unsere Kayserliche Plenipotentiarij, damit der bey solchen offentlichen Zusammenkunfften üblicher Curialien halber nicht etwan einiger Verstoß vorlauffe, sowohl wegen des Empfangs und Erstattung der Visiten als der Oberhandt, Beglaitung, Titulatur und dergleichen Complimenten ihre Richtschnur nach denen Münster- und Oßnabruggischen FridensTractaten zu nehmen[3] und sich dem iehnigen zu conformiren, wie es daselbst in ein- und andern, obwohlen mit der Kayserlichen der Orthen erschienener Gesandtschafften außtrucklicher Protestation, daß solches ins künfftig zu einigem Praeiudiz nicht allegirt werden, weniger geraichen solte, gehalten werden, allermassen es aus denen vorhandenen ihnen bereiths zuegestelten Actis mit mehrerm zu ersehen und benebens darinnen zu finden ist, wie selbiger Zeit gedachte Kaiserliche Gesandte sich gegen den Päbstlichen Nuncium[4] (als deme die Praerogativ vor allen anderen undisputirlich gebühret) zu verhalten instruirt worden, deme dann auch anietzo nachzuleben und vor allem sich mit gueter Manier dahin zu bearbaithen sein wirdt, weilen die Päbstliche Heyligkeit nit allein Bedencken träget, die ihrige nacher Niemegen, sondern auch an andere Orth, welche einem uncatholischen Herrn gehörig, abzuschicken, daß ein allerseiths beliebiger Orth pro congressu benambset werden möge, wie Wir dann auch zu diesem Ende Unserm Residenten im Haag, dem Kramprich, gnädigst anbefohlen, sowohl bey dem daselbst anweesenden Königlich spanischen Ministro[5] als gedachten GeneralStaaten, iedoch ohne Machung eines FormalNegotij, und daß nicht etwa dem Werck dardurch einige newe Hindernus zuegezogen werde, dergleichen officia einzuwenden.

In deme es sich nun hauptsächlich an der Mediatorum Gesandtschafften stossen und bis wegen deren Annehm- und Erscheinung alles zum Standt gebracht werde, noch eine geraume Zeit verstreichen dörffte, sintemahlen es nit allein mit Seiner Päbstlichen Heyligkeit erst erwehnte Beschaffenheit hat, sondern auch die zwischen der Cron Spanien und Republicque von Venedig wegen längsthin in denen Schiffen angehaltener Mannschafft entstandene Mißhelligkeiten[6] annoch nicht beygelegt, herentgegen von der Cron Spanien des Königs in Engelland Liebden beraiths pro Mediatore angenohmen worden, und man dahero vorschüzen dörffte, daß, wer einen Mediatorn abgeben wolte, derselbe nach Niemegen zu kommen hette; Alß haben Wir zwar mit dem spanischen Pottschafftern an Unserm Kayserlichen Hoff[7] hierüber communiciren lassen, ob nicht einige Hoffnung zu machen, daß man sich mit Venedig accomodiren und immittelst die engelländische Mediation, iedoch mit außtrucklichen Vorbehalt der päbstlichen und venedischen Adjunction acceptiren mögte? Welcher dan, daß erstberührte güetliche Beylegung erfolgen werde, guete Hoffnung, jedoch deßwegen dato einige sichere Nachricht nicht hat, im übrigen aber gleicher Gestalt der Mainung ist, daß der Sachen sehr vorträglich sein würde, wan Wir die Unserige alsobald nacher mehrbesagtem Niemegen abschicken thetten, und Uns daselbst umb einen dritten Orth bewerben liessen, sintemahlen der alhier anweesende Nuncius Apostolicus[8] austrucklich protestirt, daß die Päbstliche Heyligkeit an ein solches Orth, welches einem anderen als der catholischen Religion zuegethanem Herrn gehörig seye, nimmermehr schicken werde.

Anlagend den modum conveniendi et consultandi mit denen Mediatoribus, geben gleichfalls vorberührte Münsterische Tractaten guete Nachricht, wie es damahls gehalten worden, deme Unsere Kayserliche Plenipotentiarij nicht weniger aniezo nachzugehen, und weilen die Befürderung der negotiorum an vertrewlicher Correspondenz und gueter Einverständtnus haubtsachlich hafften thuet, mit Unserer gesambten Confoederirten und übrigen Interessirten Gesandten solche bey allen Vorfallenheiten bestmöglichst zu cultiviren, mit besagten Mediatoribus aber certo modo et respectu Communication zu pflegen und einem ieden deren mit aller Civilitet und Freundschafft zu begegnen, auch, wan es zum würcklichen Congress kombt, alsdan ihre erste Proposition (welche denen Mediatoribus, soviel deren gegenwertig, zu weiterer Hinderbringung schrifftlich zu behändigen ist) in terminis generalibus nachfolgender Gestalt zu verfassen haben:

Wir hetten seither Unserer angetrettenen Kayserlichen Regierung nichts mehrers gewünscht und gesuecht, als wie daß Heylige Römische Reich, Unser geliebtes Vatterland Teutscher Nation, sambt dessen zuegethanen und angehörigen getrewen Chur-, Fürsten und Ständen mit denen außländischen Cronen in gueter vertrewlicher Nachbarschafft leben, zwischen allerseits Underthanen die commercia vortgepflanzet und das alte Vertrawen in ungekräncktem Standt erhalten werden mögte, gestalten Wir dan Unsers Orths nichts hetten erwinden lassen, was zu Erraichung dieses so heylsamen Zwecks immer gedeylich sein könte. Seye aber höchst zu bedawern, das dergleichen bey beeden Cronen Franckreich und Schweeden so wenig gefrüchtet, sondern Wir, wie reichskündig, zu Ergreiffung der Waffen und Gegenwehr gezwungen worden weren.

Aldieweilen es iedoch nunmehro dahin gedyen, daß durch göttliche Verleyhung und deren N.N. als Mediatorn hochansehenliche Bemühung gegenwertige Zusammenkunfft zu Behandlung eines ehrlichen, sichern, allgemeinen und beständigen Fridens zwischen Uns, dem Römischen Reich, auch Unserm löblichen Erzhauß Österreich und allen Unsern confoederirten Assistenten und Angehörigen an einem, so dan beeden Cronen Franckreich und Schweeden am andern Theil, bestimbt und angesezt worden, auch ein ieder durch seine Gesandte und Pottschafften erschienen, und bey dergleichen Handlung die Gesandte sich zuvorderist gegen einander gebührend zu legimitieren, einfolglich de medijs pacis amicabiliter zu vernehmen hetten, alß wolten Unsere Kayserliche Plenipotentiarij ihre von Uns habende Vollmacht hiemit in originali producirt und übergeben haben, nicht zweifflend, daß die Königlich französisch- und schweedische Gesandte dergleichen thuen würden.

Soviel aber ersterwehnte media pacis anlangte, verhoffen Unsere Kayserliche Plenipotentiarij, das die H.H. Mediatores allschon bey beeden obgedachten Cronen penetrirt haben würden, was etwan für erbare, christliche, billiche, thuenliche Weeg und Mittel zu Beylegung dieses bluetigen ChristenKrieges, und dann zu Widerbeybring- und Erhaltung eines rechten, wahren, sicheren und beständigen allgemeinen Fridens vorgeschlagen und behandlet werden könten? Dessen Erhöbung nicht schwehr wehre, wan denenselben daßiehnige, was recht und billich, gefallen und sie in ein- und andern gebührende Restitution oder Satisfaction leisten würden.

Wofern nun denen H.H. Mediatoribus Unsern Kayserlichen Plenipotentiarijs hievon einige Apertur zu geben belieben mögte, wolten sy sich darauff hinwider dergestalt vernehmen lassen, wie es zu Befürderung des Wercks dienlich und verantworttlich sein könte. Solten aber die Mediatores sich entschuldigen, daß sy der Gegentheilen Intention noch nicht recht penetrirt, so haben Unsere Kayserliche Plenipotentiarij dieselbe, daß sy sich vermittelst ihrer Underhandlung bemühen wolten, sich deren bey denen Gegentheilen als Aggressorn zu erkundigen, und ihnen alßdan solche zu eröffnen, besten Fleisses zu ersuechen, auch da einige zueläng- und billiche Vorschläge beschehen thetten, Uns selbige gehorsambist zu hinderbringen und darüber Unserer gnedigsten Verbeschaidung zu erwarthen.

Waß aber in tractandis materijs für eine Ordtnung zu halten, ob die spanische, holländische oder die ReichsSachen am ersten vorzunehmen seyen? da ist aus denen Actis erinnerlich, als man zu Münster über die Reichs- und holländische Sachen ad partem, obwohlen mit diesem außtrucklichen Beding tractirt, daß kein Theil ohne den andern zu schliessen befueget sein solte, daß dannoch die GeneralStaaten der Vereinigten Niderlanden, nachdem sy sich verglichen, bey der Cron Franckreich auf Eingehung der anerbottenen Conditionen, als weren selbige der Billigkeit gemäß, angetrungen. Und dann gleichfahls aniezo zu vermuthen stehet, es werde fast ein ieder, wan er für sich Satisfaction erlangt, schliessen und nicht weniger den Compaciscenten zum Schluß adstringiren wollen, alß ist umb so viel mehr dahin zu sehen, damit alles zugleich pari passu vorgenohmen, abgehandlet, und nicht mit einem vor dem andern vorgeeylet, noch sonsten mehrernanten GeneralStaaten oder iemanden anderen sich mit denen Cronen Franckreich und Schweeden einseitig zu vergleichen und entweder aus Mißtrawen oder seiner aigenen Convenienz halber einen allzu frühzeitigen und abgesönderten Friden zu machen Anlaß gegeben werde. Ebener Gestalt ist auf alle Weise zu verhüeten, damit nicht der in Übergebung der Memorialien oder schrifftlichen Anbringen jüngst im Haag gebrauchter modus (allwo alles zum ersten den holländischen und von diesen den engelländischen zuegestelt worden) bey denen Fridens Tractaten introducirt werde, in deme die GeneralStaaten hiebey nicht anderst als pars interessata erscheinen und dahero ihnen dergleichen Praerogativ keineswegs nachzugeben, sondern daß Werck also einzurichten ist, daß sowohl Unserer Confoederirten als der übrigen Chur-, Fürsten und Ständen Gesandte aus dem iehnigen, so sy zu proponiren gemeint seindt, vorderist mit Unseren Kayserlichen Plenipotentiarijs vertrewlich communiciren, und nachdem sy sich mit einander eines gewisses verglichen, alßdann die Außländische zwar ihre Notturfften bey denen Mediatoribus immediatè anbringen, die andere aber zu Erhaltung des Uns als des Reichs höchstem Oberhaubt gebührenden Respects ihre Memorialien besagten Unsern Plenipotentiarien (nachdeme die materia concernens under den Allijrten mit den Unserigen zuvor abgeredet und verglichen ist) zu weiterer Behändigung an ernante Mediatores zuestellen mögen; zu welchem Ende Wir beeder Churfürsten zu Mainz und Trier Liebden[9] freundt- und gnediglich ersuchen, die ihrige dergestalten zu instruiren und bey andern zu gleichmäßiger Nachfolge guete officia zu interponieren. Solten es aber etwan solche Petita sein, warüber man sich nicht vereinbahren könte oder Uns dardurch nur offension und Unglimpf zugezogen würde, so haben Unsere Plenipotentiarij sich deren Annehmung mit gueter Manier zu entbrechen und die Stände darmit an die Mediatores selbsten zu verweisen.

Aldieweilen auch nicht zu zweifflen, es werde wegen der vor diesem in Vorschlag kommener ReichsMediation[10] einige Anregung beschehen, alß ist aus hiebey gefuegten Abschrifften mit mehrerm zu ersehen, was Uns hierinfahls underm dato den vierten Martij des verwichenen sechzehenhundertdreyundsibenzigisten Jahrs für ein gehorsambstes Reichs-Guetachten erstattet, darauff für eine Resolution ertheilt und deßwegen hin und wider für underschiedliche Schreiben gewechselt worden. Obwohlen Wir Uns nun damahls gnedigst haben vernehmen lassen, daß Wir kein Bedencken trügen, wan ein-oder ander ReichsStandt sich einiger PrivatMediation underfangen und es bey denen kriegenden, auch allerseits interessirten Theilen in die Weege zu richten mögte, daß er von ihnen pro Mediatore angenohmen würde, iedoch daß es ohne Nachteil der iehnigen Obligation geschehe, warzu ein ieder Standt gegen seinem Oberhaubt und Mitglidern verbunden seye, auch damit die allzugrosse Anzahl der Mediatorum dem Mediations-Werck nicht mehr hinder- als befürderlich fallen mögte, Unsern selbiger Zeit zu denen FridensTractaten in Cölln benambsten Kayserlichen Plenipotentiarijs[11] gnedigst mitgegeben, sich bestmöglichst zu befleissen, daß gedachter Mediatorum Anzahl höher und weiter nicht als auff beede Churfürsten zu Mainz und Bayern, so dan des Herzogen Georg Wilhelms zu Braunschweig-Lüneburg Liebden extendirt werde, Wir auch Ihre allerseiths Liebden umb fürderliche Abschickung der ihrigen zu verschiedenen Mahlen erinnert. So ist iedoch hiebey nicht ausser Acht zu lassen, daß das Werck immittelst in einen ganz andern Standt gerathen, in deme nach der Handt beede Cronen Franckreich und Schweeden von gesambten Reichs wegen für Feinde erklert worden,[12] benebens die Stände des Reichs nunmehr entweder als Confoederirte oder aber als Partheyen zu consideriren seindt, und man underdessen mit Ihrer Päbstlichen Heyligkeit, des Königs in Engelland Liebden und der Republicque von Venedig wegen Übernehmung der Mediation gehandlet, mithin zu hoffen ist, es werde durch güetliche Beylegung vorerwehnter annoch zwischen der Cron Spanien und erstgedachter Republicque obschwebender Differenz solche ihren Fortgang gewinnen, oder, da es mit Venedig nicht zur Richtigkeit käme, gleichwohlen die andere beede Mediatores sich der Sachen zu underziehen nit ermanglen. Dannenhero Unsere Kayserliche Plenipotentiarij in alleweege zu invigiliren haben, damit es dabei verbleibe, und niemandt von Chur- oder Fürsten des Reiches pro Mediatore zugelassen werde.

Nicht weniger thuen vorangezogene Beylagen ausweisen, wessen wir Uns selbiger Zeit in puncto armistitij erklert. Wan Wir aber dabey gnedigst betrachtet, im Fall aniezo einiger Stillstand der Waffen eingegangen werden solte, daß hierdurch sowohl Uns und Unsern Confoederirten als dem gesambten Römischen Reich mehr Schaden als Nuzen zugehen würde, in deme nit allein Wir bey dessen Erfolg Unsere Kayserliche Armada (umb die getrewe Stände ohne davon zu gewarten habende Kriegs-Operation nicht mehrers zu trucken) einen so weiten, sich über die hundert Meyle[n] erstreckenden Weeg anhero in Unsere ErbLande zurückh, und da etwan wider bessere Zuversicht die FridensTractaten sich zerschlagen solten, widerumb so weit hinaus anziehen lassen müesten, sondern auch dieses Übel daraus entstünde, daß die mit Uns confoederirte Fürsten des Reichs in Erspahrung der Unkosten entweder ihre Völcker abdancken oder zu deren Underhaltung eine erkleckliche Summam Geldts praetendiren, hierzu aber niemand einverstehen, und also das Reich von Mitteln und Mannschafft abgebracht, herentgegen dem Feindt sich zu verstärcken und das Teutschlandt in völlige Desolation zu sezen gnugsame Zeit und Gelegenheit in die Hände gespihlet würde, welches dan von mehr gefährlichem Außgang were, als wan wir einen Friden, es mögte auch derselbe beschaffen sein wie er immer wolte, eingehen thetten. Alß haben Unsere Kayserliche Plenipotentiarij, da hiervon ichtwas auf die Bann gebracht werden solte, solches mit glimpfflicher Manier zu decliniren und sich in nichts Verfängliches einzulassen, iedoch es nicht alsogleich außzuschlagen, sondern der Mediatorum conditiones anzuhören, und Uns selbige zu fernerweiter gnedigster Entschliessung zu hinderbringen.

Wan Wir auch nechst diesem reifflich erwogen, ob der Münster- und Oßnabruggische Fridenschluß bey denen bevorstehenden Tractaten pro norma et regula zu halten, und ob auff dessen Widerveststellung zu gehen, oder wie weit davon abzutretten und sonsten zu verfahren seye, und es an deme, wan solchem in allem nachgegangen werden solte, das die an seithen Unserer Confoederirten mittelst befuegter GegenErgreiffung der Waffen eroberte Orth an die Feinde zu restituiren und solcher Gestalt die Compaciscirende, welche den Friden ohnverantworttlicher Weiß gebrochen und sich hierdurch zu Feinden dargestelt, auch darfür vermög beygefüegter ReichsSchlüssen communi Statuum Imperij nomine declarirt, und gegen sy die Avocatorien außgelassen worden, besserer Condition als die iehnige wehren, so von ihnen wider alles Recht und die Billichkeit gewaltthätig- und feindtlicher Weiß angegriffen und undertruckt worden. Alß haben Unsere Kayserliche Plenipotentiarij keinen Fleiß noch Mühe zu sparen, es dahin zu bringen, daß Unsern Confoederirten und nicht compaciscirenden Ständen das iehnige, was dieselbe in Krafft vorberührten Instrumenti pacis suechen, würcklich gedeyen, und es in einige weitere Strittigkeit nicht gezogen, die Fridbrecher aber mit ihren Praetensionen abgewiesen werden mögen. Waraus mit gedachten Unseren Confoederirten und übrigen Interessirten vertrewlich zu communiciren, deren Mainung zu vernehmen, und davon gehorsambsten Bericht fürderlichst zu erstatten, auch besagte Stände zu gueter Einverständtnus mit Uns als dem höchsten Oberhaubt zu animiren und ihnen benebens bey eraigender Gelegenheit weitleüffiger vorzustellen ist, daß, so lang beede Vestungen Philipsburg und Breysach wie nicht weniger das Herzogthumb Lottringen in der Cron Franckreich Handen verblieben würde, kein beständiger Frid zu hoffen, sondern immerdar feindtliche Anfälle und newe Unruhe zu besorgen, einfolglich sich auff alle Weise dahin zu bearbeithen seye, wie diese den Paß in daß Heylige Römische Reich öffnende Schlüssel entweeder in der Güete widerumb zurück gegeben oder mittelst der Waffen abgenohmen werden mögen, weßwegen mit des Herzogen von Lottringen Liebden[13] bey denen Fridens-Tractaten erscheinender Gesandtschafft sich zu unterreden ist, und thuen die copeyliche Anschlüsse ausweisen, was Wir vor einigen Jahren dießfahls bey der Cron Franckreich zu negotijren Unserm Reichshoffrath und Cämmerern, dem Graffen von Windischgräz,[14] für Commission auffgetragen haben.

In gleichem geben es die Beylagen, und ist vorhin bekannt, wie erstermelte Cron Franckreich wider die zehn VereinStätte in dem Elsäs bishero sub praetenso jure protectionis et advocatiae verfahren, daselbst an theils Orthen die Mauren nidergerissen, die VestungsGebäw demolirt, anderstwo solche wi[der]umb angelegt und die Einwohner durch Erpressung starker GeldtSummen und sonsten wider die Billigkeit in viele Weege hart betruckt habe. Wan nun solches alles aus dem irrigen Praesupposito herrührt, als hetten gedachte Stätte sich des Königs in Franckreich Liebden tamquam advocato et protectori mehrers dan Uns und dem Heyligen Römischen Reich beypflichtig gemacht, auch diese Muthmaßung ins künfftig selbiger Cron beständig beywohnen und dardurch offt ernante Stätte endtlich gar von ihrer ReichsImmedietet abgebracht werden dörfften; alß seind neben denenselben die Confidentiores zu vernehmen, in deme daß hierinnen veranlastes arbitrium bey ermelter Cron kein statt gefunden, noch vor dessen künfftiger Fortsetzung einig gedeylicher Effect zu hoffen ist, wie man vermaine, daß sothanen Beschwerden abgeholffen, die Stätte von bedeutetem jure advocatiae et protectionis befreyet und an sy weiters nichts praetendirt werde.

Gleiche Bewandtnus hat es mit beygehenden, sowohl von der Reichs Ritterschafft in denen beeden Elsäs als den bey denen Bistumber Metz, Tull und Verdun interessirten Standen, benantlich des Pfalzgraffens Leopold Ludwigs Liebden,[15] so dan beeden Graffen zu Hanaw und Nassaw angebrachten Gravaminibus, weßwegen Unsere Kayserliche Plenipotentiarij sich zu bearbeithen haben, damit ein- und anderm Theil billichmäßige Satisfaction widerfahren, und wan sie kein anders zu erhalten, wenigstens die Cron Franckreich sich dero vermainten juris auff die iehnige Vasallos, welche im Römischen Reich und nicht in gedachter Bistumber Territorijs ohne dem mediate angesessen seindt, begeben möge.

Ferner ist aus denen Anschlüssen zu ersehen, was über die lauth beyligender Copien von denen betrangten Chur-, Fürsten und Ständen des Reichs zu Regenspurg einkommende Beschwerde und darauff gemachte, von Uns gnädigst approbirte Conclusa, auch Uns von des Bischoffen zu Würzburg[16] und beeden DhombCapitulen zu Straßburg und Basel, denen Graffen von Waldeck und Fugger, der Statt Straßburg, wie auch Unsern Vorderösterreichischen Landtständen wider die Cron Franckreich wegen der von selbiger Armada erlittener Durchzügen, feindtlicher Vergewaltigung, Raub, Plünderung, Mordt, Brandts, Confiscirung der Güetter und sonst in andere Wege mehr zugefüegter ohnverantworthlicher Kriegsschaden für Memorialien überraicht und dabey in Underthenigkeit gebetten worden. Wie wir nun dieselbe damit zu denen FridensTractaten verwiesen und dahin in Kayserlichen Gnaden vertröstet, das der Enden ihre Desideria beobachtet werden solten, als ist ihnen soviel möglich zu billicher Satisfaction zu verhelffen und darahn zu sein, damit respectu dieser klagender Ständen alles in den Standt, wie es vor dem Krieg gewesen, und warzu sy weiters einiges Recht haben mögten, gesezt werde. Wan aber wider Unsere Völcker Gravamina geführt würden, [ist] derentwegen nichts schrifftliches anzunehmen, sondern solche, nechst Contestirung Unsers darab tragenden Laidweesens, auff das beste zu entschuldigen.

Demnach auch wider die GeneralStaaten der Vereinigen Niderlanden sowohl von beeden Ritterlichen Teutsch- und Johanniter-Orden als dem Graffen von Bentheimb respective wegen entzogener Güetter, Häuser und Commenthureyen, so dan vorenthaltender Kindern einige Beschwerde geführt worden, so wirdt dahin zu gedencken sein, wie die erstere Differentien in der Güette beyzulegen sein und die Restitution gedachter Bentheimbischer Kinder nach Ausweisung des iehnigen, so Wir lauth Beylag Unserm Residenten im Haag beraiths den fünffundzwanzigsten Januarij anno sechzehenhundertvierundsibenzig mitgegeben, erfolgen möge.

Nicht weniger haben Unsere Kayserliche Plenipotentiarij sich aus beygefüegten Actis zu informiren, was nit allain von denen Hansee-Stätten ins gesambt, sondern auch in particulari wegen freyer Schiffart des See-Commercij, insonderheit aber von der Statt Bremen wider die Cron Schweeden gehorsambist gesuecht worden, und wessen Wir Uns gegen selbige Abgeordtnete gnedigst erklert; dahero in dessen Conformitet ein- und anderes mit Nachtruck zu affterfolgen, und da wegen der Statt Hamburg ichtwas vorkommen solte, derenthalber nichts, so dem Heyligen Römischen Reich zu Praeiudiz geraicht, einzuraumen, bey deme allem aber dahin zu reflectiren ist, weilen zu Bremen über die conquisten der schweedischen Landt und Orthen gehandlet wirdt, daß in etwas zuegewarttet werde, wie sothane Tractaten ablauffen mögen? Warbey man nicht weniger darauff vest zu bestehen hat, daß die in denen ReichsStätten befindtliche, bevorab aber dem Dhomb- und zweyen NebenStifftern zu Bremen und des davon in Hamburg dependirenden Stiffts angehörige Güetter für Uns reservirt bleiben mögen, damit selbige mit der Zeit desto füeglicher widerumb in den vorigen Standt, denen alten Fundationen gemäs, gesezt werden können.

Sonsten dienet Unsern Kayserlichen Plenipotentiarijs zu gueter Nachricht, waß alschon in Anno sechzehenhundertdrey- und -vierundfünffzig zu Regenspurg in dem Mantuanisch- und Savoyischen Weesen vorkommen. Würde nun solches abermahlen gerührt werden, so were darauff anzutragen, das zu einem Vergleich außgestelt werden möge.

So dan weilen zu besorgen, da bey der bevorstehenden FridensHandlung der § Instrumenti Pacis: Et ut eo sincerior,[17] nicht mehrers erleütert werden solte, es dörfften wie bißhero sich schwere Strittigkeiten hervor thuen und ieder Theil solchen zu seinem Vortheil außlegen wollen, alß were zwar das Werck also einzurichten, daß der Burgundische Crayß ein ungezweiffeltes membrum Imperij verbleibe, auch der Reichs Guaranti sowohl als andere Crayse zu geniessen haben und von gesambtem Reich contra quoscunque aggressores geschützt werden, herentgegen auch daß seinige zu denen gemeinen Reichs-Oneribus beytragen solle. Wie aber die gröste Difficultet in deme bestehen wirdt, wan es zwischen beeden Cronen Spanien und Franckreich zu einem offenen Krieg kombt, wie weit alßdan das Reich ermeltem Crayse zu assistiren und sich dessen anzunehmen seye, und wan man dieses von newem auf die Bahn bringen solte, sich leichthin allerhandt contradictiones hervorthuen mögten, alß vermainen Wir das Beste zu sein, das man es in puncto belli bey denen Reichs-Guetachten vom ersten Septembris sechzehenhundertvierundsibenzig und achtzehenden May dieß lauffenden Jahrs,[18] im übrigen aber bey dem contextu vorberührten § bewenden lasse. Jedoch haben Unsere Kayserliche Plenipotentiarij sich hierinnen im geringsten nicht zu impegniren, bis sy vorhero mit denen spanischen Gesandten[19] communicirt und deren Intention vernohmen, damit alles di concerto abgehandlet werde.

Gleich wie auch im übrigen nicht zu zweiflen ist, es werde wegen Loßlassung des Prinzen Wilhelms von Fürstenberg starcke Instanz beschehen, alß wirdt nechst Einziehung behöriger Information aus beyverwahrten Abschrifften darauff zu bedeuten sein, daß es eine PrivatSache, wardurch das Publicum nicht zu stecken were, und da ferner angetrungen würde, endtlichen außtrucklich zu melden, daß Wir denselben vor geschlossenem Friden auff freien Fueß zu stellen keines Weegs gedacht seyen; und thuen die Anschlüsse ferner ausweisen, waß dessen Persohn halber der ohnlengst alhier ankommene Königlich engelländische Minister Scelton angebracht, und wohin Wir ihne gnedigst verbschaiden.

Dienet benebens Unsern Kayserlichen Plenipotentiarijs zu ihrer bessern Direction, wie weit, vermög angeschlossener Copien, sowohl die Tractaten mit des Churfürsten zu Cölln Liebden gelangt als worinnen die mit Unsern Confoederirten auffgerichtete Bündtnussen aigentlich bestehen! So dan zu blosser Nachricht, waßmassen Unser Resident im Haag, der Kramprich, obwohlen vor geraumer Zeit, berichtet, als weren die GeneralStaaten der Vereinigten Niderlanden an beede Churfürsten zu Trier und Pfalz Liebden umb deswillen, daß selbige die erste im Reich gewesen, welche zu deren Nuzen das Eyß gebrochen, eine Million guetwillig außzuzahlen genaigt.

Waß nun schließlichen die Guarantirung des iehnigen, so verhandlet werden mögte, betrifft, wer nemblichen solche zu laisten habe? und wer darunder begriffen sein solle? davon wirdt erst seiner Zeit mit allerseits Confoederirten sich zu underreden und eine gewisse Formul zu vergleichen, herentgegen, da wegen Reducirung des Fridens auff den Fueß der Pyrenaeischen Tractaten (alß warzu Wir Uns niemahlen verbunden) einige Anregung beschehen solte, solches bloß ad referendum zu nehmen sein.

Dieses ist, was Wir anfangs ermelten Unsern Kayserlichen Plenipotentiarijs dermahlen loco generalis instructionis mitzugeben der Notturfft erachtet haben, deme sy ihrer in dergleichen publicis und sonsten beywohnender trefflichen Vernunfft, Experienz, Dexteritet und Geschiklichkeit nach weiters recht zu thuen, auch Uns über ein- und anders, was bey Antrett- und Fortsezung der FridensHandlung vorkommen wirdt, iedeßmahles verläßliche Relation gehorsambist und dergestalt zeitlich zu erstatten wissen werden, damit Wir darüber die Notturfft alsobald berathschlagen und sy ferner gnedigst instruiren lassen können; denen Wir benebens respective mit Kayserlichen Gnaden und allem Gueten wohl beygethan und gewogen verbleiben.

1 Hier kann nur der Bielefelder Kreistag von 1671 gemeint sein. Die Literatur (Ottokar Israel: Der Bielefelder Kreistag von 1671. In: 54. Jahresbericht des Historischen Vereins für die Grafschaft Ravensberg, Gütersloh 1948, 52–69) geht auf die angedeuteten Präzedenzstreitigkeiten allerdings nicht ein.

2 Marquard Schenk von Castell, Prinzipalkommissar 1669–1685.

3 Zum Zeremoniell auf dem Westfälischen Doppelkongreß vgl. Fritz Dickmann, Der Westfälische Frieden. Münster[5] 1985, 206–212.

4 Fabio Chigi.

5 Don Emanuel Francisco de Lira, 1671–79 span. Gesandter im Haag.

6 Venedig hatte Spanien daran gehindert, in Österreich geworbene Truppen durch die Adria nach Sizilien zu verschiffen, wo sie zur Niederschlagung eines Aufstandes eingesetzt werden wollten.

7 Don Pablo Spinola, Marchese de los Balbasos, 1670–77 spanischer Botschafter in Wien.

8 Luigi Bevilacqua, der nachmalige Nimwegener Friedensvermittler.

9 Damian Hartard von der Leyen (1675–78); Karl Kaspar von der Leyen, der Trierer Erzbischof, war am 1. Juni verstorben.

10 Zur Sache Decker (s. Lit.-Verz.) Kap. II.

11 Reichsvizekanzler Königsegg (nie in Köln erschienen); Franz Paul von Lisola; Dr. Johann Fischer.

12 Die entsprechenden Dokumente bei Pachner von Eggenstorff (s. Quellen-Verz.) I, 705 bzw. 719f. Wiederabdruck bei Müller, Reichskriegserklärung (s. Lit.-Verz.) 257ff. bzw. bei Schmauß/Senckenberg, Neue und vollständigere Sammlung (s. Quellen-Verz.) IV, 101–107.

13 Karl V., Herzog 1675–1690.

14 Gottlieb Graf Windischgraetz (1630–1695), Reichshofrat, später Reichsvizekanzler. Die Instruktion bezieht sich hier auf seine Pariser Mission von 1670.

15 Leopold Ludwig von Pfalz-Veldenz (1625–1694).

16 Peter Philipp von Dernbach (1675–83).

17 IPM § 3 (Karl Zeumer, Quellensammlung zur Geschichte der deutschen Reichsverfassung in Mittelalter und Neuzeit. Tübingen 1913[2], 435).

18 Urkunden und Aktenstücke des Reichsarchivs Wien zur reichsrecht-

lichen Stellung des Burgundischen Kreises, Bd. 3, bearb. v. Josef Karl Mayr. Wien 1944, Nr. 312 bzw. Nr. 337.

19 Don Pablo Spinola, Marchese de los Balbasos; Don Juan Baptiste Christin; Don Pedro Ronquillo.

c) Friedensvertrag von Nimwegen zwischen Kaiser Leopold I. und Ludwig XIV., 1679 Febr. 5

Henri Vast, Les grands traités du règne de Louis XIV. Bd. 2, Paris 1898, 100–116. Zeitgenössische deutsche Fassung aus: Diarium Europaeum Bd. 38 (Reprographie)

Thesen

Verhandlungssprache und Vertragssprache klaffen auseinander; die Latinität des Vertrages ist als ein (begrenzter) Erfolg der kaiserlichen Diplomatie zu bewerten. In der Geschichte der völkerrechtlichen Vertragsbeziehungen ist Nimwegen insofern ein wichtiger Punkt, als sich hier und seitdem die Verbindung von „amnestia" und „oblivio" endgültig durchsetzt.
Im Sachlichen stellt der Nimwegener Friede einen Triumph des Verhandlungsgeschicks der französischen Diplomatie dar, die sich in allen entscheidenden Punkten durchsetzen kann. Eine Klarstellung in der elsässischen Frage kommt nicht zustande. Einzelne Bestimmungen bzw. politische Projektionen des Friedensvertrages werden nicht ausgeführt. Ein verfassungsrechtliches Problem besonderer Art stellt die Einbeziehung des Reiches als Corpus in den Frieden dar. Die Nichtunterzeichnung des Dokuments durch den/die Friedensvermittler ist ein Indiz für die Problematik des Mediatorenamtes.

In Nomine Sanctissimæ et Individuæ Trinitatis.

Notum sit omnibus et singulis quorum interest, aut quomodolibet interesse potest. Postquam ab initio hujus Belli aliquot abhinc annis moti inter Serenissimum et Potentissimum Principem ac Dominum, Dominum Leopoldum Electum Romanorum Imperatorem semper Augustum, Germaniæ, Hungariæ, Bohemiæ, Dalmatiæ, Croatiæ, Sclavoniæ Regem, Archiducem Austriæ, Ducem Burgundiæ, Brabantiæ, Styriæ, Carinthiæ, Carniolæ, Marchionem Moraviæ, Ducem Luxemburgiæ, superioris ac inferioris Silesiæ, Wurtembergæ, et Teckæ, Principem Sueviæ, Comitem Habsburgi, Tyrolis, Kyburgi et Goritiæ, Marchionem Sacri Romani Imperii, Burgoviæ, ac superioris et inferioris Lusatiæ, Dominum Marchiæ Sclavonicæ, Portus Naonis et Salinarum, etc. ex una; Et Serenissimum ac potentissimum Principem ac Dominum, Dominum Ludovicum XIV. Franciæ et Navarræ Regem Christianissimum, ex altera parte; Sacra Cæsarea Majestas, et Sacra Regia Majestas Christianissima nihil priùs magisque in votis habuissent, quàm per restitutionem Pacis nunquam interrumpendæ, tot Provinciarium desolationem et effusionem sanguinis Christiani sistere, tandem Divinâ bonitate factum esse, ut annitente Serenissimo, et Potentissimo Principe ac Domino, Domino Carolo Secundo Magnæ Britanniæ Rege, qui difficillimis hisce Christiani Orbis temporibus Mediator universim receptus cum immortali sua gloria indefesso studio pro tranquillitate publica, et Pace generali, consilia et officia sua impendit, Sacra Cæsarea Majestas, et Sacra Regia Majestas Christianissima consenserint, ut Congressus ad tractandam pacem hic Neomagi Geldrorum institueretur; Comparentes igitur dicto loco utrinque legitimè constituti Legati Extraordinarii et Plenipotentiarii, à parte quidem Imperatoris Reverendissimi, Illustrissimi et Excellentissimi Domini, Dominus Joannes Episcopus Gurcensis, Sacri Romani Imperii

Princeps, atque Sacræ Cæsareæ Majestatis Consiliarius, nec non Dominus Franciscus Udalricus Sacri Romani Imperii Comes Khinski à Chinitz, et Tettau, Dominus in Klumetz Sacræ Cæsareæ Majestatis Consiliarius, Camerarius intimus Regius Locumtenens, Provincialis Curiæ Regiæ Assessor, Appellationum Preses, Aulæque Regiæ in Regno Bohemiæ Præfectus; et Dominus Theodorus Althetus Henricus à Stratman Sacræ Cæsareæ Majestatis Consiliarius, Imperii Aulicus; A parte verò Regis Christianissimi Illustrissimi et Excellentissimi Domini, Dominus Godefridus Comes Destrades, Franciæ Marescallus, Regiorum Ordinum Eques Torquatus, Sacræ Regiæ Majestatis Christianissimæ in Americâ Prorex, Urbis et Fortalitii Dunkerki, omniumque locorum ab ea Præfectura dependentium Gubernator; Dominus Carolus Colbert, Eques Marchio in Croissy, Regi Christianissimo ab utrisque Consiliis Ordinarius; et Dominus Joannes Antonius de Mesmes, Eques Comes in Avaux, Sacræ etiam Regiæ Majestatis Christianissimæ à sanctioribus Consiliis; post invocatum Divini Numinis auxilium mutuasque Plenipotentiarum Tabulas, quarum Apographa sub finem hujus Instrumenti verbotenùs inserta sunt, ritè commutatas, interventu et opera Illustrissimorum et Excellentissimorum Dominorum, Domini Laurentii Hyde Armigeri, Domini Guilielmi Temple Baronetti, et Domini Leolini Jenkins Equitis Aurati, Legatorum Extraordinariorum et Plenipotentiariorum Sacræ Regiæ Majestatis Magnæ Britanniæ, qui munere Mediatorio pro concilianda tranquillitate publica ab Anno millesimo sexcentesimo septuagesimo quinto hucusque procul à Partium studio, sedulò prudenterque perfuncti sunt ad Divini Numinis gloriam et Christianæ Reipublicæ salutem, in mutuas pacis et amicitiæ leges convenerint tenore sequenti.

I. Pax sit Christiana, universalis et perpetua, veraque, et sincera amicitia inter Sacram Cæsaream Majestatem et Sacram Regiam Majestatem Christianissimam, earumque Hæredes et Successores, Regna et Provincias, necnon inter omnes et singulos dictæ Majestatis Cæsareæ Fœderatos, præcipuè Electores, Principes, et Status Imperii hac pace comprehensos, eorumque Hæredes et Successores ex una; Et omnes, et singulos Fœderatos dictæ Majestatis Christianissimæ hac Pace comprehensos, eorumque Hæredes et successores ex altera, partibus; Eaque ita sincerè servetur, et colatur, ut utraque Pars alterius honorem, utilitatem, et commodum promoveat; sitque perpetua utrinque oblivio et amnestia omnium eorum quæ ab initio horum motuum ultro citroque hostiliter facta sunt: ita ut nec eorum, nec ullius alterius rei causâ, vel prætextu, alter alteri posthac quicquam molestiæ directè vel indirectè, specie juris, aut viâ facti in Imperio, aut uspiam extra Illud, nonobstantibus ullis prioribus pactis in contrarium facientibus, inferat, vel inferri faciat, aut patiatur; sed omnes et singulæ hinc inde verbis, scriptis, aut factis illatæ injuriæ, violentiæ, hostilitates, damna, et expensæ absque omni personarum, rerumve respectu, ita penitus abolitæ sint, ut quicquid eo nomine alter adversus alterum prætendere possit, perpetuâ sit oblivione sepultum.

II. Et cùm Pax Monasterii Westphalorum vigesimâ quartâ Octobris Anno millesimo sexcentesimo quadragesimo octavo conclusa solidissimum hujus mutuæ amicitiæ tranquillitatisque publicæ fundamentum factura sit, restituetur illa in omnibus et singulis suo pristino vigori, manebitque imposterùm sarta tecta, tanquam si hic ejusdem pacis Instrumentum de verbo ad verbum insertum legeretur, nisi quatenus eidem hoc Tractatu expressè derogatum est.

III. Cùm verò vigore dictæ Pacis Monasteriensis Sacræ Regiæ Majestati Christianissimæ perpetuum jus præsidii in fortalitio Philippiburgensi cum jure protectionis acquisitum, et dictum Fortalitium armis Cæsareis; Castrum, et Oppidum Friburgense verò armis Gallicis hoc bello occupatum sit, de hisce locis inter Sacram Cæsaream, et Regiam Christianissimam Majestates convenit modo sequenti.

IV. Sacra Regia Majestas Christianissima tam pro se, quàm pro Hæredibus et Successoribus suis renunciat, ceditque in perpetuum Sacræ Cæsareæ Majestati, ejusque

Hæredibus et successoribus omne jus protectionis, perpetui præsidii, et quicquid sibi virtute pacis Monasteriensis in Castrum Philipsiburgi competiit, nihil in dictum Castrum et in munimenta ei juncta vel cis et trans Rhenum extructa, juris aut prætentionis sibi suisque hæredibus et successoribus, Regnove Galliæ sub quocunque titulo vel prætextu reservans, nonobstantibus quibuscumque legibus, constitutionibus, statutis, aut aliis in contrarium facientibus, utpote quibus omnibus et singulis hoc Tractatu expressè derogatum sit.

V. Vicissim Sacra Cæsarea Majestas, tam pro se, quàm Hæredibus, et Successoribus suis, totaque Domo Austriaca renunciat, ceditque in perpetuum Sacræ Regiæ Majestati Christianissimæ, Ejusque Hæredibus, et Successoribus Castrum et Oppidum Friburgense cum tribus ad illud spectantibus Pagis Lehn, Metzhausen, et Kirchzart, cum eorum bannis prout ad communitatem dicti oppidi Friburgensis pertinent, unà cum omni proprietate, superioritate, jure patronatûs, supremo Dominio, aliisque generaliter, quæ sibi in dictum Friburgum competierunt, nihil sibi, Hæredibus, et Successoribus suis, aut Sacro Imperio Juris aut prætentionis, sub quocumque titulo vel prætextu in iis reservans, non obstantibus quibuscunque legibus, constitutionibus, statutis, aut aliis in contrarium facientibus, utpote quibus omnibus et singulis hoc Tractatu expressè derogatum sit; salvis tamen ejusdem Civitatis privilegiis et immunitatibus antehac à Domo Austriaca impetratis; reservatis etiam Episcopo et Ecclesiæ Constantiensi jure Diæcesano, reditibus, aliisque Juribus.

VI. Pateat Sacræ Regiæ Majestati Christianissimæ Brisaco Friburgum per Territorium Sacræ Cæsareæ Majestatis et Imperii ordinaria via, (vulgò Landstrass) liber, sed innoxius transitus ad inducendos illuc Milites, commeatum, et cætera ad præsidium Friburgense necessaria, quibus et quoties opus fuerit sine impedimento, aut obstaculo cujuscunque.

VII. Nec fas sit commeatum Militarem ad Præsidium Friburgense necessarium in dicta via et transitu Brisaco Friburgum, ullis exactionibus, vectigalibus, pedagiis aut passagiis, sive novis, sive antiquis, onerare et impedire. Placuit etiam annonam ad victum tam præsidii, quàm inhabitantium necessariam, quæ ex quocunque Brisgoviæ loco Friburgum inferetur, uti hactenus, ita imposterùm nullis, alias autem merces et res quascunque non gravioribus Vectigalibus aut impositionibus onerari, quàm si in alia Cæsareæ Majestati subdita loca transferrentur, aut ab ipsisment ejusdem Cæsareæ Majestatis Subditis solverentur.

VIII. Commissarii ab utraque parte nominandi, intra annum à ratihabitâ pace statuant, quænam debita legitimè contracta dicto Friburgensi Oppido solvenda incumbunt.

IX. Curabit Sacra Regia Majestas Christianissima bonâ fide, absque ulla mora et retardatione Sacræ Cæsareæ Majestati restitui omnia, et singula literaria documenta, cujuscumque illa generis sint, quæ in Oppido et Castro, Cancellaria Regiminis et Cameræ, aut in ædibus et custodia Consiliariorum aliorumve Officialium, aut alibi tempore occupationis Friburgi reperta sunt: quod si talia documenta sint publica, quæ dictum Oppidum Friburgum, eoque spectantes tres Pagos simul concernunt de his inter prædictos Commissarios conveniet quo in loco servari debeant; ita tamen, ut exempla authentica quotiescunque requisita fuerint edantur.

X. Liberum sit non tantum Capitulo Basilæensi, uti et omnibus, et singulis Austriaci Regiminis, et Universitatis Friburgensis membris, verùm etiam Civibus et Incolis cujuscunque conditionis sint, qui emigrare voluerint Friburgo domicilium aliò quocunque libuerit, unà cum mobilibus bonis sine ullo impedimento, detractione, aut exactione intra annum à ratihabita pace transferre; immobilia verò aut vendere, aut retinere, et per se vel alium administrare. Eadem quoque facultas retinendi, et administrandi aut alienandi omnibus aliis maneat, qui bona, reditus, vel jura in dicta Civitate Friburgensi, sive tribus pertinentibus Pagis habent.

XI. Consentit tamen Sacra Regia Majestas Christianissima dictum Castrum et Oppidum Friburgense, unà cum appertinentibus Pagis Sacræ Cæsareæ Majestati restituere, si de æquivalente, ad satisfactionem dictæ Regiæ Majestatis Christianissimæ conveniri possit.

XII. Cùm Dominus Dux Lotharingiæ hoc in Bello cum Sacra Cæsarea Majestate conjunctus sit, et præsenti Tractatu comprehendi voluerit, restituetur pro se, Hæredibus, et successoribus suis in liberam et plenariam possessionem eorum Statuum, locorum et bonorum, quæ Patruus ejus Dux Carolus anno millesimo sexcentesimo septuagesimo, cum à Christianissimi Regis Armis occupata fuerunt, possidebat; exceptis tamen mutationibus Articulis sequentibus, explanandis.

XIII. Urbs Nancei cum suo Banno, (vulgo Finage) maneat in perpetuum Coronæ Galliæ unita et incorporata; ita ut illam Sacra Regia Majestas Christianissima, ejusque Hæredes et Successores possideant cum omnibus superioritatis, supremi dominii et proprietatis juribus, eique fini dictus Dux Lotharingiæ tam pro se, quàm pro suis hæredibus et successoribus renuntiat, cedit, et transfert in perpetuum in altè memoratum Regem Christianissimum, ejusque hæredes et successores, omnia sine ulla retentione aut reservatione, jura proprietatis, superioritatis, aut supremi Dominii, prærogativas omnes et præeminentias, quæ Domino Duci in prædictam Urbem Nancei competierunt, aut competere debuerunt; non obstantibus ullis legibus, consuetudinibus, statutis, constitutionibus, aut conventionibus in contrarium sancitis, quibus ut et clausulis derogationum cassatoriis, per præsentem Tractatum derogatum est.

XIV. Et ut eò liberior inter supradictam Urbem Nancei Ditionesque Coronæ Galliæ subditas sit communicatio, faciliorque Militi Gallico transitus, per Commissarios à Rege Christianissimo et prædicto Duce nominandos viæ dimidiatam Lotharingiæ leucam in latum complectentes designabuntur; prima, quæ Sancti Desiderii Fano Nanceium, alia, quæ Nanceo in Alsatiam; tertia, quæ ab ipsamet Nancei Urbe Vesuvium in Comitatu Burgundiæ; quarta demùm, quæ Nanceo ad Urbem Metensem conducant; ita tamen, ut prædictarum viarum designatio non aliter fiat, quam in designatione viæ anno millesimo sexcentesimo sexagesimo primo Regi Christianissimo à quondam Duce Carolo cessæ, observatum fuit.

XV. Omnia generaliter, uti suprà dictum est, designanda loca, Pagi, Villæ, Terræ, unà cum dependentiis, quæ in his dimidiatæ leucæ latitudinis viis jacent, cum omnibus tam superioritatis et supremi dominii, quàm proprietatis juribus, quibus ante hunc Tractatum prædictus Dux et ejus Prædecessores gavisi sunt, ad Sacram Regiam Majestatem Christianissimam pertinebunt; ita tamen ut si dictorum locorum banna, aut dependentiæ ultra hanc dimidiatæ leucæ latitudinem se porrigant, quod trans illud spatium limitesque à Commissariis appositos excurret prædicto Duci ejusque hæredibus et successoribus, ut anteà, cum omni superioritate, supremo Dominio, et proprietate remanebit.

XVI. Urbs et Præfectura Longuicensis cum suis pertinentiis et dependentiis, cum omni superioritate, supremo dominio et proprietate maneat in perpetuum penes altè memoratum Dominum Regem Christianissimum, ejusque Hæredes et Successores; nihilque Juris imposterùm in iis prætendere possit supradictus Dux, ejusque Hæredes et Successores; sed in prædictæ Urbis et Prefecturæ permutationen Sacra Regia Majestas Christianissima aliam dicto Duci cedet, in uno ex tribus Episcopatibus, ejusdem amplitudinis et valoris Præfecturam; de qua bona fide inter eosdem Commissarios conveniet; eâque sic cessâ et in dictum Ducem à Rege Christianissimo translatâ, tam ipse Dux quàm ipsius Hæredes, et Successores fruentur in perpetuum, cum omnimodis superioritatis, supremi Dominii, et proprietatis Juribus.

XVII. Vicissim etiam Sacra Regia Majestas Christianissima pro se, et Corona Galliæ, cedit in compensationem dictæ Urbis Nancei, transfertque in prædictum Ducem ejusque Hæredes et Successores, superioritatem, supremum Dominium et proprietatem Urbis Tullensis, et ejusdem Suburbiorum, cum omnibus aliis juribus, speciatim

Patronatûs, prærogativis et præeminentiis quæ Coronæ Galliæ in dicta Urbe Tullensi ejusque Suburbiis et Banno, (vulgò, Finage), competebant, aut competere debebant; ita ut prænominatus Dux, ejusque Hæredes et Successores, iis omnibus fine ulla retentione aut reservatione plenariè fruatur, non obstantibus quibuscunque legibus, consuetudinibus, statutis, constitutionibus, aut conventionibus in contrarium sancitis, quibus, ut et clausulis derogationum cassatoriis, Rex Christianissimus expressè hoc præsenti Instrumento derogavit.

XVIII. Si tamen Bannum Urbis Tullensis minoris amplitudinis, aut valoris esset, quàm Bannum Urbis Nanceanæ, illud Domino Duci compensabitur, ita ut utriusque Urbis banna æqualis amplitudinis sint, et pretii.

XIX. Rex Christianissimus renunciabit, uti et præsenti Tractatu renuntiat in perpetuum pro se, Hæredibus, et Successoribus, ad manus summi Pontificis Juri nominandi, sive præsentandi Episcopum Tullensem sibi à summo Pontifice Clemente IX. indulto; ita ut liberum sit prædicto Duci pro eo obtinendo ad Sedem Apostolicam recurrere.

XX. Insuper conventum fuit, ut memorato Domino Duci ullam mutationem Provisionibus beneficiorum, quæ à Sacra Regia Majestate Christianissima ad diem usque præsentis Tractatus collata sunt, inferre nullatenùs fas sit; illique qui iis provisi sunt, in tranquilla dictorum Beneficiorum possessione maneant; adeò ut memoratus Dux eos nullo modo turbare, aut impedire neque possessione exuere queat.

XXI. Sancitum prætereà fuit, ut omnes processus, sententiæ, atque decreta lata per consilium, judices aut alios Regiæ Majestatis Christianissimæ Officiales in controversiis et actionibus ad finem perductis, tam inter Subditos dicti Ducatus Lotharingiæ et Barri, quàm alios, tempore quo mentionati Status sub Dominio ante memorati Domini Regis Christianissimi erant, locum habebunt, atque plenum integrum que suum sortientur effectum, non secus ac si Rex Christianissimus Dominus et possessor mentionatarum Regionum mansisset, neque dictas sententias et decreta in dubium vocare, annullare aut executionem illorum retardare, aut impedire integrum erit. Erit quidem partibus licitum juxta ordinem et dispositionem legum atque constitutionum confugere ad revisionem actorum; interim tamen sententiæ suo in robore et vigore maneant.

XXII. Restituentur statim Domino Duci Archiva et Documenta literaria, quæ in Gazophylacio Nanceano et Barrensi, atque in utraque Camera computorum, sive alibi locorum habebantur, et ablata fuerunt.

XXIII. Sacra Cæsarea Majestas consentit, ut Princeps Franciscus Egon Episcopus Argentinensis, ejusque frater Princeps Wilhelmus Egon Landgravius in Furstenberg, cum eorum ex Fratre Nepote Principe Anthonio Egone Landgravio in Furstenberg, eorumque Officialibus et Ministris plenè restituantur in eum statum, famam, dignitates, jura, vota, sessiones, beneficia, et officia, bona feudalia, subfeudalia, et allodialia una cum fructibus sequestratis, et in omnia generaliter bona, quibus ante destitutionem, occasione hujus belli factam, gavisi sunt, aut jure gaudere potuerunt; nonobstantibus et cassatis quibuscunque in contrarium actis, pactis, et decretis. Prædictus etiam Princeps Wilhelmus Egon statim à pace utrinque ratihabitâ in integram libertatem restituetur. Quicquid autem à Capitulo Argentinensi, aliisque qui beneficia et bona ad prædictos Episcopum et Principes spectantia administrarunt, et ab iisdem nominatis Officialibus contra illos dictum, factum, aut scriptum est, perpetuæ oblivioni mandetur, nec liceat eos desuper ulla ratione compellare, aut iis molestiam quocunque sub prætextu afferre.

XXIV. Restituantur omnes utriusque Partis Vassalli, et Subditi Ecclesiastici, et Seculares, honoribus, dignitatibus, et beneficiis, quibus ante bellum exortum gaudebant, uti et in universa bona, mobilia et immobilia, reditus mobiles, et qui redimi possunt, occasione belli confiscata et occupata, unà cum juribus, actionibus, et successionibus, quæ ipsis durante etiam bello evenerint; ita tamen, ut nihil ratione fructuum et redituum post confiscationem et occupationem perceptorum ex bonis mobilibus, reditibus, et beneficiis ad diem usque ratihabitæ pacis peti possit; similiter neque debita, effecta, merces, et mobilia ante memoratum diem Fisco addicta; adeò ut neque Creditores privatorum debitorum, nec Depositarii talium effectorum et mercium, eorumque hæredes, aut causam ab iis habentes, ea persequi, aut restitutionem, seu satisfactionem prætendere unquam queant, quæ restitutiones juxta prædictam formam, etiam usque ad eos extendentur qui partes contrarias secuti fuerint, atque proinde per hunc Tractatum in gratiam sui Principis redibunt, uti et in sua bona qualia tempore conclusionis et subscriptionis hujus Tractatus fuerint. Hæcque ita executioni mandentur, nonobstantibus ullis donationibus, concessionibus, declarationibus, confiscationibus, commissis, sententiis interlocutoriis, aut definitivis, et ex contumacia partibus absentibus et non auditis, latis: quæ sententiæ, et res judicatæ nullæ erunt, et perinde habebuntur, ac si judicatæ aut pronuntiatæ non essent, plenâ libertate et integrâ manente dictis partibus in patriam redeundi, ex qua antea excesserunt, utque vel ipsi dictis bonis mobilibus, censibus, et reditibus frui, aut alibi ubicumque ipsis visum fuerit domicilium figere possint, prout elegerint, omni violentiâ penitus exclusâ; si verò alibi morari voluerint, ipsis fas sit per Procuratores non suspectos bona et reditus administrare, iisque frui exceptis tamen beneficiis Residentiam requirentibus, quæ personaliter administrari et obiri debebunt.

XXV. Ea de quibus inter Sacram Cæsaream Majestatem et Imperium et Regem Regnumque Sueciæ tam pro se, quàm pro Duce Gottorpiensi hodiè convenit, hoc Tractatu comprehensa intelligantur, ita ut tam præsens, quàm prædictus Tractatus Cæsareo-Suecicus unus idemque censeatur, et ejusdem virtutis et valoris sit, ac si huic Instrumento de verbo ad verbum insertus esset.

XXVI. Et cum publicæ tranquillitatis intersit bellum, quod Sacræ Regiæ Majestati Christianissimæ, Regique et Regno Sueciæ, cum Rege Daniæ, Electore Brandeburgico, Episcopo Monasteriensi, et Principibus Domus Luneburgicæ, Episcopo Osnabrugensi, et Ducibus Zellensi et Guelferbytano adhuc intercedit quantociùs etiam componi Sacra Cæsarea Majestas non minus apud prædictos Principes, quàm Sacra Regia Majestas Christianissima apud Regem Sueciæ officia sua efficacissime interponet, ut pax inter præmemoratas Potentias quamprimum etiam coalescat, eique fini Eædem in armistitium paci conciliandæ accommodatum statim consentiant. Quòd si verò præter expectationem officia hæc optatum finem non assequantur, Cæsarea Majestas et Electores Principes et Status Imperii hac pace comprehensi promittunt, se elapso Armistitii tempore prædictos Galliæ, Sueciæque hostes nullo modo et sub quocunque prætextu directe vel indirectè juvaturos, aut ullum in hoc bello gerendo Galliæ, Sueciæque impedimentum allaturos, nec passuros, ut prædictorum Galliæ, Sueciæque Hostium Copiæ hyberna, vel stativa extra ipsorum Territoria in Imperio capiant. Manebit etiam liberum Sacræ Regiæ Majestati Christianissimæ ad prædictum solummodò finem in sequentibus in Imperio locis tenere præsidium; Dominis tamen locorum, eorumque subditis innoxium, et sumptibus Regis Christianissimi sustentandum, scilicet in Oppidis et Urbibus, Chastelet, Huy, Verviers, Aquisgrano, Duren, Linnick, Nuys, et Zons; in quibus nova munimenta extrui non poterunt, nisi in quantum dictorum præsidiorum securitati necessaria erunt, et justam suspicionis causam præbere non possint; nec fas erit Regi Christianissimo ea loca ratione expensarum inibi factarum, aut sub quocunque alio prætextu retinere; sed ea evacuabit et restituet iis à quibus occupavit, statim atque pax inter prædictas partes quoad Provincias in Imperio sitas conclusa et ratihabita fuerit, aut ad eam restabiliendam aptiora communi consensu inventa fuerint media. Et vicissim Sacra Regia Majestas Christianissima promittit, se præsentes Cæsaris aut Imperii hostes nullo modo sub quocumque prætextu, directè vel indirectè juvaturam. Sit etiam liberum Cæsari et Imperio conjungere cum Rege Christianissimo officia, consilia, et operam, ut bellum istud communi etiam consensu quantocius sopiatur.

XXVII. Juxta Pacem Monasteriensem Articulo secundo in omnibus confirmatam reciprocè restituantur et restituenda loca evacuentur bonâ fide, in quem finem Commissarii[1] eodem tempore, quo Tractatus hic utrinque ratihabebitur, nominentur; ut prædicta evacuatio et restitutio intra spatium Mensis à ratihabita pace absque ulteriori dilatione absolvatur, iis locis hic interim non comprehensis, de quibus præcedenti Articulo ad tempus aliter dispositum est.

XXVIII. Cum ab antiquo controversia sit de Castro et Ducatu Bullionensi inter Episcopum et Principem Leodiensem et Duces ejus nominis, conventum est, ut Duce Bullionensi in ea, in qua nunc est, possessione manente, controversia illa amicabili viâ, vel per Arbitros à Partibus intra trimestre à ratihabita pace nominandos terminetur, viâ facti penitus exclusâ.

XXIX. Simul atque Instrumentum Pacis hujus à Dominis Legatis Extraordinariis et Plenipotentiariis subscriptum et signatum fuerit, cesset omnis hostilitas: Si quid autem post quatuordecim dies à subscripta pace attentatum aut viâ facti mutatum fuerit, id quamprimum reparari, et in pristinum statum restitui debeat.

XXX. Contributionum verò exactio ab una vel altera parte iis Provinciis, Ditionibus et locis impositarum, quæ dictis contributionibus ante subscriptionem hujus Tractatus se submiserunt, continuabitur usque ad præsentis Tractatus ratificationem; et quod tum temporis residuum debebitur, intra quatuor mensium spatium à dicta ratihabitione pendetur: Ita tamen ut earum solutio post commutatas reciprocas ratificationes viâ facti ab iis Communitatibus exigi non possit, quæ per idoneos Fidejussores cavebunt se debitam quantitatem in ea Urbe, de qua conveniet, numeraturos.

XXXI. Licet satis declaratum sit Articulo secundo hujus Tractatus, Instrumentum Pacis Monasteriensis in omnibus et singulis confirmari, expressè tamen placuit, ut omnia quæ in causa Montisferrati dicto Instrumento Pacis Monasteriensis cauta sunt, et deinceps suum obtineant robur et vigorem, inter quæ et ea specialiter firma manebunt, quæ pro Domino Duce Sabaudiæ ibidem provisa reperiuntur.

XXXII. Et cum Sua Cæsarea Majestas et Sacra Regia Majestas Christianissima officia et studia Serenissimi Magnæ Britanniæ Regis, quæ conciliandæ paci universali et tranquillitati publicæ indesinenter impendit, grato animo agnoscant, utrinque placuit eum unà cum Regnis suis præsenti hoc Tractatu omni meliori modo nominatim comprehendi.

XXXIII. Comprehendantur etiam hac Pace illi qui ante permutationem ratificationis, vel intra sex Menses posteà ab una, vel altera parte, ex communi consensu nominabuntur.

XXXIV. Imperator et Rex Christianissimus consentiunt, ut omnes Reges, Principes, et Respublicæ super executione et observantiâ tam omnium, quàm singulorum, quæ præsenti Tractatu continentur, altè memoratis Sacræ Cæsareæ Majestati et Sacræ Majestati Christianissimæ guarantiam præstent.

XXXV. Pacem hoc modo conclusam promittunt utriusque Partis Legati Extraordinarii et Plenipotentiarii respectivè ab Imperatore et Imperio et Rege Christianissimo ad formam hic mutuò placitam ratihabitum iri, seque infallibiliter præstituros, ut solennia Ratihabitionum Instrumenta intra spatium octo septimanarum à die subscriptionis computandum, aut citiùs, si fieri poterit, hic reciprocè, ritéque commutentur.[2]

XXXVI. Et cùm Sacra Cæsarea Majestas ab Electoribus, Principibus, et Statibus Imperii vigore Conclusi die trigesimâ primâ Maji anno millesimo sexcentesimo septuagesimo septimo, Legatis Gallicis sub Sigillis Cancellariæ Moguntinæ extraditi decenter requisita fuerit, ut dictorum Electorum, Principum, et Statuum Imperii interesse per suam Legationem Cæsaream in congressu agi curaret, tam Cæsarei, quàm Regii Legati nominibus supradictis præsens pacis Instrumentum in omnium et singulorum eo contentorum fidem majusque robur subscriptionibus sigillisque propriis munierunt, et competentes ratificationes formulâ conventâ termino suprà constituto, sese extradituros polliciti sunt, nec ulla à Directorio Imperii Romani contra subscriptionem hujus Tractatus recipiatur, aut valeat vel protestatio, vel contradictio. Acta sunt Noviomagi die quinta Februarii anno Domini millesimo sexcentesimo septuagesimo nono.

Johannes Episcopus et Princeps Gurcensis.
Francíscus Udalric. comes Khinsky.
T. A. Henricus Stratman.

Le Mareschal d'Estrades
Colbert

1 Die Kommissare waren Gurk und Stratmann sowie Colbert de Croissy. Ihre Beratungen führten am 17. Juli 1679 zu einem Exekutionsvertrag.

2 Ratifikationen: Ludwig XIV. Febr. 26, Reichstag März 23, Kaiser Leopold I. April 19.

Im Namen der heiligen und unzertheilten Dreyfaltigkeit.

KUnd und zu wissen seye allen und jeden / denen hieran gelegen ist/oder auff einige Weise daran gelegen seyn mag ; daß nachdem von Anfang dieses vor einigen Jahren entstandenen Kriegs/ zwischen dem Allerdurchleuchtigsten und Großmächtigsten Fürsten und Herren/ Herren LEOPOLDO erwählten Römischen Kaysern zu allen Zeiten Mehrern deß Reichs/in Germanien / zu Ungarn / Böhmen / Dalmatien / Croatien/und Sclavonien Königs / Ertz-Hertzogen in Oesterreich/ Hertzogen zu Burgund/Braband/Steyer/Crain/ Kärndten/ Marggrafen in Mähren/ Hertzogen zu Lützenburg/ Ober- und Nieder-Schlesien/ Würtenberg und Teck/ Fürsten in Schwaben/ Grafen zu Habspurg/Tirol Kiburg und Görtz / Margrafen deß H. Röm. Reichs zu Burgau/auch Ober-und Nieder-Laußnitz / Herren der Sclavonischen Marck/zu Portenau und Salins/ꝛc. ꝛc. eines / und dem Durchleuchtigsten und Großmächtigsten Fürsten und Herren/ Herren LUDWIG dem XIV. König in Franckreich und Navarren/ andern theils / Allerhöchstgedachte Kayserliche und Allerchristlichste Königl. Maj. ihnen nichts höhers angelegen seyn lassen/als wie vermittelst Wiederauffrichtung eines beständigen Friedens / die Verwüstung so vieler Landschafften/und so häuffig vergossenes Christen-Blut auffhören mögte/es endlich durch Gottes Gnade geschehen/daß nechst Bemühung deß Durchleuchtigsten und Großmächtigsten Fürstens und Herren / Herren CAROLI deß II. Königs in Groß-Britannien/ welcher nach dem er bey diesen schwehren Conjuncturen in der Christenheit/von allen kriegenden Partheyen für einen Mediator angenommen worden/mit unverdrossenem Fleisse für den allgemeinen Ruhestand und Frieden / zu Sr. Maj. unsterblichem Nachruhm/dero Rahtschläge und Dienste angewendet hat/Se. Kayserl. und Allerchristlichste Königliche

Majestäten verwilliget/daß allhier zu Nimmegen die Friedens-Tractaten angestellet würden; Als nun beyderseits rechtmässig verordnete extraordinari Abgesandten und Gevollmächtigten an besagtem Ort erschienen/und zwar auff Seiten der Röm. Kayserl. Maj. die Hochwürdigste/Durchleuchtige und Hochgebohrne Herren/Herr JOHANNES Bischoff zu Gurck/deß H. Röm. Reichs Fürst/und Kayserl. Maj. Raht; wie ingleichem Herr FRANTZ ULRICH deß H. Röm. Reichs Graf Khinski/ zu Chimitz und Tettau/ Herr in Kludmetz/Jh. Kayserl. Maj. geheimer Raht/Kämmerer/Königlicher Stadthalter/deß Königl Land-Gerichts Beysitzer/Präsident in dem Appellations-Gericht/ und deß Königreichs Böhmen Hofmeister; und dann Herr Theodorus Althetus Henricus von Stratman, Jhrer Kayserl. Maj. Reichs Hof-Raht/auff Seiten aber deß Allerchristlichsten Königs/die Durchleuchtige und Hochgebohrne Herren/Herr GOTFRIED Graf von Estrades/Marschall in Franckreich/Ritter der Königl Orden/Stadthalter in Amerika/der Stadt und Vestung Dünkirchen/und aller davon dependirender Orten Gubernator; Herr Carolus Colbert, Ritter/Marggraf zu Croissy Königlicher Maj. in Franckreich Staats-und geheimer Raht; und dann Hr. Johannes Antonius de Mesmes, Ritter Graf zu Avaux, Jh. Königl. Majestät gleichfals geheimer Raht; So haben sie nechst Anruffung Göttlichen Beystands/und nach außgewechselten beyderseits Vollmachten (deren Abschrifften am Ende dieses Instruments von Wort zu Wort einverleibet sind) auch angewendeter fleissiger Bemühung der Hoch- und Wohlgebohrnen Herren/Herrn Laurentii Hyde, Ritters/Herren Wilhelmi Temple, Ritter Baronnets/und dann Herrn Leolini Jenkins, gleichfals Ritters/ und Sr. Königl. Maj. in Groß-Britannien extraordinari-Abgesandten und Gevollmächtigten/ welche das Mittler-Ampt zu Wiederauffrichtung deß allgemeinen Ruhestandes/vom 1675sten Jahr an biß hieher/gantz unpartheyisch/emsig und klüglich verwaltet/ auff nachfolgende Friedens-und Freundschaffts-Artickul/zu Gottes Ehre/und der Christenheit Wolfahrt sich verglichen.

I. Soll ein Christlicher/allgemeiner und beständiger Friede/wie auch eine rechtschaffene und auffrichtige Freundschafft zwischen Sr. Kayserl. und Allerchristlichsten Königl. Maj. dero Erben und Nachfolger/Königreiche und Landschafften/wie nicht weniger zwischen allen und jeden allerhöchstbesagter Kays. M. Bundsgenossenen/insonderheit denen Chur-Fürsten und Ständen deß Reichs / die in diesem Frieden begriffen/und dero Erben und Nachfolger eines; und dann zwischen allen und jeden höchstgedachter Sr. Allerchristlichsten Maj. in diesem Frieden gleichfals begriffenenen Erben und Nachfolgern anderen theils/

seyn; und dieselbige dergestalt auffrichtig gepflogen und unterhalten werden/daß ein Theil deß andern Ehre / Nutzen und Frommen befördern: und beyderseits eine ewige Vergessenheit und amnestie alles deßjenigen seyn soll/was von Anfang dieser Unruhen hin und wieder Feindliches begangen worden/also daß weder umb derer/oder umb einiger andereren Ursache und Vorwands willen/ keiner dem andern forthin einiges Leyd oder Schaden/directè oder indirectè,unter dem Schein Rechtens oder thätlicher Weise/in- oder ausserhalb deß Reichs / ungehindert einiger voriger hierwider auffgerichteter Verträge zufügen / oder solches zu thun geschehen lassen und gestatten soll/sondern alle und jede hin und wieder/mit Worten/Schrifften und Wercken zugefügte Unbillig- Gewaltthätig und Feindseligkeiten/schäden und Kosten / ohne einiges Ansehen der Personen und Sachen/so gar todt und ab sein sollen / daß was dannenhero ein Theil an den andern prätendiren und suchen mögte/ewig vergessen seyn und bleiben soll.

II. Und dieweil der zu Münster in Westphalen am vier und zwantzigsten October im Jahr ein tausend sechs hundert viertzig und acht geschlossene Friede / dieser beyderseitigen Freundschafft und allgemeinen Beruhigung Grundveste seyn wird / so soll derselbige in allen und jeden Stücken wieder in seine vorige Krafft und Stand gesetzet werden / und hinfüro darinnen beständig verbleiben / als ob allhier besagten Friedens-Instrument von Wort zu Wort einverleibt gelesen würde / außgenommen / was demselben durch gegenwärtigen Tractat außdrücklich entzogen und benommen worden.

III. Nachdem aber Krafft gedachten Münsterischen Friedenschlusses Se. Königl. Majestät in Franckreich das ewige Besatzungs- benebenst dem Schutz-Recht in der Festung Philippsburg erlanget hat / besagte Festung aber durch die Käyserliche Waffen/das Schloß und die Stadt Freyburg aber von denen Frantzösischen / in gegenwertigem Kriege erobert worden / so haben sich Ihre Käyserliche und Königliche Majestäten wegen solcher Oerter folgender Gestalt verglichen.

IV. Es renunciiret und begibt sich die Aller-Christlichste Königliche Majestät so wol für sich / als dero Erben und Nachfolger / tritt auch auf ewig ab/ Sr. Käyserl. Majestät/dero Erben und Nachfolgern/alles immerwährende Schutz- und Besatzungs-Recht / auch was deroselben vermöge des Münsterischen Frieden-Schlusses an der Festung Philippsburg zugehöret hat / und hält weder Ihro oder dero Erben und Nachfolgern nicht das geringste Recht oder Anspruch auf / die deroselben angefügte oder diß und jenseits Rhein gebauete Schantzen / unter was Titul und Vorwand es auch gleich seyn möchte / bevor/ ungehindert aller hierwider aufgerichteten Gesetzen/ Satz-und Ordnungen/ als welche alle undjede durch diesen Tractat aufgehaben uñ vernichtet werdẽ.

V, Hingegen renuntiiret und begibt sich Se. Käyserl. Majestät/ so wol für sich/als dero Erben und Nachfolgern/auch das gesambte Hauß Oesterreich/ und tritt gleichfals auf ewig ab/der AllerChristlichsten Königlichen Majestät/ dero Erben und Nachfolgern das Schloß und die Stadt Freyburg/sambt drey darzu gehörigen Dörffern/Lehn/Mezhausen/und Kirchzart/nebenst dero Bännen/wie solche der Gemeine besagter Stadt Freyburg zustehen/sambt allem Eygenthumb/Superiorität/ Schutz-Recht/höchstem Gewalt/und allen andern Sachen insgemein/ welche deroselben auf besagtes Freyburg zugekommen sind / und hält weder Ihro/ dero Erben und Nachfolgern / oder dem H. Röm. Reiche nicht das geringste Recht oder Anspruch / unter was Titul und Vorwand es gleich seyn möge/ auf dieselbige bevor/ ungehindert aller hierwider aufgerichteter Gesetzen/ Satz-und Ordnungen / als welche alle und jede durch diesen Tractat außdrücklich aufgehaben und vernichtet werden: Jedoch mit Vorbehaltung aller der Stadt Privilegien und Freyheiten/welche sie hiebevor von dem Hauß Oesterreich erlanget hat / und des Bischoffs uñ der Kirchen zu Costnitz Einkünften und anderer Rechtẽ.

VI. Soll der Königl. Majestät in Franckreich von Brisach nacher Freyburg durch Ihrer Käyserl. Majestät und des Reichs Land auf der ordentlichen (oder Landstrassen) ein freyer/ jedoch unschädlicher Durchzug/zu Einführung der Soldaten/Proviants / und was sonsten zur Besatzung nötig ist / so offt es nötig seyn wird / ohne einiges Menschen Hindernuß/gestattet werden und offen stehen.

VII. Es soll auch nicht erlaubet seyn / das zu der Freyburgischen Besatzung nothwendige Proviant auf gemeldter Landstrassen und Zug von Brisach nach Freyburg / mit einigen Beschwerden / Zöllen oder Weeg-Geldern / es seyen gleich alte oder neue/ zu belästigen und zu verhindern. So sollen gleichfals die so wol der Besatzung als denen Einwohnern nötige Lebens-Mittel / welche auß einigem Ort in Brißgau nacher Freyburg gebracht werden/wie bißhero/ also auch ins künfftig mit keinen / andere Waaren und Sachen aber mit keinen grössern Zöllen und Aufflagen beschwehret werden / als ob sie an andere Sr. Käyserl. Majestät zugehörige Plätze geführet / oder von Sr. Käyserl. Majestät Unterthanen selber bezahlet würden.

VIII. Sollen von beyden Theilen Commissarii innerhalb Jahres Frist nach bestättigtem Frieden benennet werden/welche die Verfügung thun sollen/ was für rechtmässig gemachte Schulden der Stadt Freyburg zu bezahlen obliegen mögen.

IX. Soll die Allerchristlichste Königl. Maj. auffrichtig und ohne einigen Verzug und Säumnuß der Kayserl. Maj. alle und jede schrifftliche Urkunden / was sie auch betreffen mögen / welche in der Stadt und Schloß der Cantzeley / Regierung und Kammer oder in den Häusern und Verwahrung der Rähte und anderer Beampten / oder anderswo zur Zeit der Eroberung Freyburgs gefunden worden / zustellen lassen / fals aber sothane Urkunden das gemeine Stadt-Wesen und die drey darzu gehörige Dörffer betreffen / so sollen sich vorgedachte Commissarii darüber vergleichen / an welchem Ort dieselbe sollen verwahret werden jedoch dergestalt / daß glaubwürdige oder authentische Abschrifften / so offt man dieselbe begehren wird / herauß gegeben werden sollen.

X. Soll nicht nur deß Baselischen Capituls / wie ingleichem allen und jeden der Oesterreichischen Regirung und Universität Freyburg Gliedern / sondern auch den Bürgern und Einwohnern / weß Stands oder Würden sie seyen / welche von Freyburg weg-und sich anderwertlich hin begeben wolten / frey stehen / mit ihren beweglichē Gütern / wohin es ihnen beliebet / ohne einige Verhinderung / Abzug oder Beschwehrung innerhalb Jahres Frist nach bestättigtem Frieden / abzuziehen / die unbewegliche aber entweder zu verkauffen / oder durch sie oder einen andern zu verwalten. Eben diese Freyheit und Macht zu behalten / verwalten / oder zuverkauffen / soll auch allen andern verbleiben welche Güter / Renten / oder sonst einige Rechte in gemelter Stadt Freyburg / oder denen drey darzu gehörigen Dörffern haben.

XI. Jedennoch verwilliget Se. Königl. Maj in Franckr. gemeltes Schloß und Stadt Freyburg / nebst denen drey darzu gehörigen Dörffern Sr. Kays. M. wieder abzutretten / wann man sich wegen eines gleichgültigen zu höchstbesagter Maj. Vergnügung würde vergleichen können.

XII. Dieweil auch der Hr. Hertzog von Lohtringen mit Seiner Kayserl. Maj. in diesem Kriege vereiniget ist / und in gegenwärtigem Tractat begriffen seyn wollen / so soll er vor sich / seine Erben und Erbnehmen in freye und völlige Besitzung der jenigen Landen / Plätze und Güter / welche dessen Oheimb Hertzog CARL im Jahr 1670. (als selbige von dem König in Franckreich mit dem Schwert eingenommen worden) im Besitz gehabt / wieder eingesetzet werden; jedoch mit Vorbehalt der jenigen Aenderungen / welche in folgenden Artickuln sollen erkläret werden.

XIII. Die Stadt Nancy soll mit ihrem Bann oder Bezirck (gemeiniglich Finage genannt) der Cron Franckreich ewig einverleibet seyn und verbleiben / also und dergestalt / daß der Allerchristlichste König /

seine Erben und Erbnehmen/dieselbige mit allen Rechten der Hoheit/ Ober-Herrschafft und deß Eigenthumbs besitzen sollen: zu solchem Ende renunciiret/übergibt und trite auff ewig ab/gemelter Hertzog von Lohtringen so wol für sich/seine Erben und Nachfolger/ höchstgedachtem Allerchristliechsten Könige/dessen Erben und Nachfolgern/ ohne einige Rück- und Vorbehaltung/alle Rechte deß Eigenthumbs oder Ober-Herrschafft/wie auch alle Prärogativen und Vorzüge/ welche dem Hn. Hertzogen in gemelter Stadt Nantzig zugehöret/ oder zugehöret haben sollen: ungeachtet aller hierwieder auffgerichteten Gesetzen/ Gewohnheiten/Satz-Ordnungen und Verträgen/welche alle sampt ihren Clausulen durch gegenwärtigen Tractat auffgehaben und vernichtet worden:

XIV. Und damit zwischen obgedachter Stadt Nantzig und der Cron Franckreich zugehörigen Landschafften eine freye Communication seyn/ und das Frantzösische Kriegs-Volck einen desto leichtern Durchzug haben möge/ so sollen von deß Königs in Franckreich und deß Hertzogs von Lohtringen verordnenden Commissariis/ wege eine halbe Lohtringische Meil in der Breite in sich begreiffend abgemärcket werden; der erste/welcher von dem Closter St. Desiderii nacher Nantzig/der andere so von Nantzig nach dem Elsaß/der dritte/ welcher von mehrbesagter Stadt Nantzig nacher Vesau in der Graffschafft Burgund/und dann der vierdte/so von Nantzig nach der Stadt Metz leiten/ jedoch dergestalt/ daß die Bemärck- oder Abzeichnung gemelter Wege nicht anderst beschehe/ als wie solches in Bemärckung deß Weges im Jahr 1661. welcher dem König in Franckreich von Weyland Hertzog CARLEN abgetretten/beobachtet worden.

XV. Alle diese obgemelte insgemein bezeichnende Plätze/ Dörffer Städte und Landen/nebenst ihren Zugehörungen/ welche in diesen auf einer halben Meil wegs in der Breite liegenden Wegen sind/sollen/ so wol mit den Rechten der Superiorität und Ober-Herrschafft/ als auch deß Eigenthumbs/deren vor diesem Tractat gedachter Hertzog und dessen Nachfolgere genossen haben/der Königl. Maj. in Franckreich zu kommen/jedoch dergestalt/daß wann sich gemeldter Plätze Banne oder Dependentien über diese halbe Meile in der Breite erstrecken/ so soll das jenige was über den Raum und die von den Commissariis gesetzte Gräntzen sich belauffet/mehrgedachtem Hertzogen/ dessen Erben und Nachfolgern/ wie vorher/mit aller Superiorität/ höchsten Gewalt und Eigenthumb verbleiben.

XVI. Die Stadt und Vogthey Langwik/ nebenst dero Zugehör und Dependentien/sollen sampt aller Superiorität/ höchsten Gewalt und Eigenthumb auf ewig bey höchstgedachtem Allerchristlichstem

König in Franckreich/dessen Erben und Nachfolger verbleiben / also/ daß inskünfftige obmehrgemelter Hertzog/dessen Erben und Nachfolgere daran nicht das geringste Recht noch Anspruch suchen und haben mögen; hingegen aber will an statt sothaner Stadt und Vogtey der Allerchristlichste König dem Hertzog eine andere / in einem auß den dreyen Bisthümern einer gleichmässigen Grösse und Werths gelegene Vogtey abtretten/worüber sich gedachte Commissarii auffrichtig vergleichen werden/wann nun dieselbe dergestalt von dem Allerchristlichsten Könige abgetretten und übergeben worden/so sollen so wol der Hertzog selber als dessen Erben und Nachfolger/solcher mit allen Rechten der Superiorität / deß höchsten Gewalts und Eigenthumbs auff ewig geniesen.

XVII. Ingleichem tritt auch die Allerchristlichste Königl. M. für sich und die Cron Franckreich zu einer Vergeltung/für mehrgedachte Stadt Nantzig ab/und übergibt besagtem Hertzogen/dessen Erben und Nachfolgern/die Superiorität/den höchsten Gewalt / und das Eigenthumb der Stadt Thul/und deren Vorstädte/ sampt allen anderen gerechtsamen/insonderheit der Patronat- oder Pfarr-Rechten/welche der Cron Franckreich in besagter Stadt Thul und dero Vorstädten und Bezirck (in der Lands-Sprache Finage genannt) zugehörten oder zuhören solten/also/ daß vorbenahmter Hertzog dessen Erben und Nachfolgere deroselben ohne einige Rück- oder Vorbehaltung völlig geniesen soll; ungehindert einiger hierwider auffgerichteter Gesetze/Gewohnheiten Satz-Ordnungen oder Verträgen/welche alle und jede sampt ihren Clausulen der Allerchristlichste König durch gegenwärtiges Instrument außdrücklich auffgehoben und vernichtet hat.

XVIII. Dafern aber der Bann oder Bezirck der Stadt Thul nicht so groß oder so viel wehrt wäre / als der Bann oder Bezirck der Stadt Nanzig / so soll solches dem Herren Hertzogen dergestalt ersetzet werden / daß beyder Städte Bezirck- und Bänne gleicher Grösse und Wehrts seyn mögen.

XIX. Will der Allerchristlichste König/für sich / seine Erben und Nachfolger sich deß Rechtens einen Bischoff zu Thul zu benennen oder zu präsentiren/welches ihme vom Pabst Clemens dem IX. vergünstiget worden/bey dem Pabst auf ewig begeben / und demselben renunciiren/ jedoch daß dem Hertzogen frey stehen soll zu dessen Erhaltung seine Zuflucht zu dem Apostolischen Stuhl zu nehmen.

XX. Uber dieses ist verglichen und abgehandelt worden/daß besagter Hertzog keines Wegs berechtiget seyn soll/einige Aenderung mit denen so mit geistlichen Pfründen von der Allerchristlichsten Königlichen Majestät biß auff den Tag gegenwärtigen Tractats versehen worden/vorzunehmen; sondern es sollen die jenige / welche damit versehen sind worden in ruhigem Besitze besagter Pfründen verbleiben / also daß gemelter Hertzog selbige keines Wegs darinnen beunruhigen / verhindern / oder auß dem Besitz vertreiben möge.

XXI. Ferner ist geschlossen worden / daß alle Processe / gerichtliche Decreta und Urtheile / welche von dem Raht / Richtern oder andern Seiner Maj. in Franckreich Beampten in denen zu End gebrachten Streit-Händeln / so wol zwischen deß Hertzogthumbs Lohtringen und Barr / als andern Underthanen / zu der Zeit da gemeldte Länder noch unter deß Allerchristlichsten Königs Bohtmässigkeit waren / außgesprochen worden / gültig seyn / und ihre völlige und gäntzliche Wirckung erreichen sollen / nicht anderst als ob der König in Franckreich annoch besagter Landschafften Herr und Innhaber verblieben wäre / und keines wegs erlaubt seyn / gemelte gerichtliche Außsprüche in Zweifel zu ziehen / selbige zu vernichten / oder dero Vollziehung auffzuhalten / oder zu verhindern. Gleichwol soll denen Partheyen frey stehen / denen Satz- und Verordnungen gemäß / die Wieder-Ubersehung oder Revision der Acten zu suchen / unterdessen aber die außgesprochene Urtheile in ihrer Krafft und Würckung verbleiben.

XXII. Dem Herren Hertzogen sollen alsofort die Archiven und schrifftliche Documenten und Urkunden / welche in der Nantzig- und Barrischen Schatz- und in beyden Rechen-Kammern / oder anderwertlich verwahret gewesen / und weggenommen worden / wieder zugestellet werden.

XXII. Ihre Kayserl. Majestät verwilliget / daß der Fürst Frantz Egon Bischoff zu Straßburg / und dessen Bruder Printz Wilhelm Egon von Fürstenberg / sampt dero Vettern oder Bruders Sohn Antonio Egon von Fürstenberg / nebenst allen dero Beampten und Ministern / in den jenigen Stand / Ehre Würden / Gerechtsame / Stimmen / Sitze / Pfründen / Aempter / Lehen- Affter- Lehen und Allodial-Güter / auch alle sequestrirte Renten / und insgemein in alle Güter / welcher sie vor geschehener Entsetzung umb dieses Krieges willen genossen / oder mit Recht geniessen haben können / ungehindert aller hierwider geschehenen uud hiemit zernichteten Verträgen und Schlüssen / wieder vollkömmlich eingesetzet auch besagter Printz Wilhelm Egon von Fürstenberg gleich nach bevestigtem Frieden in gäntzliche Freyheit gestellet werden solte. Was aber voo dem Straßburgischen Capitul / und anderen / welche die dem Bischoff und denen Printzen angehörige Pfründen und Güter verwaltet haben / und deroselben Beampten wider dieselbige geredet / gehandelt oder geschrieben worden / das soll ewiglich vergessen / und sie deßwegen keines Wegs zu besprechen / oder unter einigem Vorwand zu beschwehren erlaubet seyn.

XXIV. Es sollen auch alle beyderseits so Geist- als Weltliche Vasallen und Underthanen / in ihre Ehren / Würden / und Pfründen / deren sie vor entstandenem Kriege genossen / wie auch in alle liegende und fahrende Güter / bewegliche Renten / die da wieder außgelöset werden können / und dieses Krieges wegen confisciret und eingezogen worden / nebenst allen Rechten / Außsprüchen und Erbschafften / welche ihnen auch in währendem Kriege zugefallen sind / wieder eingesetzet werden / jedoch also / daß nichts wegen der nach geschehener Confiscation und Einziehung genossener Zinse und Renten / auß denen beweglichen Gütern / Einkünfften und Pfründen biß auff den Tag deß bevestigten Friedens / wie ingleichen keine Schulden / Effecten / Wahren und Mobilien / die vor gemeldtem Tage confisciret worden / gefordert werden mag / so gar daß auch weder die Glaubiger der Privat-Schulden / noch die Verwahrer sothaniger Effecten und Wahren / oder dero Erben und hierzu berechtigte selbige weder verfolgen / oder einige Wiedererstatt- oder Vergnügung jemahls prätendiren und suchen können / welche Wiedererstattungen nach vorgedachter Form auff die jenige außgedehnet werden sollen / die der widrigen Parthey zugethan gewesen sind; und derowegen wiederumb in ihres Fürsten Gnade und auch in ihre Güter / wie solche zur Zeit dieses geschlossenen und unterschriebenen Friedens-Tractat beschaffen gewesen / gelangen sollen: Dieses soll auch also ungehindert aller Schenckungen / Confiscationen / Befelchen / Bey- und End-Urtheilen / welche wegen abgewesener und nicht gehörter Partheyen auß Ungehorsamb ergangen sind / vollzogen / und die abgeurtheilte Sachen für nichtig erkennet / und dafür gehalten werden / als wären sie nimmermehr abgeurtheilet und außgesprochen worden / und besagten Partheyen vollkömmlich frey stehen und erlaubet seyn / wiederumb in ihr Vatterland zu kehren / worauß sie hiebevor entwichen sind / und daß sie entweder selber persöhnlich gedachter Güter / Mobilien / Zinsen und Renten geniesen / oder anderwertlich / wo sie es gut bedüncket oder ihnen belieben wird / ihre Wohnung ohne einige Gewalthätigkeit / nehmen mögen: Dafern sie sich aber anderstwo auffhalten wolten / so soll ihnen erlaubet seyn / durch unverdächtige Anwälde oder Schaffner ihre Güter und Einkünffte verwalten zu lassen und derselbigen zu geniesen / außgenommen die jenige Güter und Pfründen / so die Residentz erfordern / welche von ihnen persöhnlich verwaltet und verpfleget werden sollen.

XXV.

Es soll auch das jenige was zwischen der Römischen Kayserlichen Maj:stät und dem Reich / wie auch dem König und der Cron Schweden / so wol für sich und dem Hertzog von Gottorff heut abgehandelt worden / in diesem Tractat mit begriffen seyn / also daß so wol gegenwärtiger als vorgemeldter Kayserlich-Schwedische Tractat für einen und gleichmässigen gehalten werden / und eben so gültig und kräfftig seyn soll / als ob er diesem Instrument von Wort zu Wort einverleibet wäre.

XXVI.

Und dieweil dem allgemeinen Ruhestand höchlich daran gelegen / daß der Krieg welcher zwischen dem Allerchristlichsten König in Franckreich und dem König und der Cron Schweden / mit dem Könige in Dennemarck / dem Churfürsten zu Brandenburg / Bischoffen von Münster / und denen Fürsten vom Hause Lüneburg / Bischoffen zu Oßnabrug / und Hertzogen von Zell und Wolffenbüttel / annoch währet / gleichfals schleunigst beygeleget werde / als wird so wol J. Kays. Maj. bey vorged. Fürsten / wie nicht weniger die Allerchristlichste Königliche Majestät bey dem König in Schweden sich nachdrücklich bemühen / damit der Friede zwischen vorgemelten Potentaten ehistens zu wegen gebracht werden / und selbige zu dem Ende den vorgeschlagenen Stillstand der Waffen annehmen mögten. Im fall aber wider Verhoffen sothane Bemühungen den erwünschten Zweck nicht erlangen solten / so versprechen Ihre Kayserliche Majestät wie auch Chur-Fürsten und Stände deß Reichs welche in diesem Frieden begriffen sind / daß sie nach verflossenem Stillstande vorbesagten der Cronen Franckreich und Schweden Feinden auf keine Weise unter Was Schein es auch seyn möge / weder directè oder indirectè Hülffe leisten / noch benelten Cronen Franckreich und Schweden in diesem Kriege einige Hindernuß zufügen noch gestatten wollen / daß mehrgedachter Cronen Franckreich und Schweden Feinde Armeen ausserhalb ihrer Landen in dem Reiche einige Winterquartier oder Lager haben sollen. So soll auch Sr. Königlichen Maj. in Franckreich nur allein aber zu vorgemeldtem Ende frey stehen in nachfolgenden Reichs-Plätzen / eine jedoch denen Herren derselbigen und dero Unterthanen unschädliche / und auff deß Allerchristlichsten Königs Kosten verpflegende Besatzung zu halten / nemlich in denen Städten / Chasselt / Huy / Verviers / Aachen / Düren / Lechnich / Neuß und Sons / worinnen doch neue Schantzen und Wercker nicht sollen angeleget / als so fern sie zu gedachter Besatzungen Sicherheit nöthig seyn werden / und keine rechtmässige Ursach zum Verdacht geben können / der Allerchristlichste König aber nicht berechtiget seyn / sothane Plätze wegen der darinnen angewendeten Kosten/oder unter was Schein es sonsten seyn möchte/zu behalten/sondern Er soll dieselbige räumen/ und denen jenigen/welchen Er sie abgenommen hat/ wiederumb einhändigen/ so bald der Friede zwischen vorgemeldten Partheyen/ was die in dem Reiche gelegene Landschafften anlanget/ geschlossen und bestättiget seyn wird/ oder zu Befestigung desselbigen bequem- und füglichere Mittel mit einmüthiger Verwilligung außgefunden werden; Hinwieder gelobet auch die Allerchristlichste Königl. Majest. deß Käysers oder Reichs Feinden auff keine Weise/ unter was Vorwandt es auch seyn möge/ weder directè noch indirectè Hülffe zu leysten: Es soll auch dem Käyser und dem Reiche frey stehen/ mit dem Allerchristlichsten Könige zugleich/ alle Bemühungen/Rathschläge und Fleiß anzuwenden/ damit dieser Krieg mit einmüthiger Verwilligung auff das schleunigste beygeleget werde.

XXVII. Es sollen Krafft deß Münsterischen in allem befestigten Friedenschlusses nach dem zweyten Articul alle Plätze wieder abgetreten / und die abzutretende getreulich wieder geraumet werden: Zu welchem Ende dann Commissarii zu gleicher Zeit/da dieser Tractat von beyden Seyten bestättiget werden wird/benennet werden sollen/auff daß gedachte Raum- und Abtretung innerhalb Monatsfrist nach befestigtem Frieden ohne ferneren Auffschub geschehen möge/die jenige Plätze unterdessen hierinnen nicht begriffen/wegen derer in vorhergehendem Articul auf eine Zeitlang anderst verordnet worden ist.

XXVIII. Und dieweil schon vor längsten wegen deß Schlosses und Hertzogthums Bouillons zwischen dem Bischoff und Fürsten von Lüttich und denen Hertzogen dieses Namens ein Streit gewesen / so ist verglichen worden/ daß zwar der Hertzog von Bouillon in der Besitzung/worinnen Er anjetzo ist/ verbleiben/gedachte Strittigkeit aber entweder durch gütlichen Vertrag oder Schieds-Männer/ welche die Partheyen innerhalb drey Monaten nach bestätigtem Frieden benahmen werden/geschlichtet/ und die Thätlichkeit gäntzlich vermieden werden solle.

XXIX. So bald dieses Friedens-Instrument von denen Herren Extraordinari-Abgesandten und Gevollmächtigten/unterschrieben und besiegelt seyn wird/sol alle Feindseligkeit auffhören: Dafern aber nach vierzehen Tagen/von dem unterschriebenẽ Frieden anzurechnen/etwas feindseliges geschehen oder geändert worden/sol selbiges so fort wiederumb ersetzet und in vorigen Stand gestellet werden.

XXX. Die Einforderung aber der Contributionen/welche von einem oder dem andern Theil den Land-herrschafften und Plätzen auffgeleget worden/und die sich vor Unterschreibung dieses Tractats denenselben unterworffen haben/ sol biß auff die Genehmhaltung gegenwärtigen Tractats fortgesetzet/und was zur selbigen Zeit rückständig verblieben/ innerhalb vier Monaten Zeit nach gemelder Genehmhaltung abgetragen werden; Jedoch aber sol die Bezahlung derselbigen nach außgewechselten beyderseits Ratificationen und Genehmhaltungen/nicht feindseliger Weise von denen Gemeinden gefordert werden/ welche düchtige Bürge stellen wollen / die schuldige Summa/ in der jenigen Stadt/worüber man sich vergleichen wird/ zu erlegen.

XXXI. Obwol in dem zweyten Articul dieses Tractats genugsam erkläret worden/daß das Münsterische Friedens-Instrument in allen und jeden Puncten bestättiget werden sol/so ist dannoch außdrücklich beliebet worden/daß alles/was in der Montferrarischen Sache in gemeldtem Friedens-Instrument versehen worden/auch hinfüro beständ- und kräfftig seyn / und insonderheit auch das jenige fest verbleiben sol / was dem Hertzogen von Savoyen zum besten darinnen versehen worden.

XXXII. Und dieweil auch Ihre Käyserliche und Königliche Majestäten die Mühwaltungen und Fleisse deß Durchläuchtigsten Königs in Groß-Brittanien/welche Er unablässlich angewendet hat/ mit danckbarem Gemüthe erkennen/ so ist beyderseits beliebet worden / denselbigen samt allen seinen Königreichen auff die beste Weise in diesem gegenwärtigen Tractat namentlich zu begreiffen.

XXXIII. Es sollen auch die jenige in diesem Frieden mit eingeschlossen seyn / welche vor Außwechselung der Ratification oder genehmhaltung / oder aber innerhalb sechs Wochen hernach von einem und anderm Theil mit einmühtiger verwilligung werden benahmet werden.

XXXIV. Es verwilligen der Käyser und König in Franckreich / daß alle Könige/Fürsten und Republiken über die Vollzieh- und Beobachtung so wol aller und jeder in gegenwärtigem Tractat enthaltener Puncten / allerhöchstgedachter Käyserlich- und Königlicher Majestät die Guarantie oder Währschafft leisten mögen.

XXXV. Diesen dergestalt geschlossenen Frieden versprechen beyderseits Extraordinari Abgesandten und Gevollmächtigte von respectivè Käyserl. Maj. dem Reiche und Aller Christlichstem Könige/ auff die allhier einmühtig beliebte Form bestättigen zu lassen / und unfehlbar zu verschaffen / daß die Genehmhaltungs-Instrumenta innerhalb acht Wochen Zeit von dem Tage der Unterschreibung an zu rechnen / oder/wo es müglich seyn kan / noch eher/ allhier gebührlich gegen einander außgewechselt werden mögen.

XXXVI. Und dieweil Ihre Käyserl. Maj. von Chur-Fürsten und Ständen deß Reichs / vermög eines unter dem 31. Maji deß 1677. Jahrs / denen Frantzösischen Abgesandten unter der Mäyntzischen Cantzeley Insiegel übergebenen Gutachtens und Schlusses allerunterthänigst und gebührend ersuchet worden / daß Sie durch Dero Gesandschafft bey hiesiger Versamlung gemelter Chur-Fürsten und Stände Interesse beobachten zu lassen geruhen mögte/ so haben so wol die Käyser- als Königliche obbenahmte Abgesandten gegenwärtiges Friedens-Instrument / zu mehrerer Beglaubig- und Befestigung derer darinnen enthaltenen Puncten mit Ihren Unterschrifften und angebohrnen Siegeln bekräfftiget / und die gebührende Ratificationes und Genehmhaltungen in verglichener Form an obgesetztem Termin außzulieffern versprochen / auch daß keine von deß Römischen Reichs Directorio gegen die Unterschreibung dieses Tractats geschehende Protestation oder Widerspruch angenommen werden / noch gültig seyn soll. **So geschehen zu Nimwegen den fünfften Februarii im Jahr Christi Ein Tausend Sechshundert und Neun und Siebentzig.**

(L.S.) Johannes Bischoff und Fürst zu Gurk.

(L.S.) Frantz Ulrich Graf Khinsky.

(L.S.) T. A. Henr. Stratman.

(L.S.) Marschall Destrades.

(L.S.) Colbert.

5. Friedenspublizistik

Robert Barclay: An Epistle of Love and Friendly Advice, to the Ambassadors of the severall Princes of Europe, met at Nimeguen to consult the Peace of Christendom, so far as they are concerned: Wherein the true Cause of the present War is discovered, and the right Remedy and Means for a firm and settled Peace is proposed. London: Benjamin Clark 1679. 30p.

Exemplar im British Museum: 4139. bb. 13, 1–4

Thesen

Barclays „Epistle" fügt sich ein in eine christlich-theologische Friedenspublizistik, zu der etwa auch noch Comenius' „Friedensengel" zählt, die für die erste Hälfte der Epoche Ludwigs XIV. charakteristisch ist. Diese Spielart der Friedenspublizistik sieht ihren Zweck nicht im Aufzeigen konkreter Friedens- und Befriedungslösungen, die politisch realisierbar sind. Sie versucht vielmehr, allgemeine Veränderungen der ethischen Prinzipien und des Bewußtseins zu bewirken. Die Friedenspublizistik dieser Spielart hat ein noch relativ ungebrochenes Verhältnis zur christianitas-Idee (und damit auch zur Einheit und Solidarität der Christenheit). Barclays „Epistle" und vergleichbare Friedensschriften stellen auch einen Ansatz dar für eine generelle System- und Fürstenkritik.

To the Ambassadors and Deputies of the Christian Princes and States, met at *Nimeguen,* to Consult the Peace of *Christendom, R. B.* a Servant of Jesus Christ, and hearty wel-wisher to the *Christian World,* wishes increase of Grace and Peace, and the spirit of sound Judgement, with hearts inclined, and willing to receive and obey the Counsel of God.

Let it not seem strange unto you, who are men chosen and authorized by the great Monarchs, and States of Europe, to find out a speedy remedy for the present great trouble, under which many of her Inhabitants do groan; (as such whose Wisdom, and Prudence, and Abilities has so recommended them to the World, as to be judged fit for so great and difficult a work) to be addressed unto by one, who by the World may be esteemed weak and foolish; whose advice is not ushered unto you, by the Commission of any of the Princes of this World, nor seconded by the recommendation of any earthly state: For since your work is that which concerns all Christians, why may not every Christian who feels himself stir'd up of the Lord thereunto, contribute therein; and if they have place to be heard in this Affair, who come in the name of Kings and Princes, let it not seem heavy unto you, to hear him that comes in the name of the Lord Jesus Christ, who in the truest sense, is the head and governour and cheif Bishop of the Church, the most truly Christian and Catholick King: Many of whose Subjects are concerned in this matter, and the blood of many in hazard for whom he hath shed his precious blood, and yet who shall not seek to obtrude upon you the beleif of the Truth or certainty of his Commission, because of his own Testimony; but leave it, as well as the things he therein delivereth, to the holy and pure witness of God, in all your Consciences to be received or rejected by you as it shall there be approved, or not approved.

Know then my Friends that many and often times my Soul has been deeply bowed down under the weighty sense of the present state of Christendom, and in secret before the Lord I have mourned, and bitterly lamented because thereof: And as I was crossing the Sea, and being the last Summer in Holland, and some parts of Germany, the burthen thereof fell often upon me, and it several times came before me to write unto you what I then saw and felt from God of these things, while I was in those parts; but I waited and was not willing to be hasty, and now being returned to my own Country, and at my own Home: I cheerfully accept the fit season which the Lord has put in my hand, and called me to therein, to signifie unto you those things which in his name and authority I am commanded to do.

And for this end, the Lord has shewn me, what the causes are of all this mischeif, and confusion, and desolation; which are necessary to be made known unto you, and deeply and seriously to be considered by you, else ye can never be able to apply the right remedies; I speak of the primary and original cause, as it proceeds from him, and is hatched by him, who is the Author of all mischief, and the great enemy to, as well as envyer of the true peace and prosperity of all good Christians, and who sows in mens hearts, that evil seed and fomenteth that bad ground from which all evil ariseth; for unless this be seen, discovered, and removed in the ground, although the secondary and more immediate causes be seen, (to wit) the projects, designs and councels of men, and in part be answered and removed, by giving way to some, and taking from others, according as they are more or less formidable and considerable, measuring these things by the rules of humane wisdom, and carnal prudence and policy: Yet that is not sufficient, that may allay the heat for a time, but will not remove the evil; and you in so doing, will prove but like those Physitians, that do mitigate the pain and violence of a Disease for a time; but do not take away the ground and cause of it; so that it shortly again returns, and in the end destroys him that is afflicted with it.

The cheif ground, cause and root, then of all this misery among all those called Christians, is because they are only such in Name, and not in Nature, having only a form and profession of Christianity in shew and words, but, are still strangers, yea and enemies to the life and vertue of it; owning God and Christ in words, but denying them in works, and therefore the Lord Jesus Christ will not own them as his Children nor Disciples; for while they say they are his followers, while they preach and exalt his precepts, while they extol his life, patience, and meekness, his self-denying perfect resignation and obedience to the will of his Father; yet themselves are out of it and so bring shame and reproach to that honourable name, which they assume to themselves in the face of the Nations, and give an occasion for Infidels Turks, Jews and Atheists, to profane and blaspheme the holy Name of Jesus: Is it not so? While so much ambition, pride, vanity, wantonness and malice, murder, cruelty and oppression, yea and all manner of abominations abounds, and is openly practiced; yea while those, that should be patterns and examples of Justice, Vertue and sobriety to others, do for the most part exceed most in those things; so that the Courts of Christian Princes (who while in words seem more to glory in being Professors and Protectors of Christianity then in their outward Crowns) which should be Colledges of Vertue and Piety, are mostly Scenes of greatest wickedness, and nests and recceptacles of all the Buffons, Stage-players, and other vilest Vermine, not fit to be mentioned. I say is it not so? while upon every slender prætext, such as their own small discontents, or that they judge the present peace they have with their neighbour, cannot sute with their Grandeur and worldly glory: They sheath their Swords in one anothers bowels, ruin, waste and destroy whole Countreys, expose to the greatest misery many thousand Families, make thousands of Widows, and ten thousands of Orphans cause the banks to over-flow with the blood of those for whom the Lord Jesus Christ shed his precious blood, spend and destroy many of the good creatures of God: And all this while they pretend to be followers of the Lamb like Jesus, who came not to destroy mens lives, but to save them; the song of whose appearance to the World, was glory to God in the highest, and good will, and peace to all men;[1] not to kill, murder and destroy men, not to hire and force poor men, to run upon, and murder one another, meerly to satisfy the lust and ambition of great men, they being oftentimes ignorant of the ground of the quarrel, and not having the least occasion of evil will or prejudice against those their fellow Christians whom they thus kill, amongst whom not one of a thousand perhaps ever saw before, Yea is it not so? that there is only a name and nothing of the true nature of Christians, especially manifest in the Clergy, who pretend not only to be Professors, but Preachers, Promotors and Exhorters of others to Christianity, who for the most part, are the greatest promoters and advancers of those Wars and by whom upon all such occasions, the name of God and Jesus Christ, is most horribly abused, profaned and blasphemed. While they dare pray to God, and thank him for the destruction of their Brethren Christians, and that for, and against, according to the changeable wills of their several Princes: Yea, so that some will joyn in their Prayers, with and for the prosperity of such, as their profession obliges them to believe to be Heretical and Antichristian, and for the destruction of those, whom the same profession acknowledges to be good and Orthodox Christians: Thus the French, both Papists and Protestants, joyn in their Prayers, and rejoyce for the destruction of the Spanish Papists and Dutch Protestants; the like may be said of the Danish, Swedish and German Protestants, as respectively concerned in this matter: Yea which is yet more strange, if either constraint or Interest, do engage any Prince or State to change his Party, while the same War and Cause remains, then will the Clergy presently accommodate their Prayers to the case in praying for prosperity to those to whom instantly before they wished ruine, and so on the contrary, as in this present War, in the Case of the Bishop of Munster is manifest: Was there ever? or can there be any more horrible profanation of the holy and pure name of God? especially to be done by those, who pretend to be Worshipers of the true God, and Disciples of Jesus Christ? this not only equals, but far exceeds the wickedness of the Heathens, for they only prayed such Gods to their assistance, as they fancied allow their ambition, and accounted their warring a vertue, whom they judged changable like themselves, and subject to such quarrels among themselves, as they that are their Worshippers: But for those to be found in these things, who believe there is but one only God, and have or at least profess to have, such notions of his justice, equity and mercy, and of the certainty of his punnishing the transgressors of his Law, is so horrible and abominable, as cannot sufficiently be neither said, nor written.

The ground then of all this, is the want of true Christianity, because the nature of it is not begotten nor brought forth in those called Christians, and therefore they bear not the image nor bring not forth the fruits of it; for albeit they have the name, yet the nature they are strangers to, the Lambs nature is not in them, but the Doggish nature, the Wolfish Nature, that will still be quarelling and destroying; the cunning Serpentine, subtile nature, and the proud ambitious Luciferian nature, that sets Princes and States a work to contrive and foment Wars, and engages people to fight together, some for ambition and vain glory, and some for coveteousness and hope of gain, and the same cause doth move the Clergy to concurre with their share in making their prayers turn and twine, and so all are here out from the state of true Christianity: And, as they keep the name of being Christians, so also upon the same pretext each will pretend to be for peace, while their fruits manifestly declare the contrary; and how hath and doth experience daily discover this deceit? for how is peace brought about? is it not when the weaker is forced to give way to the stronger, without respect to the equity of the cause, is it not Just so as among the wilde and devouring beasts? who when they Fight together, the weaker is forced to give way to the stronger, and so desist until another occasion offer; so who are found weakest, who are least capable to hold out, they must bear the Inconveniency, and he gets the most advantage, however frivolous, yea unjust his pretence be, who is most able to vindicate his claim, and preserve it, not by Equity, but force of Arms: So that the peacecontrivers rule is not the Equity of the Cause, but the power of the Parties; Is not this known and manifest in many, if not most of the pacifications that have been made in Christendom? It is therefore in my heart, in the name and behalf of the Lord Jesus Christ, to warn you to consider of those things: And therefore be not unwilling to hear one, that appears among you, for the Interest of Christ his King and Master (not as if thereby he denyed the just Authority of Soveraign Princes, or refused to acknowledge the Subjection himself owes to his lawful Prince and Superiour, or were any ways inclined to favour the dreams of such, as under the pretence of crying up King Jesus; and the kingdom of Christ, either deny or seek to overturn all Civil Government) nay, not at all. But I am one, who do reverence and honor Magistracy, and acknowledge subjection due unto them, by their respective people in all things just and lawful; knowing that Magistracy is an Ordinance of God, and that Magistrates are his Ministers, who bear not the Sword in vain.[2] Yet nevertheless I judge it not prejudice to Magistracy, nor injury to any, for one that is called of the Lord Jesus, to appear for him in this affair, for he is not a little concerned, as all by their confession, so by right are his Subjects (unless they wilfully render themselves to another, even to the adversary) for he ist Heir of all, and therefore it is fit that they who speak in his name be heard, for his honor and glory is concerned, his Authority has been contemned, his Laws broken, his Life oppressed, his Standard of peace pulled down and rent, his Government incroached upon: What shall I say, his precious blood shed, and himself afresh crucified, and put to open shame, by the Murthers and Cruelties that have attended those Wars: If then ye come not under a deep and weighty sense of those things, so as to apply your selves to seek after some effectual way to remedy these evils; however you may seek to please Princes and States, by patching up a reconciliation and troubling your selves to satisfie their covetous and ambitious wills, who make such a noise and stir in the World about their glory, and do not mind the glory and honour of the Lord Jesus Christ, so as to give him the right that is due unto him: In the first place, not in a bare sound of words (he will not accept of such a Complement while the evil works remain,) I testifie in his name and Power and Authority, your work will be imperfect, and not prosperous; for although these Kings and Princes that are now at varience, may be by your means brought to lay down Arms, and appear to be good friends, and dear allies; Yet unless the Lord Jesus Christ can be restored to his kingdom in their hearts, and that evil ground of ambition, of pride, and lust, and vain glory be removed, that so they may rule in the wisdom and power of God, and not according to their Lusts, that evil ground and devouring nature being still alive, and predominant in them, will quickly stir some of them up again so soon as opportunity offers fit for their advantage; they will kindle the flame again, and all your Articles will not bind them, but they will break them like strawes; and their Counsellers who flatter them, and seek to please them, will quickly find out a pretext for a breach, such as have taught them these hellish maxims, Qui nescit dissimulare nescit regnare, i. e. that such as make Conscience to lye, or serve the Devil; But to obey Christ, are not fit to rule, and that Kings must not be slaves to their words: And perhaps if they find it difficult to hit upon any probable ground or pretence, if they judge themselves strong enough, they will neither trouble themselves, nor the world to give a reason, but tell, that to be at peace is no longer consistant with their glory, and when they have brought about what they have determined, they will let the World know the reason of it. Hath not manifold experience proved those things to be true, and seeing it is so, there is, nor can no settled, firm established peace be brought to Christendom, until the Devils Kingdom be rooted out of mens hearts, from which Wars come, as the Apostle James[3] testifies, and the Kingdom of Jesus came to be established in the hearts of Kings, and Princes, and People, whose Kingdom, is a Kingdom of righteousness, and peace, and joy in the Holy Spirit; until he come to rule in and among them, and his enemies, (viz.) every evil Lust be thrown out from him, so that his Heavenly wisdom may take place, which is pure, and peaceable, and easy to be intreated,[4] And therefore to bring this about, is the one and great thing needful to be minded and considered of and effectually to be pressed after, as that by the accomplishing whereof the present evils can alone be cured and removed.

Therefore be not mistaken, neither deceive your selves, to think ye can accomplish this work by your wordly and humane wisdom; the wisdom of the flesh will not do it, neither that of the first birth, which must dye, and be crucified, e're the Heavenly wisdom, the beginning whereof is the fear of the Lord,[5] be reavealed, by which alone this work can both be truly begun and finished, for the worldly and carnal wisdom is the cause of the War; It is by it that men have been, and are stirred up to it, even the wisdom of the first fleshly Birth, which leads men not to be content with their own, but to covet their neighbours, and to quarrel and fight in hopes of advantage: Therefore that wisdom which is the cause of the mischief, will, nor can, never cure it; try and examine your selves therefore seriously, in the sight of God, whether you be led, acted and influenced in your present Negotiation, by the wisdom of this World, the wisdom of the first Birth, which is sensual, divelish, and from below, or by the heavenly and pure wisdom of God,[6] which is from above, and is the fruit of the second Birth, the new Birth by Christ Jesus, formed and brought forth in the Soul, and the Light of Jesus Christ in you, which showes you all your thoughts, and has reproved every one of you for your unrighteousness, even from your childhood up, that will manifest unto you, if you mind it, and heed it, which wisdom you are acted by, and discover to you, whether it be your thoughts and purposes to glorifie God over all, and to remove so far as in you lyes, what is contrary to his holy and pure will, and whether you be more concerned for the particular Interests and Interests of your several Princes, to satisfie or obviate their designs, or to bring about that, by which Gods holy witness in every Conscience may be answered, and the pure life of Jesus, that by these doings, the oppressed, may be eased, and suffered to arise: For if this be little in your minds, as a thing not much regarded, but neglected by you, I must intimate to you in the name of the Lord, that your work will not be blessed by him, neither will it prosper; for although you may make peace for a time, yet (as I have aforesaid) it will not be firm, nor of any long continuance, but the old root still remaining, will send forth its evil fruit again, and all your labour will quickly be undone.

Let me exhort you then seriously to examine your selves by the Light of Jesus Christ in you, that can alone discover unto you your own hearts, and will not flatter you (as men may) whether you be fit for this work you are set about, which you cannot be until you have seriously applyed your selves, to the killing and crucifying of that nature in your selves, from which all this evil flows, if the warring part be removed out of you, and the corrupted wisdom done away, and the peaceable wisdom brought up, then are you fit to consult and bring about the peace of Christendom; but this cannot be accomplished in you, until you have first believed in the light of Jesus Christ, wherewithall you, as well as all men are inlightned, and which is given you as a sufficient guide and leader, to lead out of darkness, to lead out of strife, to lead out of the lusts, from which the Wars come?[7] Unto the ways of righteousness and peace, which leads not to destroy, but to love, and forgive enemies; it is the minding of this, and being led and guided by it, that only can fit you for so great and good a work, for this is the fruit of the fathers love to mankind, and the gift of God even Christ Jesus, who was given for a light to enlighten the Gentiles, and for his Salvation unto the ends of the earth;[8] so it is by turning to this, and following it, and obeying it, in which is sufficiency, and which gives power to the receivers of it to become the Sons of God,[9] that the true nature of Christianity can be brought forth, and restored, and by which Kings and Princes, Rulers and people, may be brought out of Lust, Envy, Warring and Strife, to true peace with God, and one with another.

And therefore the cause of all the mischief that is in Christendom, is because this Light has not been minded nor regarded in the heart, but has been hated and overlooked, as a low and insufficient thing; and therefore the seed of the Kingdom, this gift of the Fathers Love, this little Leaven, this pearl of great prize; and this Talent being hid in the ground, condemned and despised, and the world and wordly mind being set over it, notwithstanding all the preaching, and praying, and professing of Christ in words, that has been only one outward show and appearance by which men might the more easily be deceived, and live more securely in their wickedness; but the innocent life of Christ hath not been known, and all Christendom has brought forth bitter and sower grapes under all their talk and forms of Worship, and not the sweet and peaceable fruits of righteousness, which can never be brought untill all come to him, to the Light of Christ in their Consciences, to follow and obey it, and acknowledge it as that which is given them of God, and sufficient to lead them to Life and Salvation; for as this is thus received and entertained, the true nature of Christ will be begotten, and brought forth in people; and then the contrary nature in which the enmity and strife is, will die and pass away, and so Truth and peace will come to be settled, and firmly established. And for this end the Lord God Almighty is arisen, and arising in his own power and glory (who out of his infinite compassion, having regard to the present distracted and desolate condition of Christendom) is seeing them strangers to his Life and power, and led and guided at will to the utter ruine and destruction both of Body and Soul by the adversary of mandkinds true happiness, that he might reveal the Light of his Truth, even of true Christianity, to those who have the name only, and hath turned many who are strangers and enemies thereunto in their minds by wicked works, to this precious Light, by which judgment has been laid to the line, and righteousness, to the plummet in them[10] and the evil works and nature in them has been judged, and condemned; and they have willingly abode under it, until it hath been brought forth to victory in them. And many of them who have been wise according to the wisdom of the World, have learned to lay it down at the feet of Jesus, that they might receive from him of his Pure and Heavenly wisdom, being contented in the enjoyment of that, by the World to be accounted fools, and also many of them who were Fighters, and even renowned for their Skil and Valour in Warring, have come by the influence of this pure Light, To beat their Swords in Plough-shares, and their Spears in pruning-hooks, and not learn Carnal War any more,[11] being redeemed from the Lusts from which the Fighting comes; and there are thousands whom God hath brought here already, who see to the end of all contention and strife, and that for which the World contends; and albeit the Devil be angry at them, and rage against them in the meer Nominal and Literal Christians, because he knows they stricke at the very root and foundation of his Kingdom in mens hearts, and therefore he prevails in his followers, to wit, in these Literal Nominal Christians, to persecute, kill, beat, bannish and imprison, and many ways vex them: Yet because the Lord has chosen them to be a first fruit of that glorious work, which he is bringing about in the Nations; therefore they hitherto have, notwithstanding of all that opposition, and yet shall prosper, by a patient enduring, in the Spirit of Jesus, they do, and shall overcome.

And therefore there is nothing can so much tend to the good and universal Peace of Christendom, then for all and every one, to mind this gift of God in themselves, and not only to suffer, but to rejoyce at the preaching and promulgating of the universality of this glorious Light, whereunto God is now calling many, for the resisting and flaying of this in themselves, as well as in those who come in the name of God to declare it, is the cause of all the mischief, that Christendom labours under, so also its being received and taking place, would remove and do it away.

Be not therefore easily ingaged by the enemy, to flight and reject those things, as foolish and weak, and too low for you to consider, or give place unto; for thereby the enemy always laboured to vail and darken the counsel of God; and hindred it from being received by men:[12] Thus the King of Israel despised the Counsel of Micah, at the instigation of his mocking Prophets; but remember that you profess to be followers of Jesus, who was loaded with many reproaches, accounted a disturber; and to whom Barrabbas a Murderer was preferred by the counsel and advice of the wise Rabbies, and great Professors among the Jews,[13] and remember that you profess your selves to be owners of that Gospel, whose first and chief Ministers and Preachers were accounted foolish and Illiterate men, movers of Sedition,[14] Idle Babblers, and turners of the World upside down, and therefore be not easily frighted by these, and such like, reports, and reproaches, from hearing those whom God hath called and chosen, that in and amongst them he may be glorified; and by them, may restore that in reality in the so called Christian World, which for several generations they have only had the shadow of, but have not enjoyed in the substance: And because many are the calumnies that such are reproached withall, as holding, forth strange and pernicious Doctrines: Therefore I have herewith sent you a large Apology for the true Christian Divinity held forth, and preached by them, that therein you may see how the truly Christian principles, which have been lost in the Apostacy', while the life of Christianity was not to be found, is restoared by their Testimony, desiring you seriously to read and consider the same, as well as transmit it to the several Princes you are employed by, that both you and they may see, That the day of the Lord is dawned, and may learn to walk in the light of it, which would bring peace and quietness and felicity to all, both outward and inward; and thereby all may be stirred up to receive with gladness, such as the Lord will move to preach and declare this day, as it is dawned and made manifest in them, following the Apostles rules, In receiving strangers willingly, for that some in so doing have entertained Angels unawares:[15] And that none of you may be like the Pharisees, who cryed Crucifie him; nor like those who intreated him to depart out of their Coasts; and like those who would have none of him to rule over them, least with them, ye receive the like condemnation: However I shall be clear of all your Blood, in so far as I have faithfully answered what God required of me towards you, and discharged my Conscience in love to your Immortal Souls, as well as to the common peace and good of Christendom; whereof, and of all those that profess the name of Christ, I am a true friend and hearty well wisher. *Robert Barclay.*

This came upon me from the Lord to Write unto you, at Ury in my Native Country of Scotland, the second of the Month called November, 1677.

1 Luk. 2, 14.
2 Röm. 13, 1, 4.
3 Jak. 4, 1, 7.
4 Jak. 3, 17.
5 Sprüche 1, 7.
6 Jak. 3, 17.
7 Jak. 4, 1.
8 Jes. 49,6; Luk. 2, 32.
9 Joh. 1, 12.
10 Jes. 28, 17; Matth. 12, 20.
11 Jes. 2, 4.
12 1. Kg. 2, 8.
13 Luk. 21, 2; Matth. 27, 20; Joh. 18, 40.
14 Apkl. 2, 7, 4; 13, 17, 18; 19, 26, 21; 28, 24, 56; 25, 7.
15 Hebr. 13, 2.

III. Thesen der Forschung

1. George Clark:
The Character of the Nine Years War, 1688–97, in: The Cambridge Historical Journal 11 (1953–55), 168–182

1. Die Frage, ob die Kriege des späten 17. Jahrhunderts ihrer Kontrolliertheit, ihrer Begrenztheit und ihrer (primär dynastischen) Ursprünge und Ziele wegen sich von denen der Epoche davor und danach unterscheiden, hat die Forschung lebhaft bewegt.
2. Das Problem des Krieges an sich und seiner grundsätzlichen Auswirkungen auf Gesellschaft und Wirtschaft wird im Schrifttum aus der Zeit des Orléansschen Krieges noch nicht diskutiert.
3. Die ökonomische Vorgeschichte des Orléansschen Krieges und die wirtschaftspolitischen Maßnahmen an seinem Beginn können nicht darüber hinwegtäuschen, daß das Instrumentarium für einen wirklichen Wirtschaftskrieg noch kaum „greift".
4. Das Seerecht ist nach wie vor einer der Kerne des Völkerrechts.
5. Es gibt im Orléansschen Krieg unübersehbare Hinweise für eine stärkere Humanisierung des Krieges.
6. Die Bemühungen, die Disziplin der Truppen zu verbessern und militärische Übergriffe zu verhindern, sind allgemein und greifen ineinander.
7. Das schließt nicht aus, daß es in der Praxis gelegentlich doch zu militärischen Exzessen und Ausuferungen kommt, wobei die Franzosen sich eher beim Landkrieg, die Engländer beim Seekrieg hervortaten.
8. Ein unbegrenzter und „totaler" Krieg ist dennoch für keinen Staatsmann der 90er Jahre ein Thema gewesen; die engen verwandtschaftlichen Beziehungen der europäischen Fürsten untereinander, die eine soziale Gemeinschaft bildeten, begünstigten es, daß Kriege mit einem hohen Maß an Rücksicht und Anstand geführt wurden.
9. Für die Friedensbereitschaft im Orléansschen Krieg sind dann doch ökonomische Gründe maßgebend gewesen.

2. Ragnhild Hatton:
War and Peace 1680–1720, London 1969

1. Friedensverhandlungen sind ein integraler Bestandteil der Kriege der Barockzeit; mit dem Nichteingehen auf Verhandlungsangebote/Friedensfühler riskiert ein Kriegsteilnehmer, daß sein „gerechter" Krieg in Zweifel gezogen wird.
2. Seit dem späteren 17. Jahrhundert geht die Tendenz – auch wegen eines neuartigen humanitär-ökonomischen Denkens der Fürsten – dahin, den Krieg stärker einzugrenzen und zu kontrollieren, was auch durch das Zurücktreten „ideologischer" Kriegsgründe begünstigt wird; militärische Auswüchse, die dem Ehrenkodex der Zeit widersprechen, sind deswegen ausgesprochen selten.
3. In der Völkerrechtswissenschaft beginnt sich die These vom Frieden als dem naturrechtlichen Normalzustand durchzusetzen.
4. Dies wird nicht nur durch die Friedenspublizistik tendenziell bestätigt, sondern schlägt sich in der praktischen Politik auch im friedensichernden „Kongreßsystem" der 20er Jahre des 18. Jahrhunderts nieder.
5. Das „balance-of-power"-Motiv ist ein Indiz für wachsende Rationalität in den internationalen Beziehungen.
6. Für die zunehmende Rationalität und Professionalisierung der zwischenstaatlichen Politik ist auch typisch, daß auf die Ausbildung der Diplomaten mehr Mühe als bisher verwendet wird.

3. Klaus Müller:

Zur Reichskriegserklärung im 17. und 18. Jahrhundert, in: Zeitschrift der Savigny-Stiftung für Rechtsgeschichte, Germanistische Abteilung 90 (1973), 246–259

1. Das Reich hat – im Gegensatz zu einer in der Literatur weitverbreiteten Meinung – im Holländischen Krieg 1674 keine förmliche Kriegserklärung gegen Frankreich erlassen, vor allem weil etliche wichtige Stände mit dem Sonnenkönig politisch verbunden waren oder von einem solchen Schritt nachteilige Konsequenzen für ihre eigene Sicherheit befürchteten.
2. In richtiger Einschätzung dieser Situation begnügte sich die Wiener Hofburg damit, die Kreise lediglich zu Hilfeleistungen zugunsten des besonders bedrängten Pfälzer Kurfürsten aufzufordern; mit der Billigung dieses Kommissionsdekrets hat der Reichstag faktisch, wenn auch nicht staats- und völkerrechtlich, den Reichskrieg beschlossen.
3. Auch Schweden wurde 1675 nicht ausdrücklich zum Reichsfeind erklärt; die Reichsversammlung legte sich in diesem Fall aber doch etwas eindeutiger fest.
4. Erst 1689, als es so gut wie keine „französische Partei" im Reich mehr gab, beantragte die Hofburg mit Erfolg die Erklärung Frankreichs zum Reichsfeind; nach diesem Modell sind dann auch im 18. Jahrhundert (1702, 1734, 1793) Reichsgutachten als Reichskriegserklärungen zustandegekommen.

4. Heinz Musall und Arnold Scheuerbrandt:

Die Kriege im Zeitalter Ludwigs XIV. und ihre Auswirkungen auf die Siedlungs-, Bevölkerungs- und Wirtschaftsstruktur der Oberrheinlande, in: Hans Graul-Festschrift, Heidelberg 1974, 357–378

1. „Totalzerstörungsgebiete" im deutschen Südwesten wurden während der ludovizianischen Kriege lediglich der saarländisch-pfälzische Grenzraum 1676/77 und das Land am unteren Neckar zwischen Heidelberg und Mannheim 1689.
2. Ortsverwüstungen lassen sich auf die Kriege am Oberrhein im Zeitalter Ludwigs XIV. nicht zurückführen.
3. Während und im Gefolge des Orléansschen Krieges ist die Bevölkerung durchschnittlich um 30–40 % zurückgegangen.
4. Die Kriege fördern generell den Entschluß zur Auswanderung.
5. Im Unterschied zur Entwicklung nach dem Dreißigjährigen Krieg erholen sich nach dem Orléansschen Krieg die Dörfer schneller als die Städte, von denen etliche erst im 19. Jahrhundert wieder den Bevölkerungsstand von 1688 erreichen.
6. Indirekt begünstigen die Kriege den verstärkten Maisanbau, für den keine Zugtiere (die oft fehlen) benötigt werden.

5. Donald Pilgrim:

The Colbert-Seignelay Naval Reforms and the Beginnings of the War of the League of Augsburg, in: French Historical Studies 9 (1975), 235–262

1. Die französische Kriegsflotte, die seit den frühen 70er Jahren von den beiden Colbert (Vater und Sohn) hochgerüstet und administrativ neu strukturiert worden war, stand 1688 vor ihrer ersten Bewährungsprobe, wobei Versailles davon überzeugt war, daß die Flotte diese Probe glänzend bestehen werde.
2. Seit dem Kriegsbeginn wurde es offenkundig, daß die Reformen und Richtlinien (zusammengefaßt in der ‚Ordonnance' von 1689) nicht oder nur teilweise hatten umgesetzt werden können; strukturelle Schwächen und logistische Defizite waren nicht überwunden worden.
3. Weder war die reorganisierte Marineverwaltung dem Problem gewachsen, die Flotte rasch für den Kampf vorzubereiten, noch waren die Schiffe in kriegsfähigem Zustand; der Nachschub (Pulver, Verpflegung usw.) war nicht gesichert, und schließlich standen längst nicht die nach der ‚inscription maritime' kalkulierten und nötigen Seeleute zur Verfügung.
4. Gerade der Übergang zur zwangsweisen Rekrutierung von Seeleuten – die übrigens die Desertionszahlen rasch hochschnellen ließ – belegt den faktischen Zusammenbruch des Colbert-Seignelayschen Reformsystems.
5. Die Gründe und Ursachen dafür sind nicht nur im Jahr 1688/89 zu suchen: die Flottenverwaltung war mit schweren Mängeln behaftet geblieben, es gab eine verbreitete Opposition der Seeleute, vor allem aber auch der Parlamente, des Klerus, der Provinzgouverneure gegen die neue Flottenpolitik Ludwigs XIV., das Reservoir an fähigen Mannschaften war immer sehr begrenzt, es war nicht gelungen, eine der rapide gewachsenen Marine entsprechende industrielle Basis zu schaffen. „The human and material deficiencies were never overcome".

6. Alain Cabantous:

Gens de mer, guerre et prison: la captivité des gens de mer au XVIIIe siècle, in: Revue d'histoire moderne et contemporaine 28 (1981), 246–267

1. Das Interesse der Regierungen seit der Mitte des 17. Jahrhunderts (Austauschkartelle) an ihren in die Hand des Gegners gefallenen Soldaten erstreckt sich paradoxerweise scheinbar nicht auf die Seeleute.
2. Seeleute sind gesuchte „Spezialisten", die man nicht gerne wieder aus der Gefangenschaft entläßt, sondern zum Überwechseln in die eigene Marine zu überreden/zwingen sucht.
3. Die gefangenen Seeleute werden in Großbritannien in aller Regel (zumindest zunächst) auf abgetakelten, ausgemusterten Schiffen in den Seehäfen festgehalten, die Offiziere dagegen oft weit ins Landesinnere verbracht. Die Sterblichkeitsraten liegen entsprechend hoch.
4. Seit der Mitte des 18. Jahrhunderts wird dann auch das tägliche Leben dieser Kriegsgefangenen zunehmend durch Ordnungen reglementiert (ohne daß diese Ordnungen immer beachtet worden wären).
5. Die Freilassung konnte erfolgen
   a) gegen das Ehrenwort, nach der Rückkehr in die Heimat die Rücksendung einer gleichen Anzahl Gefangener der Gegenseite zu bewirken (selten, nur bei Offizieren);
   b) durch ein (zahlenunabhängiges) Globalkartell, das zwischen England und Frankreich aber nur zweimal funktionierte (1691, 1780);
   c) durch den Austausch Mann gegen Mann, d. h. unter Aufrechnung der Dienstgrade.
6. Der Vorteil der Rückführung der Seeleute in ihre Heimat konnte aufgewogen werden durch ihren oft schlechten Gesundheitszustand, der ihren raschen Wiedereinsatz nicht zuließ.

IV. Literatur

1. Quellen

Die im Erscheinen begriffene mehrbändige „Quellenkunde zur deutschen Geschichte der Neuzeit von 1500 bis zur Gegenwart“, hrsg. von *Winfried Baumgart,* Darmstadt 1977ff., liegt für den hier behandelten Zeitraum noch nicht vor, wohl aber für die Epoche ab 1714 (bearb. von *Klaus Müller,* 1982). Für Frankreich ist heranzuziehen *Emile Bourgeois/Louis André,* Les sources de l'histoire de France: Le XVIIe siècle (1610–1715). 8 Bde., Paris 1913–35; von dieser systematisch gegliederten Quellenkunde interessieren hier vor allem die Bde. 2–7. Etwas damit Vergleichbares für Großbritannien existiert nicht.

Zu den großen Friedenskongressen der Epoche – Nimwegen, Rijswijk, Utrecht – wurden unmittelbar nach deren Beendigung jeweils mehrbändige Aktensammlungen publiziert, die aus Gesandtenarchiven schöpften und zumindest – ohne Vollständigkeit anzustreben – die Grundlinien der Verhandlungen illustrieren (Nr. 1–3). Moderne Editionen der Korrespondenzen und Verhandlungsakten nach dem Muster etwa der „Acta Pacis Westphalicae“ stehen nicht zur Verfügung und sind in absehbarer Zukunft auch nicht zu erwarten; für einschlägige Arbeiten müssen deswegen nach wie vor die Archive aufgesucht werden. Ergänzend herangezogen werden können aber Memoiren oder Briefsammlungen unmittelbar am Geschehen beteiligter Diplomaten wie etwa des Comte d'Estrades (Nr. 12) oder William Temples (Nr. 41); auch ein Tagebuch wie das des französischen Außenstaatssekretärs Torcy aus der Phase der sich verdichtenden und „heißer“ werdenden Verhandlungen zur Beendigung des Spanischen Erbfolgekrieges beleuchtet in vielfacher Hinsicht die Friedensdiskussion am Versailler Hof (Nr. 32).

Die Texte der Friedensverträge sind außer in zeitgenössischen Sammlungen (Nr. 11) u. a. bei Vast (Nr. 44) oder in der neuen Consolidated Treaty Series (Nr. 35) greifbar; in welchem Umfang auch das im Entstehen begriffene Quellenwerk zur Völkerrechtsgeschichte („Fontes Historiae Iuris Gentium“) auf die Friedensverträge der Epoche Ludwigs XIV. zurückgreifen wird, ist noch nicht abzusehen. Die formalen Schritte, wie das Reich in die europäischen Friedensschlüsse einbezogen wurde, sind vor kurzem am Beispiel des Abschlusses des Spanischen Erbfolgekrieges quellenmäßig dokumentiert worden (Nr. 10). Umfangreicheres Quellenmaterial dazu und zum Reichskriegs- und Reichsfriedenswesen überhaupt findet sich in den alten Londorpschen, Pachnerschen und Schmauß-Senckenbergschen Quellensammlungen (Nr. 30, 34, 38).

Die Friedenspublizistik der Epoche ist in einer Vielzahl von Textsammlungen zumeist auszugweise zugänglich (Darstellungen-Verz. Nr. 139, 152: *Raumer, Schlochauer*); für die vollen Texte muß man in aller Regel auf die alten Werkausgaben der Autoren oder auch auf moderne Editionen (z. B. *Johan Amos Comenius, Leibniz*) zurückgreifen. Lediglich Saint-Pierres „Projet“ wurde in den frühen 20er Jahren auch einmal in einer deutschen Übersetzung separat herausgegeben (hrsg. v. *Wolfgang Michael,* übers. von *Friedrich von Oppeln-Bronikowski,* Berlin 1922). Anzumerken ist aber noch, daß von seiten der Vereinten Nationen reprografische Nachdrucke bedeutender Friedensschriften besorgt werden; den Anfang machte dabei vor wenigen Jahren Penns „Essay“.

Die militärische Seite unseres Themas ist quellenmäßig deutlich besser erschlossen. Wesentliche Stücke der militärischen Korrespondenz des Prinzen Eugen sind, nachdem bereits Mitte des 19. Jahrhunderts einiges publiziert worden war (Nr. 8), in dem 20bändigen Generalstabswerk „Feldzüge des Prinzen Eugen“ (Nr. 14) veröffentlicht, dem im Anhang auch andere wichtige Quellen wie z. B. Fouragierlisten u. ä. beigegeben wurden. *Aloys Schulte* hat seiner Darstellung des Reichskrieges am Oberrhein in einem eigenen Band eine Auswahl des militärischen Briefwechsels des Markgrafen Ludwig Wilhelm von Baden, des Oberkommandierenden, hinzugefügt, in dem darüber hinaus auch die sonst noch kaum ausgewerteten Armee- und Regimentstagebücher berücksichtigt werden (Nr. 39). Auch für andere bedeutende Feldherren der Epoche wie etwa Raimund Montecuccoli – übrigens zugleich einer der bemerkenswertesten Militärtheoretiker – liegen für bestimmte Zeitabschnitte Sammlungen ihrer militärischen Korrespondenz vor (Nr. 17), die u. a. auch die strukturellen Probleme der damaligen Kriegführung, insbesondere in bezug auf die Heeresversorgung und auf die Abstimmung mit dem oder den Alliierten, erkennen lassen. Eine erstrangige Quelle ist in dieser Hinsicht – neben der Korrespondenz des kaiserlichen Gesandten in London während des Spanischen Erbfolgekrieges (Nr. 23) – vor allem auch der Briefwechsel zwischen dem englischen Feldherrn Marlborough und dem Ratspensionär Heinsius, der die Jahre 1701 bis 1711 abdeckt (Nr. 42).

Ludwigs XIV. Aufzeichnungen für und über seine Feldzüge und Teile seiner Korrespondenz finden sich in der alten Edition von Grouvelle (Nr. 22).

Memoirenähnliche Selbstzeugnisse von Militärs, die als Quelle neben die Korrespondenzen treten könnten, sind für unseren Zeitraum noch relativ selten. Die bekanntesten Beispiele stammen von französischer Seite: Die Memoiren des Gegenspielers des Prinzen Eugen auf dem Schlachtfeld und am Konferenztisch, des Marschalls Villars (Nr. 46), sowie die „Mémoires sur la guerre“ des Marquis de Feuquières (Nr. 15), der am Holländischen und Orléansschen Krieg an maßgeblicher Stelle beteiligt gewesen war und im 2. Teil seines Werkes diese beiden Kriege aus seiner Sicht schilderte und analysierte. Nicht zu vergessen sind selbstverständlich die „Mémoires“ Saint-Simons (Nr. 37), eine der zentralen autobiographischen Quellen für den Ausgang der Epoche Ludwigs XIV. und die nachfolgenden Jahre schlechthin; Saint-Simon hat von 1694 bis 1702 in militärischen Diensten des Roi-Soleil gestanden und fast regelmäßig an den französischen Feldzügen im Reich teilgenommen.

Auch die (jetzt erstmals in französischer Übersetzung vorliegende) Autobiographie des ungarischen Rebellenführers Franz II. Rákóczi ist, obschon sie nicht einen „normalen“ Kabinettskrieg zum Gegenstand hat, in diesem Zusammenhang von Interesse (Nr. 27).

Im übrigen liegt in den Archiven noch eine Fülle kriegs- und militärgeschichtlichen Materials von hohem Rang; die – eben beiläufig erwähnten – meist überaus sorgfältig geführten Armee- und Regimentstagebücher sind z. B. noch kaum ins Blickfeld der Forschung gekommen. Auch kleinere Editionen wie z. B. die (ins Deutsche übertragenen) Briefe des Paderborner Bischofs Fürstenberg an seinen Pariser Residenten aus der Anfangsphase des Holländischen Krieges mit wertvollen Informationen u. a. über die Belastung durch die Winterquartiere (Nr. 33) sind für die Forschung deswegen keineswegs bedeutungslos – ganz zu schweigen natürlich von der großen Edition der Akten des Münsteraner Bischofs Christoph Bernhard von Galen, der auf den Kriegsschauplätzen wie auf den Friedenskongressen der 60er und 70er Jahre ja einer der wirklich Mitagierenden war (Nr. 27a).

Was die Militärorganisation betrifft, etwa das hier besonders thematisierte Disziplinarwesen, so kann auf eine Reihe älterer, zeitgenössischer Sammlungen wie z. B. Lünigs „Corpus juris militaris“ (Nr. 31, auch Nr. 24), zurückgegriffen werden. Die bilateralen „Kartelle“ für den Gefangenenaustausch finden sich in großer Zahl ebenso in der schon genannten Sammlung von DuMont wie die Kriegsmanifeste. „Staatsschriften“ im weitesten Sinn zu Krieg und Frieden, darunter etwa auch Fürstenkorrespondenzen, enthält die bekannte vielbändige Fabersche „Staatscanzley“ (Nr. 13).

Fragen wir nach der „politischen Begleitmusik“ der zwischenstaatlichen Kriege, der diplomatischen Vor- und Nachbereitung eines militärischen Konflikts, den Erwartungen oder auch Befürchtungen unbeteiligter dritter Staaten, so stellen – sieht man einmal von den Briefe-Editionen bedeutender Diplomaten und Militärs wie z. B. Marlboroughs ganz ab (Nr. 9, 40) – insbesondere die französischen (Nr. 36) und britischen (Nr. 5) Instruktionensammlungen ein reiches, oft auch über die bloßen Instruktionen hinausgehendes Quellenmaterial zur Verfügung. Beachtenswert ist z. B. aber auch eine Auswahl aus den Wiener Nuntiaturberichten, die die für die Kurie besonders dramatische Vorgeschichte des Orléansschen Krieges beleuchtet (Nr. 25) – gerade weil das Editionsunternehmen der „Nuntiaturberichte aus Deutschland“ niemals bis in diese Epoche vorstoßen wird, ist die Forschung auch für eine derart begrenzte Auswahl dankbar. Eine zentrale diplomatiegeschichtliche Quelle für die sich allmählich bildende, sich in mehreren Kriegen behauptende und schließlich im Spanischen Erbfolgekrieg wieder zerfallende sog. Große Allianz stellen die Wiener Gesandtschaftsberichte der niederländischen Geschäftsträger am Kaiserhof dar, die 1929/34 veröffentlicht wurden (Nr. 4). Von ähnlicher, wenn nicht sogar noch größerer Bedeutung insbesondere für den militärischen und diplomatischen Teil des Orléansschen Krieges und damit für die 1. Phase dieser Großen Allianz ist die Korrespondenz König Wilhelms III. mit seinem

Vertrauten Graf Bentinck, der übrigens u. a. auch an den Rijswijker Friedensverhandlungen teilnahm (Nr. 26). Daß schließlich auch für unsere Epoche die Relationen der scharf beobachtenden und prägnant formulierenden venezianischen Diplomaten, was zwischenstaatliche Beziehungen, Krieg und Frieden sowie die inneren Herrschaftsstrukturen betrifft, immer mit im Auge zu behalten sind, versteht sich bei der seit langem erkannten Bedeutung dieser Quellengruppe von selbst (Nr. 16, 18).
Was die innenpolitischen Bedingungen, Rück- und Auswirkungen der europäischen Kriege angeht, so liegt für Großbritannien in der Abt. A (Domestic Series) des Calendar of State Papers seit langem ein reiches Material vor, das für die Regierungszeiten Karls II. sowie Wilhelms III. und Marias komplett ist, für Jakob II. noch eine Lücke aufweist und für Königin Anna erst bis zum Jahr 1704 gediehen ist (Nr. 6). Für den Devolutions- und den Holländischen Krieg (sowie für die vielen anderen kleineren und größeren Konflikte im Ostseebereich) und deren Einfluß auf Innen- und Außenpolitik eines nach europäischem Rang und Prestige strebenden deutschen Territorialstaates stellen die „Urkunden und Actenstücke zur Geschichte des Kurfürsten Friedrich Wilhelm von Brandenburg" ein immenses Quellenmaterial zur Verfügung (Nr. 43).

1. Actes et Mémoires des négociations de la Paix de Nimègue, 4 Bde., Amsterdam 1679/80 (ND Graz 1974)
2. Actes et Mémoires des négociations de la Paix de Ryswick, 4 Bde., La Haye[2] 1725 (ND Graz 1974)
3. Actes, Mémoires et autres pièces autentiques concernant la Paix d'Utrecht. 6 Bde., Utrecht 1714/15
4. *Antal, G. v./J. C. H. de Pater (Hg.):* Weensche Gezantschapsberichten van 1670 tot 1720. 2 Bde., Den Haag 1929–34
5. British Diplomatic Instructions 1689–1789, 7 Bde., London 1922-34 (in Betracht kommen die Bde. 1: Sweden 1689–1727, 2: France 1689–1721, 3: Denmark 1689–1789)
6. Calendar of State Papers ... (A. Domestic Series) Charles II: 28 Bde., London 1860–1939 James II: bisher 2 Bde., London 1960–65 William III and Mary: 11 Bde., London 1896–1937 Anne: bisher 2 Bde., London 1916–1924
7. Le Campagne di Guerra in Piemonte (1703–1708) e l'assedio di Torino (1706). Studi, Documenti, Illustrazioni, 10 Bde., Torino 1907–1933
8. *Cibrario, L. (Hg.):* Lettres inédites du Prince Eugène de Savoie relatives aux Campagnes de 1690 et 1706, Paris 1857
9. *Coxe, W. (Hg.):* Memoirs of John Duke of Marlborough with his original Correspondance, 3 Bde. London[2] 1847/48
10. *Duchhardt, H. (Hg.):* Quellen zur Verfassungsentwicklung des Heiligen Römischen Reiches deutscher Nation (1495–1806), Darmstadt 1983
11. *DuMont, J.:* Corps Universel Diplomatique du Droit des Gens ..., 8 Bde., Amsterdam/La Haye 1726–31 (in Betracht für das Zeitalter Ludwigs XIV. kommen die Bde. 6–8)
12. *Estrades, Godefroi Comte de:* Correspondance authentique, Bde. 7–9, London 1743
13. *Faber, A.:* Europäische Staats-Cantzley, Bd. 1–115, Frankfurt/Leipzig 1697–1760
14. Feldzüge des Prinzen Eugen von Savoyen, 20 Bde., Wien 1876–91
15. *Feuquières, Antoine de Pas Marquis de:* Mémoires sur la guerre, où l'on a rassemblé les maximes les plus nécessaires dans l'opération de l'art militaire, Amsterdam 1730 (mit vielen Nachdrucken und Übersetzungen)
16. *Fiedler, J. (Hg.):* Die Relationen der Botschafter Venedigs über Deutschland und Österreich im 17. Jahrhundert, Wien 1867
17. *Fuchs, A. Fr. (Hg.):* Briefe an den Feldmarschall Raimund Grafen Montecuccoli, Wien/Leipzig 1910
18. *Guidici, M. (Hg.):* I Dispacci di Germania dell'Ambasciatore Veneto Daniel Dolfin, 2 Bde., Venezia 1908–10
19. *Griffet, P. (Hg.):* Recueil de lettres pour servir d'éclaircissement à l'histoire militaire du Règne de Louis XIV., 8 Bde., Den Haag 1760
20. *Grimblot, P. (Hg.):* Letters of William III. and Louis XIV., 2 Bde., London 1848
21. *Grotius, H.:* De jure belli ac pacis libri tres, Paris 1625. Übersetzt und hrsg. von Walter Schätzel, Tübingen 1950
22. *Grouvelle, Ph. A. (Hg.):* Œuvres de Louis XIV., 6 Bde., Paris 1806
23. *Höfler, C. (Hg.):* Die diplomatische Correspondenz des Grafen Johann Wenzel Gallas, kaiserlichen Gesandten in London, während des spanischen Successionskrieges, Wien 1869
24. *Hoyer, E. und J. F. Schulze:* Corpus juris militaris, oder vollkommenes Krieges-Recht ... O.O., [4]1700

25. *Immich, M. (Hg.):* Zur Vorgeschichte des Orléans'schen Krieges. Nuntiaturberichte aus Wien 1685–1688, Heidelberg 1898
26. *Japikse, N. (Hg.):* Correspondentie van Willem III. en van Hans Willem Bentinck, 5 Bde., Den Haag 1927–1937
26a. *Kittel, E.:* Memoiren des braunschweigisch-lüneburgischen Generals Graf Ferdinand Christian zu Lippe (1668–1724), Lemgo 1959
27. *Köpeczi, B. (Hg.):* L'Autobiographie d'un Prince Rebelle. Confessions et Mémoires de François II Rákóczi, Budapest 1977
27a. *Kohl, W.(Hg.):* Akten und Urkunden zur Außenpolitik Christoph Bernhards von Galen (1650–1678), 3 Teile, Münster 1980–86
28. *Krämer, F. J. (Hg.):* Archives ou Correspondance inédite de la Maison d'Orange-Nassau. Bd. 1, Leiden 1907
29. *Levinson, A. (Hg.):* Nuntiaturberichte vom Kaiserhofe Leopolds I., 2 Bde., Wien 1913–18
30. *Londorp, M. C.:* Der Römischen Kayserlichen Majestät und des Heiligen Römischen Reichs Geist- und Weltlicher Reichsstände ... acta publica, Frankfurt 1621 ff., später verschiedene neue Auflagen, z. B. 18 Bde. Frankfurt [4]1668–1721.
31. *Lünig, J.:* Corpus juris militaris, Leipzig 1723 (ND Osnabrück 1968)
32. *Masson, F. (Hg.):* Journal inédit de Jean-Baptiste Colbert Marquis de Torcy, Ministre et Secrétaire d'Etat des Affaires Etrangères pendant les années 1709, 1710 et 1711, Paris 1884
33. *Orzschig, J.:* Briefe des Fürstbischofs von Paderborn Ferdinand v. Fürstenberg an seinen Pariser Residenten Christophe Brosseau aus den Jahren 1673/74, in: Westfälische Zeitschrift 129 (1979), 247–266
34. *Pachner von Eggenstorff, J. J.:* Vollständige Sammlung aller von Anfang des noch für wehrenden Teutschen Reichs-Tags de Anno 1663 biß anhero abgefaßten Reichsschlüsse ... Teile 1–4, Regensburg 1740–77
35. *Parry, C. (Hg.):* The Consolidated Treaty Series, Dobbs Ferry 1969 ff. (geplant über 200 Bde.)
36. Recueil des instructions données aux ambassadeurs et ministres de France depuis les Traités de Westphalie jusqu'à la Révolution Française (1648–1789), Bde. 1–30/2, Paris 1884–1983
37. *Saint-Simon, Louis de Rouvroy, Duc de:* Mémoires. Hrsg. v. A. de Boislisle, 41 Bde., Paris 1879–1930
38. *Schmauß, J./H. C. von Senckenberg:* Neue und vollständigere Sammlung der Reichs-Abschiede ..., 4 Bde., Frankfurt 1747 (ND Osnabrück 1967)
39. *Schulte, A.:* Markgraf Ludwig Wilhelm von Baden und der Reichskrieg gegen Frankreich 1693–1697, Bd.2, Karlsruhe[2]1901
40. *Snyder, H. L. (Hg.):* The Marlborough-Godolphin Correspondence, 3 Bde., Oxford 1975
41. *Temple, W.:* Memoirs, 1672–1675. London [2]1692
42. *van'T Hoff, B. (Hg.):* The Correspondence, 1701–1711, of John Churchill, First Duke of Marlborough, and Anthonie Heinsius, Grand Pensionary of Holland. Den Haag 1951
43. Urkunden und Actenstücke zur Geschichte des Kurfürsten Friedrich Wilhelm von Brandenburg, Bde. 1–23, Berlin 1864–1930
44. *Vast, H. (Hg.):* Les grands traités du règne de Louis XIV, 3 Teile, Paris 1893–99.
45. *de Vault, F. E./J. J. G. Pelet (Hg.):* Mémoires militaires relatifs à la Succession d'Espagne sous Louis XIV. 11 Bde., Paris 1835–1862
46. *Vogüe, Marquis de (Hg.):* Mémoires du Maréchal de Villars, 6 Bde., Paris 1884–1904

2. Darstellungen

Allgemeine Darstellungen zur Epoche Ludwigs XIV., Handbücher, Literaturberichte usw. können ohne große Mühe ermittelt werden aus Bd. 4 des Handbuchs der europäischen Geschichte, hrsg. von *Fritz Wagner,* Stuttgart 1968, aus Bd. 5 der Propyläen-Geschichte Deutschlands (*Rudolf Vierhaus,* Staaten und Stände, Berlin 1984), aus *Ilja Mieck,* Europäische Geschichte der Frühen Neuzeit, Stuttgart (usw.)[3] 1981, oder jetzt etwa auch aus den beiden englischsprachigen Überblicksdarstellungen von *Derek McKay* und *H. M. Scott,* The Rise of the Great Powers 1648–1815, London/New York 1983, und *Geoffrey Treasure,* The Making of Modern Europe 1648–1780, London/New York 1985 (ohne Großbritannien!). Ein Verzeichnis der laufenden (deutschen und außerdeutschen) Bibliographien bei *Winfried Baumgart,* Bücherverzeichnis zur deutschen Geschichte, München[5] 1982, Abschnitt VI.

Das Literaturverzeichnis strebt keine Vollständigkeit an; das Bemühen ging in erster Linie dahin,

neben grundlegender älterer Spezialliteratur vor allem die einschlägigen Forschungen der letzten eineinhalb bis zwei Jahrzehnte zu erfassen und vorzustellen.
Die Kriege im Zeitalter Ludwigs XIV. können als relativ gut erforscht angesehen werden, zumindest was ihren äußeren Ablauf und ihre politische Einbettung und Auswirkungen betrifft. Abgesehen davon, daß sie in systematischen (Nr. 34, 38) oder chronologischen Überblickswerken (*Delbrück, Fiedler, Howard* usw.) mehr oder weniger eingehende Berücksichtigung finden, gibt es eine relativ breite Einzelforschung, die allerdings, was den deutschen Anteil daran betrifft, in der Vergangenheit – zeitbedingt – von aktuellen politischen Animositäten nicht immer frei war.
Die bewaffneten Konflikte der 60er Jahre des 17. Jahrhunderts, die ja zu einem guten Teile Kriege gegen den niederländischen Handelsdominat waren, sind vor allem von angloamerikanischer Seite aus untersucht worden (*Wilson*: Nr. 186; *Graham*: Nr. 73). Für den Holländischen Krieg der 70er Jahre, durch den das komplizierte, mit dem Namen Johann de Witt verknüpfte niederländische Balancesystem abrupt zerstört wurde (*Rowen*: Nr. 146), liegen etliche sowohl systematische wie von biographischen Ansätzen ausgehende vor allem ältere Titel vor (z. B. *Peter* 1870, *Isaacsohn* 1871); neuere Arbeiten thematisieren über den rein militärischen Ablauf des Krieges hinaus insbesondere auch seine diplomatische Vorgeschichte (Nr. 145, 168). Die Frage, ob Ludwig XIV. dieser Krieg letztlich über den Kopf gewachsen sei, ob dies schon – trotz aller panegyrischen Überhöhung des Roi-Soleil in Frankreich – eine Art Wende in seiner Regierung gewesen sei, wird dabei immer wieder gestellt, ohne immer befriedigend beantwortet zu werden (*Ekberg:* Nr. 58). Die militärischen Auseinandersetzungen Österreichs (und ggf. seiner Verbündeten) mit der Pforte sind, nicht zuletzt auch vor dem Hintergrund des Gedenkjahres 1983, auf breiter Front erforscht worden, wobei auch die großen nichtösterreichischen Militärs wie etwa der polnische König Jan Sobieski oder Max Emanuel von Bayern eingehende Würdigungen erfahren haben (Nr. 8, 22, 76, 155) und die strukturellen Auswirkungen des „shock of the Vienna defeat" auf das Osmanenreich hinterfragt werden (Nr. 88). Eine besondere Beachtung haben in diesem Zusammenhang dann etwa auch unter militär- und sozialgeschichtlichen Fragestellungen die Institution der österreichischen Militärgrenze und die Ursachen und Konsequenzen sowie der Widerhall (Nr. 103) der ungarischen Aufstände („wars of independence": *Köpeczi*) gefunden, die mehr als einmal ja zugleich die Funktion einer „Diversion", einer Ablenkung von westlichen Kriegsschauplätzen, hatten (Nr. 104). Die dem großen Türkenkrieg von 1683 folgenden Auseinandersetzungen mit den Osmanen, in denen ja immer mehr die Gestalt des Prinzen Eugen von Savoyen in den Vordergrund rückte, sind vom biographischen Ansatz her in *Braubachs* monumentalem Eugen-Werk (und etlichen darauf aufbauenden Arbeiten) erhellt worden (Nr. 18, 117). Der Orléanssche Krieg hat für seinen deutschen Teil in einem Buch von *Kurt v. Raumer* seine „klassische" Darstellung erhalten, während die kommerziell-koloniale Dimension insbesondere von *George Clark* behandelt worden ist (Nr. 140; 31, 33). Gerade an seinem Beispiel ist übrigens auch demonstriert worden, wie wichtig für die Gesamtbewertung eines Krieges eine minuziöse Kriegsursachenforschung ist; Ludwig XIV. war 1688 auf einen umfassenden neuen Waffengang einfach nicht vorbereitet, nachdem er in den zurückliegenden Jahren vor allem eine defensive Grenzsicherungspolitik betrieben hatte, er schätzte die Absichten seiner Gegner falsch ein und überschätzte die Durchschlagkraft seiner Heere, die ihren militärtechnischen Vorsprung inzwischen verloren hatten (*Symcox*: Nr. 177).
Der Spanische Erbfolgekrieg ist in seinem spanischen (*Kamen*: Nr. 100) und seinem mitteleuropäischen Teil (Nr. 149, 175, 178, 180; Quellen-Verz. Nr. 14) mehrfach ausführlich behandelt worden; neue Arbeiten stellen keineswegs immer einen Fortschritt dar (Nr. 66).
Der Trend der modernen Forschung geht indes eindeutig – in England z. B. schon seit den ausgehenden 50er Jahren (*Clark*: Nr. 34) – weg von der herkömmlichen Kriegsgeschichte in Richtung auf eine in die allgemeine Sozial-, Wirtschafts- und Verfassungsgeschichte zu integrierende „Militärgeschichte". Bezeichnend ist etwa der Titel eines Buches eines der renommiertesten europäischen Militärhistoriker, *André Corvisier,* „Armées et Sociétés en Europe de 1494 à 1789" (1976), der fast programmatisch zum Ausdruck bringt, worum es geht: Soziale Schichtung des Militärs, oft auch schon auf quantitativer Basis (wobei – wenn auch noch nicht immer ganz befriedigend – das oft diskutierte Problem ‚Adel und Kriegsdienst' wieder verstärkt thematisiert wird [*Barker:* Nr. 7]), Rolle des Militärs im Staat, „Militarisierung" von Gesellschaften – hier ist *Otto Büschs* „Militärsystem und Sozialleben im alten Preußen" in gewisser Hinsicht wegweisend

gewesen (Nr. 23) –, Zusammenhänge zwischen militärischer und sozialer Hierarchisierung usw.
Das Wesen dieser neuen, sozial-, wirtschafts- und verfassungsgeschichtliche Fragestellungen einbeziehenden „Militärgeschichte" hat Mitte der 70er Jahre in einem programmatischen Aufsatz („Wehr-, Kriegs- oder Militärgeschichte?") *Rainer Wohlfeil* einmal so formuliert (in: Nr. 69): „Die Militärgeschichte ist ... die Geschichte der bewaffneten Macht eines Staates, die in der Breite ihrer historischen Erscheinung behandelt wird. Sie fragt nach der bewaffneten Macht als Instrument und Mittel der Politik und befaßt sich mit dem Problem ihrer Führung in Frieden und Krieg. Im Krieg sieht sie jedoch nicht nur eine rein militärische Angelegenheit, sondern stellt ihn hinein in die allgemeine Geschichte, so daß der Krieg als historisches Phänomen gefaßt, erfaßt, erschlossen und durchdrungen wird. Die Militärgeschichte untersucht weiterhin das Militär nicht nur als Institution, sondern auch als Faktor des wirtschaftlichen, gesellschaftlichen und gesamten öffentlichen Lebens. Nicht zuletzt aber beschäftigt sie sich mit der bewaffneten Macht als politische Kraft. Im Mittelpunkt der Militärgeschichte aber steht ... der Soldat in allen seinen Lebensbereichen". Und diese neue Grundrichtung setzt sich in der allgemeinen Forschung nun auch zunehmend durch und führt sogar schon zu ersten – keineswegs unbefriedigenden – Versuchen, Zusammenhänge aufzuzeigen zwischen den Ergebnissen dieser modernen Militärgeschichtsforschung und den Wandlungen der Kriegführung (*Strachan:* Nr. 174). Ein Indiz dafür ist etwa ein unter dem Titel „Staatsverfassung und Heeresverfassung in der europäischen Geschichte der frühen Neuzeit" stehendes Kölner Kolloquium, auf dem im Herbst 1984 im Anschluß an die einschlägigen Arbeiten *Otto Hintzes* und *Gerhard Oestreichs* (Nr. 126) frühmodernes Heerwesen und Kriegsorganisation unter verfassungsgeschichtlichen Fragestellungen thematisiert wurden.
Ein besonderes Phänomen stellt in diesem Zusammenhang das komplizierte Militär- und Kriegswesen des Heiligen Römischen Reiches deutscher Nation dar, dessen verschiedene Ebenen – Einzelstände, Reichskreise, Kaiser/Gesamtreich – den Begriff des „Trialismus" nahelegen. Neben einer Fülle von (hier gar nicht im einzelnen auflistbaren) Untersuchungen zur Entwicklung des stehenden Heeres in den Einzelterritorien – dessen Genesis, Ausprägungen und Modifikationen die Fachwissenschaft generell, auch über Deutschland hinaus, in stärkstem Maß beschäftigt (Nr. 55, 98, 102, 132, 160) –, zu den Relikten archaischerer Militärformen (Nr. 111, 185) und zum Zusammenhang von Militärorganisation und Verfassungspolitik (Nr. 156), hat die Forschung in den letzten Jahrzehnten vor allem die Militärorganisation bestimmter Reichskreise (u. a. Schwaben: Nr. 172, 173, 189; Franken: Nr. 2, 163) und deren Militärpolitik (Nr. 5, 74, 114, 176) behandelt (und dabei der auch verfassungsrechtlich interessanten Neuentwicklung der sog. Kreisassoziation besondere Aufmerksamkeit geschenkt [Nr. 4, 91]); schließlich hat sie immer wieder auch einmal die (letztlich vergeblichen) Bemühungen der Wiener Hofburg thematisiert, zu einer wirklichen Reichskriegsorganisation zu gelangen (*Angermeier:* Nr. 3). Die militärischen und militärorganisatorischen Probleme der Wiener Hofburg selbst werden zunehmend auch mit strukturellen Defiziten der Monarchie in finanz- und steuertechnischer Hinsicht in Verbindung gebracht (*Bérenger:* Nr. 11), wobei insgesamt das Thema der Heeres- und Kriegsfinanzierung aber immer noch zu den relativ wenig beackerten Nebenfeldern der Forschung zählt. Im politischen Bereich war u. a. die Frage von Belang, wie sich das „Corpus" Reich in den zunächst einmal dynastischen, der Wahrung der eigenen Großmachtstellung dienenden Kriegen des Hauses Habsburg gegen Frankreich und seine Verbündeten verhalten würde; in diesem Zusammenhang hat u. a. das Problem der Reichskriegserklärung Beachtung gefunden (*Müller:* Nr. 122).
Gerade für die Reichsstände, aber z. B. auch die Wiener Hofburg, ist „Kriegführen" immer zugleich auch eine Frage des Findens solventer Subsidienpartner gewesen; das Subsidienwesen im Zeitalter Ludwigs XIV. hat ganz folgerichtig deswegen auch etliche (ältere und neuere) Bearbeitungen gefunden (Nr. 21, 83, 84). Verstärkt Beachtung finden in letzter Zeit – in allgemeinen Überblicken (*van Crefeld:* Nr. 39) und Spezialuntersuchungen (*Kroener:* Nr. 106) – außerdem das Problem der Heeresversorgung mit ihren Rückwirkungen auf die militärischen Operationen sowie die innenpolitischen Reaktionen auf Kriegslasten, Steuerdruck oder gar militärische Besetzung; die innerfranzösischen Bauernaufstände während des Holländischen Krieges sind in diesem Zusammenhang z. B. eingehend behandelt worden (Nr. 12, 67) oder etwa auch der bayerische Bauernaufstand gegen die österreichische Besatzungsmacht 1705/06 während des Spanischen Erbfolgekrieges (Nr. 51).
Der andere „Sonderfall" neben dem Reich, wo es ebenfalls nicht zur Ausbildung eines stehenden Heeres nach französischem oder schwedischem

Vorbild gekommen ist, ist Großbritannien, wo die „no standing armies-Formel“ eine fast ideologische Qualität gewann (*Schwoerer:* Nr. 162); hier sind neuerdings u. a. die Bemühungen König Karls II. um die Aufstellung einer schlagkräftigen, nur ihm ergebenen professionellen Armee bearbeitet worden, die nicht nur in den Augen des Stuart-Fürsten zum Signum des monarchischen Absolutismus werden sollte und deswegen dann auch Reaktionen hervorrief, die letztlich 1688 die Glorious Revolution erst ermöglichten (*Childs:* Nr. 28).

Im militärischen Bereich im engeren Sinn bildet die Epoche Ludwigs XIV. sicher nicht eine solch augenfällige Umbruchsphase wie das Jahrhundert zwischen 1550 und 1650, das *Michael Roberts,* der Biograph Gustav Adolfs, nicht zu Unrecht einmal als das einer „military revolution“ bezeichnet hat (Nr. 142a). Militärtechnisch hat deswegen dann auch – wie schon bei den Zeitgenossen – in der neueren Forschung vor allem das für die Zeit charakteristische Festungswesen und der Typus des Belagerungskrieges Beachtung gefunden (Nr. 10, 52, 57, 129, 192) und wird auf internationalen Kongressen weiter verfolgt.

Wenn oben gesagt wurde, daß sich die vor allem sozialgeschichtliche Akzentuierung einer modern verstandenen „Militärgeschichte“ allmählich durchzusetzen scheint, so ist das natürlich cum grano salis zu verstehen und auch abhängig von der nicht unproblematischen Quellenlage; es können zwar mit Erfolg neue Quellengruppen wie etwa die Musterrollen oder Desertionsunterlagen für die Forschung nutzbar gemacht werden, aber für bestimmte soldatische Schichten stehen z. B. einfach kaum autobiographische Selbstzeugnisse zur Verfügung. In welcher Richtung die Forschung weiterschreiten könnte, um dem Ziel einer wirklichen Sozialgeschichte des deutschen Militärs im 17. und 18. Jahrhundert näherzukommen,hat vor kurzem *Ernst Willi Hansen* umrissen: „Zunächst müßte die Forschung sich freimachen von der isolierten Betrachtung der bewaffneten Macht, die zur Verengung der Perspektive im Rahmen der traditionellen Kriegs- und Militärgeschichtsschreibung geführt hat. Sozialgeschichtlich orientierte Militärhistorie muß das Militär als Teil der Gesamtgesellschaft sehen und Interdependenzen zwischen Militärsystem und Sozialordnung herausarbeiten ... Dabei sollten auch – und vor allem – die innovativen Momente beachtet werden, die bei Büsch ein wenig zu kurz kommen. Sie finden sich nicht nur im ökonomischen Bereich und im Bildungswesen, sondern beispielsweise auch in der staatlichen Ausbildung des Versorgungswesens. Sodann müßte der bereits eingeschlagene Weg einer stärkeren Beachtung der Heere kleinerer deutscher Territorien und der „Sonderformen“ des absolutistischen Militärwesens konsequent weiterbeschritten werden, um die traditionelle „Preußenzentriertheit“ der deutschen Militärhistoriographie zugunsten einer umfassenden Betrachtungsweise zu überwinden. Schließlich sollten jene Vorgänge, die disfunktional für das reguläre Heer waren, genauer untersucht werden. Hier kommt der Erforschung der Desertionsproblematik eine zentrale Bedeutung zu. Schnitters Interpretation [Militärgeschichte 13, 1974, S. 56] von der Desertion als einer „Form des antimilitaristischen Widerstandes der Volksmassen“ erscheint zwar plausibel, sie müßte aber umfassender belegt werden. Denn es ist zu wenig bekannt über die Motive der Fahnenflüchtigen und über die Art und Weise, wie ihnen die Bevölkerung in den absolutistischen Staaten gegenübertrat. Fürstliche Edikte mit Warnungen, Deserteure zu unterstützen, sind noch kein hinreichender Beleg dafür, daß die „Volksmassen“ generell bereit waren, die entwichenen Soldaten zu unterstützen. Eine systematische Desertionsforschung ... erscheint für die Sozialgeschichte des Militärs besonders deshalb so wichtig, weil davon Aufschlüsse zu erwarten sind über das Leben der militärischen Unterschichten. Und das Wissen darüber hat nicht nur für die Militärgeschichte Bedeutung, sondern auch für die Sozialgeschichte der vorindustriellen Zeit überhaupt.“

Wie an anderer Stelle bereits anklang, hat die Erforschung des Friedens in dem hier zur Diskussion stehenden Zeitraum seit dem 2. Weltkrieg und insbesondere in den vergangenen beiden Jahrzehnten erkennbare Fortschritte gemacht. Das gilt ebenso für die Friedensutopien und -publizistik, für die *Kurt v. Raumers* „Ewiger Friede“ (1953) die solide Basis geschaffen hat, wie für die praktische Friedenspolitik der europäischen Mächte; in letztgenannter Hinsicht kommt *Fritz Dickmanns* „Westfälischem Frieden“ (1959, [5] 1985) sowie dem in den frühen 60er Jahren angelaufenen Editionsgroßunternehmen der „Acta Pacis Westphalicae“ ganz sicher die Funktion einer Initialzündung zu. So sind insbesondere Vorgeschichte (Nr. 20, 154, 167) und Ablauf des Nimwegener Friedenskongresses verschiedentlich neu beleuchtet worden (Nr. 44, 45, 75, 90, 128), ebenso wie der faktisch eine Epoche abschließende Utrechter Friede samt seinen langen Präludien (und dementsprechend zahlreichen Initiativen), u. a. den Geertruidenburger Verhandlungen, mehrfach behandelt wurde (Nr. 15, 16, 19, 44,

62, 70, 86, 89, 116, 134, 141, 142, 147, 148, 166, 171, 179, 183). Während *Srbik* die vielen, nicht immer ganz seriösen Friedensbemühungen im Orléansschen Krieg schon vor längerer Zeit untersucht hatte, ist vor kurzem etwa auch auf die – mehr oder weniger aus der eigenen Schwäche und einem bestimmten politischen Anspruch erwachsene – Friedenspolitik eines der kleineren deutschen Territorialstaaten (Kurmainz) hingewiesen worden (Nr. 45). Die – in aller Regel von Frankreich inspirierten oder zumindest moralisch unterstützten – Bemühungen, im Reich eine sog. „Dritte Partei" aufzubauen, die vermittelnd zwischen die Kriegsgegner treten und die Position des habsburgischen Kaisers damit schwächen sollte, haben mehrfach Beachtung gefunden (*Fayard:* Nr. 59; *Weber:* 182; *Decker:* Nr. 41). So sehr sich die Wiener Hofburg immer bemüht hat, das gesamte Reich auch formell und offiziell zum Kriegseintritt zu bewegen, so sehr hat sie sich immer widersetzt, wenn es darum ging, das Reich auch an den Friedensverhandlungen zu beteiligen (Nr. 44, Kap. I/4). Die völkerrechtliche Eigen- und Selbständigkeit nicht nur der Einzelstände, sondern letztlich auch des Corpus Reich (*Randelzhofer:* Nr. 137) ist vom Kaiser immer wieder bestritten oder faktisch unterlaufen worden, so daß er auch nach dem Westfälischen Frieden regelmäßig die Alleinvertretung der Reichsinteressen beansprucht und auch durchgesetzt hat. – Auch über die sich nach dem Westfälischen Doppelkongreß eigentlich ständig verändernde Technik der Friedensverhandlungen, die ja immer auch politische Strukturen und Mentalitäten widerspiegeln, liegen inzwischen erste Forschungsergebnisse vor (Nr. 44, 45, 47, 49, 128). Schließlich ist neuerdings im Rahmen einer übergreifenden Studie auch herausgearbeitet worden, daß in der Geschichte der internationalen Vertragsbeziehungen die Epoche Ludwigs XIV. einen wirklichen „Knoten" bildet, insofern als die Vertragsfähigkeit erst jetzt endgültig und allein auf die souveränen Staaten eingegrenzt wird, als das „Vergessen" zu einem Standardbegriff in den Verträgen wird, Befristungen, z. B. auf Lebenszeit der Herrscher, erst jetzt völlig verschwinden und Begründungen für Friedenswerke wie „Europa" oder „europäisches Gleichgewicht" nun ergänzend neben die alten Formeln treten (*Fisch:* Nr. 63). Letzterem, der „ideologischen" Fundierung einer bestimmten Friedensordnung durch „Schlüsselbegriffe" wie etwa die Gleichgewichtsformel, gilt seit jeher und unverändert ein besonderes Interesse der historischen und auch politiktheoretischen Forschung (Nr. 1, 30, 54, 97, 113), während die Funktion der europäischen Friedenskongresse und -schlüsse im Prozeß des Entstehens und Wandels des universalen europäischen Völkerrechts bisher lediglich in den Umrissen bekannt ist (Nr. 150).

Die Friedenspublizistik der Epoche Ludwigs XIV. von *Comenius'* „Friedensengel" über *Leibniz'* „Consilium Aegyptiacum" bis hin zu *Saint-Pierres* „Projet" ist durch etliche Quellensammlungen (Nr. 139, 152, 113) und eine Fülle von Gesamtwürdigungen und Einzeluntersuchungen relativ leicht zugänglich und von ihrer ideengeschichtlichen Seite her z. T. hervorragend erforscht. Das schon vor etlichen Jahren (1976) formulierte Postulat bleibt nichtsdestoweniger bestehen und soll hier noch einmal unterstrichen werden:

„Von seiten der aufblühenden ‚Friedensforschung' ist ... mit einigem Recht die Forderung erhoben worden, bei der Behandlung dieser literarischen Erzeugnisse von der traditionellen nur-ideengeschichtlichen Methode, derzufolge jedes Friedensprojekt als das geistige Produkt eines einzelnen Denkers und als die individuelle Ausprägung einer allgemeinen Idee gilt, abzugehen und stärker auch die politischen und gesellschaftlichen Verhältnisse und die speziellen Konstellationen zu untersuchen, die solch einem literarischen Vorgang und dem historischen Ereignis der Publikation von Friedensschriften zugrunde gelegen haben. Namentlich fordert die Friedensforschung, das Thema des äußeren Staatenfriedens in den Projekten ... in seiner Interdependenz mit dem ‚inneren Frieden' in den Staaten intensiver zu betrachten. Für das letzte Jahrzehnt des 18. Jahrhunderts hat sie beispielsweise auf die enge Verzahnung von innerem und äußerem Frieden im politischen Denken der deutschen Gebildeten aufmerksam gemacht. An diesen Ansätzen ist sicherlich vieles richtig und manches für die Geschichtswissenschaft beherzigenswert. Gerade auch im Hinblick auf die moderne Friedensforschung, die bemerkenswerterweise u. a. die Frage untersucht, ob für sie Kants Friedenskonzeption eine theoretische Basis abgeben kann, wird noch mancher Publizist und sein Projekt unter politisch-gesellschaftlich-ideologiekritischen Gesichtspunkten einer erneuten Durchleuchtung bedürfen" (Nr. 44, S. 30f.).

Auf ein „Nebenfeld" der Forschung soll abschließend hingewiesen werden. Für den absolutistischen Fürsten, der sich längst nicht nur in der Stilisierung seines Gottesgnadentums erschöpfte, sondern der durchaus um die ganz realen Zwänge von Politik wußte, war das „Verkaufen" seiner Politik, also eine gezielte Öffentlichkeitsarbeit, ein ganz wesentlicher Faktor – nicht nur seiner Selbstdarstellung. Das konnte durch Flugschriften erfolgen – und hierfür gibt es vor allem für die erste Hälfte der Epoche Ludwigs XIV. sowie für den Spanischen Erbfolgekrieg auch einige brauchbare Untersuchungen (Nr. 71, 80, 101, 119, 130) –, vor allem aber wurde Öffentlichkeitsarbeit durch das Medium von Medaillen betrieben. Medaillen, auf denen und mit denen militärische Siege gefeiert und die eigene Friedensliebe graphisch und werbewirksam umgesetzt wurden (Nr. 105, 127), die oft genug dann auch von gelehrten Beratern in den Akademien mitgestaltet wurden, stellten gewissermaßen eine publizistische und propagandistische Großoffensive dar und verdienen generell eine stärkere Beachtung durch die viel zu oft auf die schriftlichen Quellen fixierte Geschichtswissenschaft.

1. *Anderson, M. S.:* Eighteenth-Century Theories of the Balance of Power, in: Studies in Diplomatic History. Essays in memory of David Bayne Horn, London 1970, 183–198
2. *Andraschke, F.:* Der Fränkische Kreis zu Beginn des 3. Raubkrieges 1688/89, Diss. Erlangen 1956
3. *Angermeier, H.:* Die Reichskriegsverfassung in der Politik der Jahre 1679–1681, in: ZRG GA 82 (1965), 190–222
4. *Aretin, K. O. Frhr. von (Hg.):* Der Kurfürst von Mainz und die Kreisassoziationen 1648–1746, Wiesbaden 1975
5. *Arnold, K.:* Geschichte des Niederrheinisch-Westfälischen Kreises in der Zeit des Spanischen Erbfolgekrieges (1698–1714), Diss. Bonn 1937
6. *Bandorf, F.:* Wolf Philipp von Schrottenberg (1640–1715) und der Friede von Rijswijk. Europäische Friedenspolitik im Zeitalter Ludwigs XIV., Phil. Diss. Würzburg 1973
7. *Barker, T. M.:* Army, Aristocracy, Monarchy. Essays on War, Society and Government in Austria, 1618–1780, New York/Boulder 1982
8. *Barker, T. M.:* Doppeladler und Halbmond. Entscheidungsjahr 1683, Graz/Wien/Köln 1982
9. *Baumgart, W.:* Die großen Friedensschlüsse der Neuzeit (1435–1945) – ein Forschungsüberblick, in: GWU 29 (1978) 778–806
10. Beiträge zur Geschichte der frühneuzeitlichen Garnisons- und Residenzstadt. Hrsg. von Hans-Walter Herrmann und Franz Irsigler, Saarbrücken 1983
11. *Berenger, J.:* Finances et absolutisme autrichien dans la seconde moitié du XVIIe siècle, Paris 1975
12. *Bernard, L.:* French Society and Popular Uprisings under Louis XIV, in: French Historical Studies 3 (1963/64), 454–474
13. *Billich, A.:* La Bataille de Turckheim, 5. 1. 1675, Munster 1959
14. *Boxer, C. R.:* Some Second Thoughts on the Third Anglo-Dutch War, in: Transactions of the Royal Historical Society 5th series, 19 (1969), 67–94
15. *Braubach, M.:* Geheime Friedensverhandlungen am Niederrhein 1711/12, in: Düsseldorfer Jahrbuch 44 (1947), 189–209
16. *Braubach, M.:* Kurfürst Joseph Clemens von Köln als Vermittler zwischen Versailles und Wien, in: Annalen des Historischen Vereins für den Niederrhein 146/147 (1948), 228–238
17. *Braubach, M.:* Versailles und Wien von Ludwig XIV. bis Kaunitz. Die Vorstadien der diplomatischen Revolution im 18. Jahrhundert, Bonn 1952
18. *Braubach, M.:* Prinz Eugen von Savoyen, 5 Bde., Wien 1963–1965
19. *Braubach, M.:* Die Friedensverhandlungen in Utrecht und Rastatt 1712–1714, in: Historisches Jahrbuch 90 (1970), 284–298
20. *Braubach, M.:* Wilhelm von Fürstenberg (1624–1704) und die französische Politik im Zeitalter Ludwigs XIV., Bonn 1972
21. *Brauer, G.:* Die hannoversch-englischen Subsidienverträge, Aalen 1962
22. *Broucek, P. (u. a.):* Der Sieg bei Wien 1683, Wien 1983
23. *Büsch, O.:* Militärsystem und Sozialleben im alten Preußen 1713–1807, Berlin 1963
24. *Cabantous, A.:* Gens de mer, guerre et prison. La captivité des gens de mer au XVIIIe siècle, in: Revue d'Histoire Moderne et Contemporaine 28 (1981), 246–267
25. *Chandler, D. G./J. W. Stoye/J. S. Bromley/A. N. Ryan:* Armies and Navies, in: The New Cambridge Modern History VI: The Rise of Great Britain and Russia 1688–1715/25, Cambridge 1970, 741–833
26. *Chandler, D.:* The Art of Warfare in the Age of Marlborough, London 1976
27. *Childs, J.:* The army and the Oxford parliament of 1681, in: English Historical Review 94 (1979), 580–587

28. *Childs, J.:* The Army, James II and the Glorious Revolution, Manchester 1980
29. *Childs, J.:* The British Brigade in France 1672–1698, in: History 69 (1984), 384–397
30. *Ciasca, R.:* L'idea dell'Europa e la politica europea dagli inizi dell'età moderna al secolo 18, Rom 1958
31. *Clark, G. N.:* The Dutch Alliance and the War against French Trade 1688–1697, London 1923
32. *Clark, G. N.:* War Trade and Trade War. 1701–1713, in: The Economic History Review 1 (1927/28), 262–280
33. *Clark, G. N.:* The Character of the Nine Years War, 1688–1697, in: Cambridge Historical Journal 11 (1953), 168–182
34. *Clark, G. N.:* War and Society in the Seventeenth Century, Cambridge 1958
35. *Consbruch, H. von:* Caspar Florenz von Consbruch als dritter kaiserlicher Bevollmächtigter auf dem Friedenskongreß zu Utrecht, in: Ravensburger Blätter 6 (1954), 53–55
36. *Coombs, D.:* The Conduct of the Dutch. British opinion and the Dutch Alliance during the War of the Spanish Succession, The Hague/Achimota 1958
37. *Corvisier, A.:* L'armée française de la fin du XVIIe siècle au ministère de Choiseul, 2 Bde., Paris 1964
38. *Corvisier, A.:* Armées et Sociétés en Europe de 1494 à 1789, Paris 1976
39. *van Crefeld, M.:* Supplying War. Logistics from Wallenstein to Patton, Cambridge 1977
40. *Danckelmann, E. Frhr. von:* Die Friedenspolitik Wilhelms III. von England und Friedrichs III. von Brandenburg in den Jahren 1694–1697, in: Forschungen zur Brandenburgischen und Preußischen Geschichte 31 (1919), 1–68
41. *Decker, K. P.:* Frankreich und die Reichsstände 1672–1675. Die Ansätze zur Bildung einer „Dritten Partei" in den Anfangsjahren des Holländischen Krieges, Bonn 1981
42. *Decker, K. P.:* Die Schnapphähne am Donnersberg im Jahre 1690. Ein Versuch militärischen Widerstandes gegen die Verbrennungspolitik Ludwigs XIV., in: Mitteilungen des Histor. Vereins d. Pfalz 79 (1981), 303–324
43. *Delbrück, H.:* Geschichte der Kriegskunst im Rahmen der politischen Geschichte, Bd. IV, Berlin 1920 (ND Berlin 1962)
44. *Duchhardt, H.:* Gleichgewicht der Kräfte, Convenance, Europäisches Konzert. Friedenskongresse und Friedensschlüsse vom Zeitalter Ludwigs XIV. bis zum Wiener Kongreß, Darmstadt 1976
45. *Duchhardt, H.:* Studien zur Friedensvermittlung in der Frühen Neuzeit, Wiesbaden 1979
46. *Duchhardt, H.:* Frieden, Friedensvertrag, Friedensforschung. Anmerkungen zu einer Neuerscheinung, in: Zeitschrift für Historische Forschung 8 (1981) 469–479
47. *Duchhardt, H.:* Friedenskongresse im Zeitalter des Absolutismus – Gestaltung und Strukturen, in: Forschungen und Quellen zur Geschichte des Dreißigjährigen Krieges, Münster 1981, 226–239
48. *Duchhardt, H.:* Friedenswahrung im 18. Jahrhundert, in: Historische Zeitschrift 240 (1985) 265–282
49. *Duchhardt, H.:* „Krieg" und „Frieden" im Zeitalter des Prinzen Eugen, in: Prinz Eugen von Savoyen und seine Zeit, hrsg. v. Johannes Kunisch. Freiburg 1986, 22–30
50. *Duchhardt, H.:* Funktion, Organisation und Dimension des Krieges im Zeitalter Ludwigs XIV., in: Konrad Repgen (Hg.): Krieg und Militär in der Frühen Neuzeit, Münster/W. 1987 (Schriftenreihe der Vereinigung zur Erforschung der Neueren Geschichte 16) (im Druck)
51. *van Dülmen, R.:* Bäuerlicher Protest und patriotische Bewegung. Der Volkaufstand in Bayern von 1705/06, in: Zeitschrift für bayerische Landesgeschichte 45 (1982), 331–361
52. *Duffy, C.:* Fire and Stone. The Science of Fortress Warfare 1660–1860, Newton Abbot 1975
53. *Duffy, C.:* Russia's Military Way to the West. Origins and Nature of Russian Military Power 1700–1800, London/Boston/Henley 1981
54. *Dupuis, C.:* Le principe d'équilibre et le concert européen de la Paix de Westphalie à l'acte d'Algésiras, Paris 1909
55. *Ehlers, J.:* Die Wehrverfassung der Stadt Hamburg im 17. und 18. Jahrhundert, Boppard 1966
56. *Ehrman, J.:* The navy in the war of William III 1689–1697. Its state and direction, Cambridge 1953
57. *Eichberg, H.:* Militär und Technik. Schwedenfestungen des 17. Jahrhunderts in den Herzogtümern Bremen und Verden, Düsseldorf 1976
58. *Ekberg, C. J.:* The Failure of Louis XIV's Dutch War, Chapell Hill 1979
59. *Fayard, J.:* Attempts to build a „Third Party" in North Germany, 1690–1694, in: Louis XIV

and Europe, ed. by Ragnhild Hatton, London 1976, 213–240

60. *Fester, R.:* Die armierten Stände und die Reichskriegsverfassung 1691–1697, Diss. Straßburg 1886
61. *Fiedler, S.:* Grundriß der Militär- und Kriegsgeschichte. Bd. 1: Die stehenden Heere im Zeitalter des Absolutismus 1640–1789, München 1972
62. *Fieldhouse, H. N.:* A Note on the Negotiations for the Peace of Utrecht, in: American Historical Review 40 (1934/35), 274–278
63. *Fisch, J.:* Krieg und Frieden im Friedensvertrag. Eine universalgeschichtliche Studie über Grundlagen und Formelemente des Friedensschlusses, Stuttgart 1979
64. *Forstmann, W./E. Haug/D. Pfaehler/G. Thiel (Hg.):* Der Fall der Reichsstadt Straßburg. Zur Stellung des 30. September 1681 in der Geschichte, Bad Neustadt a. d. Saale 1981
65. *Fransen, P.:* Leibniz und die Friedensschlüsse von Utrecht und Rastatt-Baden, Phil. Diss. Leiden 1933
66. *Frey, L. u. M.:* A Question of Empire. Leopold and the War of Spanish Succession, 1701–1705, New York/Boulder 1983
67. *Garlan, Y. et C. Nières:* Les révoltes brétonnes de 1675, Paris 1975
68. *Gembruch, W.:* Zur Kritik an der Heeresreform und Wehrpolitik von Le Tellier und Louvois in der Spätzeit der Herrschaft Ludwigs XIV., in: Militärgeschichtliche Mitteilungen 12 (1972), 7–37
69. Geschichte und Militärgeschichte. Wege der Forschung. *Hrsg. von U. von Gersdorff,* Frankfurt/Main 1974
70. *Giraud, C.:* Le Traité d'Utrecht, Paris 1847
71. *Göschel, G.:* Das „Bellum Diplomaticum" um Comacchio zu Beginn des 18. Jahrhunderts, Jur. Diss. Frankfurt/M. 1973
72. *Gooch, J.:* Armies in Europe, London/Boston/Henley 1980
73. *Graham, G. S.:* Empire of the North Atlantic: the Maritime Struggle for North America, London/Toronto 1958
74. *Haberecht, K.:* Geschichte des niederrheinisch-westfälischen Kreises in der Zeit der französischen Eroberungskriege 1667–1697, Diss. Bonn 1935
75. *Hackert, H.:* Der Friede von Nimwegen und das deutsche Elsaß, in: Historische Zeitschrift 165 (1942), 472–509
76. *Hagenau, G.:* Jan Sobieski, der Retter Wiens, Wien/München 1983
77. *Haggenmacher, P.:* Grotius et la doctrine de la guerre juste, Paris 1983
78. *Hahlweg, W.:* Barriere – Gleichgewicht – Sicherheit. Eine Studie über die Gleichgewichtspolitik und die Strukturwandlungen des Staatensystems in Europa 1646–1715, in: Historische Zeitschrift 187 (1959), 54–89
79. *Haintz, O.:* König Karl XII. von Schweden, 3 Bde., Berlin 1958
80. *Haller, J.:* Die deutsche Publizistik in den Jahren 1668–1674. Ein Beitrag zur Geschichte der Raubkriege Ludwigs XIV., Heidelberg 1892
81. Handbuch zur deutschen Militärgeschichte. Bd. 1, München 1979
82. *Hansen, E.:* Zur Problematik einer Sozialgeschichte des deutschen Militärs im 17. und 18. Jahrhundert. Ein Forschungsbericht, in: Zeitschrift für Historische Forschung 6 (1979), 425–460
83. *Hartmann, P. C.:* Die Finanz- und Subsidienpolitik des Kurfürsten Max Emanuel von Bayern und der kurbayerische Gesandte in Paris Comte d'Albert Fürst Grimberghen, Diss. München 1967
84. *Hartmann, P. C.:* Die Subsidien- und Finanzpolitik Kurfürst Max Emanuels von Bayern im Spanischen Erbfolgekrieg, in: Zeitschrift für bayerische Landesgeschichte 32 (1969), 228–289
85. *Hatton, R.:* War and Peace 1680–1720, London 1969
86. *Hatton, R.:* John Drummond in the War of the Spanish Succession: Merchant turned Diplomatic Agent, in: Studies in Diplomatic History. Essays in memory of David Bayne Horn, London 1970, 69–96
87. *Hatton, R. (Ed.):* Louis XIV and Europe, London 1976
88. *Heiss, G. und G. Klingenstein (Hg.):* Das Osmanische Reich und Europa 1683 bis 1789: Konflikt, Entspannung und Austausch, München/Wien 1983
89. *Hill, B. W.:* Oxford, Bolingbroke and the Peace of Utrecht, in: Historical Journal 16 (1973), 241–263
90. *Höynck, P. O.:* Frankreich und seine Gegner auf dem Nymwegener Friedenskongreß, Bonn 1960
91. *Hofmann, H. H.:* Reichskreis und Kreisassoziation. Prolegomena zu einer Geschichte des

fränkischen Kreises ..., in: Zeitschrift für bayerische Landesgeschichte 25 (1962), 377–413

92. *Howard, M.:* Der Krieg in der europäischen Geschichte, München 1981
93. *Jähns, M.:* Geschichte der Kriegswissenschaften vornehmlich in Deutschland, Bd. 2, München/Leipzig 1890 (ND New York/Hildesheim 1966)
94. *Janssen, W.:* Die Anfänge des modernen Völkerrechts und der neuzeitlichen Diplomatie, Stuttgart 1965
95. *Janssen, W.:* Friede, in: Geschichtliche Grundbegriffe Bd. 2, Stuttgart 1979, 543–591
96. *Janssen, W.:* Krieg, in: Geschichtliche Grundbegriffe Bd. 3, Stuttgart 1982, 567–615
97. *Kaeber, E.:* Die Idee des europäischen Gleichgewichts in der publizistischen Literatur vom 16. bis zur Mitte des 18. Jahrhunderts, Berlin 1907 (ND Hildesheim 1971)
98. *Kahlenberg, F. P.:* Kurmainzische Verteidigungseinrichtungen und Baugeschichte der Festung Mainz im 17. und 18. Jahrhundert, Mainz 1963
99. *Kaiser, T. E.:* The Abbé de Saint-Pierre, Public Opinion and the Reconstitution of the French Monarchy, in: Journal of Modern History 55 (1983), 618–643
100. *Kamen, H.:* The War of Succession in Spain, 1700–1715, London 1969
101. *Kleyser, F.:* Der Flugschriftenkampf gegen Ludwig XIV. zur Zeit des pfälzischen Krieges, Diss. Kiel 1934, Berlin 1935
102. *Knüppel, G.:* Das Heerwesen des Fürstentums Schleswig-Holstein-Gottorf 1600–1715, Neumünster 1972
103. *Köpeczi, B.:* Staatsräson und christliche Solidarität. Die ungarischen Aufstände und Europa in der 2. Hälfte des 17. Jahrhunderts, Wien/Köln/Graz 1983
104. *Köpeczi, B.:* The Hungarian Wars of Independence in the 17th and 18th Centuries in their European Context, in: Hungarian History – World History. Hrsg. v. G. Ránki, Budapest 1984, 31–40
105. Krieg und Frieden in der Medaille und in der Gedenkmünze (Sammlung Julius). Auktions-Katalog Gaettens, 2 Teile, Heidelberg o. J. (1958)
106. *Kroener, B. R.:* Les Routes et les Etapes. Die Versorgung der franz. Armeen in Nordostfrankreich (1635–1666), Münster/W. 1979
107. *Kroener, B. R.:* Wien 1683. Internationale Politik und Kriegführung im 17. Jahrhundert – Probleme der Forschung, in: Zeitschrift für Historische Forschung 12 (1985), 181–216
108. *Kunisch, J.:* Staatsverfassung und Mächtepolitik. Zur Genese von Staatenkonflikten im Zeitalter des Absolutismus, Berlin 1979
109. *Kunisch, J. (Hg.):* Der dynastische Fürstenstaat, Berlin 1982
110. *Kutsche, E.:* Kriegsbild, Wehrverfassung und Wehrwesen in der deutschen Enzyklopädie des 18. Jahrhunderts, dargestellt an Zedlers Großem Universallexikon, Diss. Freiburg/Br. 1975
111. *Lampe, A.:* Der Milizgedanke und seine Durchführung in Brandenburg-Preußen vom Ausgang des 16. Jahrhunderts bis zur Heeresreform nach 1807, Phil. Diss. Berlin 1951
112. *Lanter, M.:* Die Finanzierung des Krieges, Luzern 1950
113. *Livet, G.:* L'équilibre européen de la fin du XVe à la fin du XVIIIe siècle, Paris 1976
114. *Loch, G.:* Der Kurrheinische Kreis von Ryswijk bis zum Frieden von Rastatt und Baden (1697–1714), Diss. Bonn 1951
115. *Lossky, A.:* The General Crisis of the 1680's, in: European Studies Review 10 (1980), 177–198
116. *MacLachlan, A. D.:* The Road to Peace 1710–1713, in: Britain after the Glorious Revolution 1689–1714, ed. by Geoffrey Holmes, London 1969, 197–215
117. *McKay, D.:* Prince Eugene of Savoy, London 1977
118. *Merino, P./M. Acerra/J. Meyer:* Europäische Kriegsmarinen im 17. und 18. Jahrhundert: ein Überblick, in: Wirtschaftskräfte und Wirtschaftswege (Festschrift für Hermann Kellenbenz) Bd. 5, Stuttgart 1981, 267–282
119. *Meyer, R.:* Die Flugschriften der Epoche Ludwigs XIV. Eine Untersuchung der in schweizerischen Bibliotheken enthaltenen Broschüren (1661–1679), Basel/Stuttgart 1955
120. *Milne, J.:* The diplomacy of Dr. John Robinson at the Court of Charles XII of Sweden, 1697–1709, in: Transactions of the Royal Historical Society 4th s., Bd. 30 (1948) 75–93
121. *Morgan, W. I.:* Economic aspects of the negotiotions at Ryswick, in: Transaction of the Royal Historical Society 4th s., Bd. 14 (1931) 225–249
122. *Müller, K.:* Zur Reichskriegserklärung im 17. und 18. Jahrhundert, in: Zeitschrift der Savigny-Stiftung für Rechtsgeschichte, Germ. Abt. 90 (1973) 246–259

123. *Musall, H./A. Scheuerbrandt:* Die Kriege im Zeitalter Ludwigs XIV. und ihre Auswirkungen auf die Siedlungs-, Bevölkerungs- und Wirtschaftsstruktur der Oberrheinlande, in: Festschrift Hans Graul, Heidelberg 1974, 357–378.

124. The New Cambridge Modern History. Vol. VI: The Rise of Great Britain and Russia 1688–1715/25, ed. by *J. S. Bromley,* Cambridge 1970

125. *Nolte, H.:* Zur Stellung Osteuropas im internationalen System der frühen Neuzeit, in: Jahrbücher für Geschichte Osteuropas 28 (1980) 161–197

126. *Oestreich, G.:* Zur Heeresverfassung der deutschen Territorien von 1500 bis 1800, in: G. O., Geist und Gestalt des frühmodernen Staates. Berlin 1969, 290–310

127. Pax in nummis(Collection Le Maistre), décrite par *J. Schulman,* Amsterdam (1912)

128. The Peace of Nijmegen/La Paix de Nimègue 1676–1678/79, Amsterdam 1980

129. *Perjés, G.:* Army Provisioning, Logistics and Strategy in the second half of the 17th century, in: Acta Historica Academiae Scientiarum Hungaricae 16, 1970, 1–52

130. *Petong, R.:* Ueber publicistische Literatur beim Beginn der Nymwegener Friedensverhandlungen, Berlin 1870

131. *Peyer, H. C.:* Die wirtschaftliche Bedeutung der fremden Dienste für die Schweiz vom 15. bis 18. Jahrhundert, in: Wirtschaftskräfte und Wirtschaftswege (Festschrift für Hermann Kellenbenz) Bd. 2, Stuttgart 1978, 701–716

132. *Philippi, H.:* Landgraf Karl von Hessen-Kassel. Ein deutscher Fürst der Barockzeit, Marburg 1976

133. *Pieri, P.:* Raimondo Montecuccoli, teoretico della guerra, Torino 1951

134. *Platzhoff, W.:* England und der Friede von Utrecht, in: Historische Zeitschrift 167 (1943), 497–510

135. *Polster, H.:* Der Markgraf Christian Ernst von Brandenburg-Bayreuth und seine Rolle in den Reichskriegen (1689–1707), Erlangen 1935

136. *Popovic, M. R.:* Der Friede von Carlowitz, Diss. Leipzig 1893

137. *Randelzhofer, A.:* Völkerrechtliche Aspekte des Heiligen Römischen Reiches nach 1648, Berlin 1967

138. *Raumer, K. von:* Saint-Pierre und Rousseau. Das Problem des Ewigen Friedens, in: Zeitschrift für die gesamte Staatswissenschaft 108 (1952), 669–689

139. *Raumer, K.von:* Ewiger Friede. Friedensrufe und Friedenspläne seit der Renaissance, Freiburg/München 1953.

140. *Raumer, K. von:* Die Zerstörung der Pfalz von 1689 im Zusammenhang der französischen Rheinpolitik, München/Berlin 1930

141. *Reese, W.:* Das Ringen um Frieden und Sicherheit in den Entscheidungsjahren des Spanischen Erbfolgekrieges 1708 bis 1709, München 1933

141a *Repgen, K.:* Kriegslegitimationen in Alteuropa. Entwurf einer historischen Typologie, in: Historische Zeitschrift 241 (1985), 27–49

142. *Rich, E. E.:* The Hudson's Bay Company and the Treaty of Utrecht, in: Cambridge Historical Journal 11 (1954), 183–203

142a *Roberts, M.:* The military revolution 1560–1660, in: M. R., Essays in Swedish History, Minneapolis 1967, 195–225

143. *Rodenburg, A.:* De vrede van Rijswijk, Rijswijk 1947

144. *Roider, K. A.:* Austria's Eastern Question, 1700–1790, Princeton 1982

145. *Rowen, H. H.:* The Ambassador prepares for war: the Dutch Embassy of Arnauld de Pomponne, 1669–1671, Den Haag 1957

146. *Rowen, H. H.:* John de Witt, Grand Pensionary of Holland, 1625–1672, Princeton, N. J., 1978

147. *Rule, J. C.:* France and the Preliminaries of the Gertruydenberg Conference, September 1709 to March 1710, in: Studies in Diplomatic History. Essays in memory of David Bayne Horn, London 1970, 97–115

148. *Sante, G. W.:* Die kurpfälzische Politik Johann Wilhelms und die Friedensschlüsse zu Utrecht, Rastatt und Baden (1711–1716), in: Zeitschrift des Bergischen Geschichtsvereins 54 (1923/24), 1–51

149. *Sautai, M.:* La Bataille de Malplaquet d'après les Correspondants du Duc de Maine à l'Armée de Flandre, 1904

150. *Scheuner, U.:* Die großen Friedensschlüsse als Grundlage der europäischen Staatenordnung zwischen 1648 und 1815, in: Spiegel der Geschichte (Festgabe für Max Braubach), Münster 1964, 220–250

151. *Schindling, A.:* Reichstag und europäischer Frieden. Leopold I., Ludwig XIV. und die

Reichsverfassung nach dem Frieden von Nimwegen (1679), in: Zeitschrift für Historische Forschung 8 (1981), 159–177

152. *Schlochauer, H. J.:* Die Idee des ewigen Friedens, Bonn 1953

153. *Schmidt, H.:* Der Einfluß der Winterquartiere auf Strategie und Kriegführung des Ancien Régime, in: Historisches Jahrbuch 92 (1972), 77–91

154. *Schmidt, H.:* Die Friedensmission des neuburgischen Vizekanzlers Theodor Altet Heinrich Stratmann in Paris im Winter und Frühjahr 1675, in: Francia 2 (1974), 234–294

155. *Schmidt, H.:* Das Türkenjahr 1683 und seine historische Bedeutung, in: Saeculum 28 (1977), 87–100

156. *Schmidt, H.:* Militärverwaltung in Deutschland vom Westfälischen Frieden bis zum 18. Jahrhundert, in: Histoire comparée de l'administration (IVe – XVIIIe siècles), publ. par Werner Paravicini et Karl Ferdinand Werner, Zürich/München 1980, 570–580

157. *Schmidt, H.:* Theodor Altet Heinrich Reichsgraf von Stratmann (ca. 1637–1693). Eine Diplomatenkarriere des Barock, in: Weltpolitik – Europagedanke – Regionalismus (Festschrift für Heinz Gollwitzer). Münster/W. 1982, 71–91

158. *Schmidt, H.:* Die Verteidigung des Oberrheins und die Sicherung Süddeutschlands im Zeitalter des Absolutismus und der Französischen Revolution, in: Hist. Jb. 104 (1984), 46–62

159. *Schorer, H.:* Der englisch-französische Handelsvertrag vom Jahre 1713, in: Hist. Jb. 21 (1900), 353–387, 715–742

160. *Schröcker, A.:* Heer, Finanzen und Verwaltung. Kurmainz im Pfälzer Krieg 1688 bis 1697, in: Archiv für hessische Geschichte und Altertumskunde NF 31 (1971/72), 98–114

161. *Schulte, A.:* Markgraf Ludwig Wilhelm von Baden und der Reichskrieg gegen Frankreich 1693–1697, Bd. 1, Karlsruhe[2] 1901

162. *Schwoerer, L. B.:* No standing armies. The anti-army ideology in Seventeenth Century England, Baltimore/London 1974

163. *Sicken, B.:* Das Wehrwesen des fränkischen Reichskreises. Aufbau und Struktur (1681–1714), 2 Bde., Würzburg 1967

164. *Sicken, B.:* Der fränkische Reichskreis. Seine Ämter und Einrichtungen im 18. Jahrhundert, Würzburg 1970

165. *Skall, E.:* Die Entstehung der Großen Allianz 1701, Phil. Diss. Wien 1950

166. *Somerville, D. H.:* Shrewsbury and the Peace of Utrecht, in: English Historical Review 47 (1932), 646f.

167. *Sonnino, P.:* Louis XIV and the Dutch War, in: Louis XIV and Europe, ed. by Ragnhild Hatton, London 1976, 153–178

168. *Sonnino, P.:* Jean-Baptiste Colbert and the Origins of the Dutch War, in: European Studies Review 13 (1983), 1–11

169. *Souleyman, E. V.:* The Vision of World Peace in Seventeenth and Eighteenth-Century France, New York 1941

170. *Srbik, H. Ritter von:* Wien und Versailles 1692–1697. Zur Geschichte von Straßburg, Elsaß und Lothringen, München 1944

171. *Stork-Penning, J. G.:* Het Grote Werk. Vredesonderhandelingen gedurende de Spaanse Successie-Oorlog 1705–1710, Phil. Diss. Utrecht/Groningen 1958

172. *Storm, P. C.:* Militia Imperialis – militia circularis. Reich und Kreis in der Wehrverfassung des deutschen Südwestens, in: The Old Reich. Essays on German Political Institutions 1495–1806, ed. by James A. Vann and Steven W. Rowan, Bruxelles 1974, 77–103

173. *Storm, P. C.:* Der schwäbische Kreis als Feldherr. Untersuchungen zur Wehrverfassung des schwäbischen Reichskreises in der Zeit von 1648 bis 1732, Berlin 1974

174. *Strachan, H.:* European Armies and the Conduct of War, London 1983

175. *Sturgill, C. C.:* Marshal Villars and the War of the Spanish Succession, o. O. 1965

176. *Süß, G. A.:* Geschichte des oberrheinischen Kreises und der Kreisassoziationen in der Zeit des spanischen Erbfolgekrieges (1697–1714), in: Zeitschrift für die Geschichte des Oberrheins 103 (1955), 317–425

177. *Symcox, G.:* Louis XIV and the Outbreak of the Nine Years War, in: Louis XIV and Europe, ed. by Ragnhild Hatton, London 1976, 213–240

178. *Taylor, F.:* The Wars of Marlborough 1702–1709. 2 Bde., Oxford 1921

179. *Trevelyan, G. M.:* The 'Jersey' period of the negotiations leading to the Peace of Utrecht, in: English Historical Review 49 (1934), 100–105

180. *Veenendaal, A. J.:* The opening phase of Marlborough's campaign of 1708 in the Netherlands, in: History 35 (1950), 34–48

181. *Vocelka, K.:* 1683:1983. Ein Jubiläum? Fortschritt oder Stagnation der historiographischen

Aufbereitung der zweiten Wiener Türkenbelagerung, in: MIÖG 92 (1984), 165–194

182. *Weber, H.:* Frankreich, Münster und Kurtrier 1692–1693, in: Spiegel der Geschichte (Festgabe für Max Braubach), Münster 1964, 501–549

183. *Weber, O.:* Der Friede von Utrecht, Gotha 1891

184. *Wight, M.:* The Balance of Power, in: Diplomatic Investigations. Essays in the Theory of International Politics, ed. by Herbert Butterfield and Martin Wight, London 1966, 153–178

185. *Willax, F.:* Das Verteidigungswesen der Reichsstadt Nürnberg im 17. und 18. Jahrhundert, in: Nürnberger Mitteilungen 66 (1979), 192–247

186. *Wilson, C.:* Profit and Power: a Study of England and the Dutch Wars, London 1957

187. *Winter, P. J. van:* De acte van navigatie en de vrede van Breda, in: Bijdragen voor de geschiedenis der Nederlanden 4 (1949), 27–65

188. *Wittram, R.:* Peter I., Czar und Kaiser, 2 Bde., Göttingen o.J.

189. *Wunder, B.:* Frankreich, Württemberg und der Schwäbische Kreis während der Auseinandersetzungen über die Reunionen (1679–97), Stuttgart 1971

190. *Zernack, K.:* Das Zeitalter der Nordischen Kriege von 1558 bis 1809 als frühneuzeitliche Geschichtsepoche, in: Zeitschrift für Historische Forschung 1 (1974), 55–79

191. *Zernack, K.:* Schweden als europäische Großmacht der Frühen Neuzeit, in: Historische Zeitschrift 232 (1981), 327-357

192. *Zimmermann, K.:* Der Feldzug an der Mosel und am Mittelrhein im Pfälzer Krieg 1688 bis 1697: der Einfluß der Festung Montroyal auf die Kriegsführung, in: Rheinische Vierteljahrsblätter 10 (1940), 277–306

Nachtrag

193. *Arnogathe, J.-R./ Joutard, P.:* Baville et la guerre des Camisards, in: Revue d'histoire moderne et contemporaine 19 (1972), 45–72

194. *Barnett, C.:* Britain and Her Army 1509–1970. A military, political and social survey, London 1970

195. *Blanchard, A.:* „Ingénieurs de Sa Majesté Très Chrétienne à l'étranger", ou l'école française de fortifications, in: Revue d'histoire moderne et contemporaine 20 (1973), 25–36

196. *Ekberg, C. J.:* From Dutch to European War: Louis XIV and Louvois are tested, in: French Historical Studies 8 (1974), 393–408

197. *Hatton, R.:* Charles XII of Sweden, London 1968

198. *Hellmann, M.:* Die Friedenschlüsse von Nystad (1721) und Teschen (1779) als Etappen des Vordringens Rußlands nach Europa, in: Historisches Jahrbuch 97/98 (1978), 270–288

199. *Hellwig, F.:* Zur Kartographie der Saargegend im 17. und 18. Jahrhundert. Militärkartographie und Territorialkarten, in: Jahrbuch für westdeutsche Landesgeschichte 7 (1981), 158–242

200. *Lanter, M.:* Die Finanzierung des Krieges. Quellen, Methoden und Lösungen seit dem Mittelalter bis zum Ende des 2. Weltkrieges, Luzern 1950

201. *Marwitz, U.:* Staatsräson und Landesdefension. Untersuchungen zum Kriegswesen des Herzogtums Preußen 1640–1655, Boppard 1984

202. *Mathis, F.:* Marlborough und Wratislaw. Eine politische Freundschaft als Grundlage des Sieges von Höchstadt (1704), in: Mitteilungen des Instituts für Österreichische Geschichtsforschung 83 (1975), 114–143

203. *Mediger, W.:* Mecklenburg, Rußland und England-Hannover 1706–1721. Ein Beitrag zur Geschichte des Nordischen Krieges, 2 Bde., Hildesheim 1967

204. *Miller, J.:* Catholic officers in the later Stuart army, in: English Historical Review 88 (1973), 35–53

205. *Otruba, G.:* Die Bedeutung englischer Subsidien und Antizipationen für die Finanzen Österreichs 1701 bis 1748, in: Vierteljahrschrift für Sozial- und Wirtschaftsgeschichte 51 (1964), 192–234

206. *Peckham, H. H.:* The Colonial Wars 1689–1762, Chicago/London 1964

207. *Pilgrim, D.:* The Colbert-Seignelay Naval Reforms and the Beginnings of the War of the League of Augsburg, in: French Historical Studies 9 (1975), 235–262

208. *Robb, N. A.:* William of Orange. A Personal Portrait. Bd. 2: 1674–1702, London/Melbourne/Toronto 1966

209. *Sonnino, P.:* Louis XIV's Mémoires pour l'histoire de la guerre de Hollande, in: French Historical Studies 8 (1973), 29–50
210. *Tomlinson, H. C.:* The Ordnance Office and the Navy, 1660–1714, in: English Historical Review 90 (1975), 19–39
211. *Wagner, F.:* Isaac Newtons Friedenstraum, in: Saeculum 21 (1970), 71–87
212. *Wagner, G.:* Das Türkenjahr 1664. Eine europäische Bewährung, Eisenstadt 1964
213. *Wielandt, F.:* Münzen und Medaillen zur Geschichte des Türkenlouis und der Stadt Rastatt, in: Zeitschrift für die Geschichte des Oberrheins 118 (1970), 307–351
214. *Wittram, R.:* Patkul und der Ausbruch des Nordischen Krieges, in: Nachrichten der Akademie der Wissenschaften in Göttingen, Phil.-Hist. Klasse 1952, 201–233